本书由江西财经大学资助出版
国家社会科学基金青年项目资助（10CFX026）

刑事裁判文书中的犯罪构成知识研究

Study on the Knowledge of Constitution of a Crime in the Criminal Judgments

刘孝敏◎著

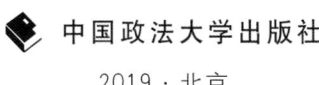

中国政法大学出版社

2019·北京

声　明
1. 版权所有，侵权必究。
2. 如有缺页、倒装问题，由出版社负责退换。

图书在版编目（CIP）数据

刑事裁判文书中的犯罪构成知识研究/刘孝敏著.—北京：中国政法大学出版社，2019.12
ISBN 978-7-5620-9388-6

Ⅰ.①刑… Ⅱ.①刘… Ⅲ.①刑事诉讼－法律文书－研究－中国 ②刑事犯罪－犯罪构成－研究－中国 Ⅳ.①D926.134②D924.114

中国版本图书馆CIP数据核字(2019)第276468号

出 版 者	中国政法大学出版社
地　　址	北京市海淀区西土城路25号
邮寄地址	北京100088 信箱8034分箱　邮编100088
网　　址	http://www.cuplpress.com（网络实名：中国政法大学出版社）
电　　话	010-58908289(编辑部) 58908334(邮购部)
承　　印	固安华明印业有限公司
开　　本	720mm×960mm　1/16
印　　张	12.25
字　　数	200千字
版　　次	2019年12月第1版
印　　次	2019年12月第1次印刷
定　　价	52.00元

总 序
General Order

在我国这样一个有着悠久人治传统的国家，践行法治本身就是一场自我革命。江西作为中国共产党领导的红色革命的首义之地、共和国的摇篮，向来不乏敢为天下先、敢斧社会瘤的志士仁人。虽时光荏苒、蹉跎，但先人精神已深深扎根于这片红土地，并为许许多多工作于斯、耕耘于斯的学者、法儒所承继。他们心之所系、行之所趋，皆为国家法治事业之进步，生民立命之制度根基。正是为了凝聚这股有着蓬勃生机的力量，发挥他们的聪明才智于国家改革之助益，江西财经大学法学院决定与中国政法大学出版社合作推出本套"赣江法学文库"。文库宗旨意在激扬法理，哺育实践，推才出俊，助益改革；选题范围不受任何法学学科分类之拘泥，只要是法学学问对当下学理和实践有所推进，论有所据、著有所说，皆在文库力推之列。其事虽功在当下，其用意则在长远，实为江西法学界一件难得的好事。取名"赣江法学文库"，其意有二：一是借"赣江"的地域标识之意，以彰文库产品、智慧之原产地；二是借"赣江"乃章江、贡江两江汇聚而成之意，以显文库之学人、学科和学源之多方汇聚。前一意明源流，后一意示开阔，甚佳。

江西财经大学法学院是江西省最早成立的法学院之一。近年来，借国家推行法治改革之春风，学院快速进步。目前，学院已拥有法律经济学二级学科博士学位授予权和法学一级学科硕士学位授予权，设有8个法学硕士学位授权点和1个法律硕士专业学位授权点。学院开设的法学本科专业（含法务会计专业）是国家特色专业以及江西省品牌专业、特色专业，法学综合实验中心是江西省高校实验教学示范中心，"多向融通式"的应用型财经法律人才培养模式创新实验区是江西省人才培育模式创新实验区，拥有全国首批"卓越法律人才培养基地"（全国共58个，江西省唯一）和教育部授予的"国家级大学生校外实践教育基地"。在20多年的办学历程中，法学院为国家培养了一大批优秀、实干的法律人才。在一任任年轻有为的院长的带领和推动下，学院近年来取得了许多优秀科研成果，不少青年学者都已在学界崭露头角。最近5年，学院教师先后获准立项国家社科基金重大招标项目、重点项目和一般项目20余项，获省部级课题80余项（其中司法部、教育部课题17项），在《中国社会科学》《法学研究》《中国法学》《法学家》《中外法学》等法学主流刊物发表高质量论文30余篇，出版学术专著56部，获教育部人文社科优秀成果奖和江西省社会科学优秀成果奖等省部级奖33项。法学类科研成果的数量和质量均列江西高校首位，并初步形成了在全国颇具高等财经特色的法学教育和科研队伍。

  本人作为江西这片土地走出的法律人，虽长年工作于外，但对家乡法治事业的进步和法律学人的成长也多有关注，并与江西财经大学法学院的许多老师都有交流，2015年还荣幸地受邀担任该法学院的名誉院长。此次受邀为文库作序，自当欣然接受。察江西财经大学法学院近年来之成长进步，观我国法治事业之光明前途，深感欣慰之际，也想借此表达一些期许：一是希望文库出版能多推精品、多出人才，以彰我赣鄱大地山水之灵气，同时也使文库出版各方能在著作财产权和著作人格权方面双双有所增益。二是祈愿我国的法治大厦能在包括文库在内的块砖片瓦的不断堆砌、构造之下，早日落成，以慰我辈拳拳之心。

吴汉东[*]
2015年5月于武汉

---

[*] 吴汉东，男，江西东乡人，教授、博士生导师，曾任中南财经政法大学校长、教育部社会科学委员会法学学部委员、中国法学会知识产权法学研究会名誉会长，中国法学会民法学研究会副会长，江西财经大学法学院名誉院长。

前言
Preface

中国传统犯罪构成理论近年来遭到刑法学界从要素到结构、从理论到实践的诸多批评，甚至有学者认为应当彻底抛弃它。理论的合理性应当在司法实践中检验，对理论的改良甚至抛弃也应当以实践的需求为基础。研究刑事裁判文书中犯罪构成理论的知识状况，可以为理论与实践的良性互动提供经验性基础。

现代成文刑法不仅在分则中规定了具体犯罪的构成规则，还在总则中规定了部分排除犯罪的例外情形。当前中国的刑事裁判文书或者以构成规则的实质理解为基础架构犯罪构成，使正当防卫等排除犯罪情形在实质上游离于犯罪构成之外，或者错误地使用构成规则符合性的形式判断来排斥正当防卫等排除犯罪情形存在的可能性。中国传统犯罪构成理论难以合理安排构成规则与排除犯罪情形的理论位置，难以完成从整体上认识犯罪的理论任务。犯罪构成的整体框架应当在四要件内部采用分阶层模式，较务实的办法是改造犯罪客体要件，将其置于犯罪客观方面、犯罪主体和犯罪主观方面之后，通过对符合其他三要件的行为进行实质评价来排除犯罪，使犯罪构成真正成为一个从整体上观察犯罪的认识框架。

裁判文书一般采用主客观区分的模式来说明构成规则的各种要素。裁判理由没有将犯罪客体作为构成规则符合性的独立判断对象，同时，法官在许多案件中将责任能力视为犯罪主观方面的认定基础或依据。以罪名为基础归纳客观要件，可能会造成"客观要件的认定依赖于主观要件的判断结论"的情形，使主客观区分模式从根本上崩溃。这种现象从根本上来说是对构成规则进行实质理解造成的，因而，虽然在构成规则内部仍然区分主观要件和客观要件，但是，只能根据构成规则的客观特征和主观特征对行为进行事实的、形式的判断。法官并不愿意在裁判文书中讨论不作为、因果关系这样的总则性问题，相反，司法实践对行为的分则问题给予了更多的解释。在主观要件上，特别是对于认识错误和放任问题，理论研究并没有对司法实践产生重要影响。

正当防卫的辩护意见在司法实践中很少被采纳，法官往往限制解释"不法侵害"、形式理解"正在进行"、过高要求"防卫意识"以及从严掌握"防卫限度"。司法实践给理论研究提出的问题包括：在防卫的前提事实中区分防卫人身和防卫财产、事后防卫的实质把握、故意挑衅行为对防卫权的影响、过当行为的可归责性，等等。但书规定的"情节"不限于构成规则的情节，情节显著轻微是关于行为的要求，危害不大是关于结果的要求，仅仅情节显著轻微或者仅仅危害不大都不足以适用但书规定。在犯罪构成是刑事责任的唯一根据这个传统命题之下，应当将犯罪客体改造为排除犯罪情形的"住所"。

在犯罪未遂的认定过程中，法官并不排斥甚至倾向于援引理论作为全部或者部分的裁判依据，但是，援引理论只是体现了裁判文书对学术观点的"记载"，而没有反映出理论对实践的指导意义。犯罪既遂标准应当在区分立法标准与司法标准的基础上，以"构成要件齐备说"为立法标准，将犯罪区分为结果犯、行为犯和举动犯，分别确定其司法标准。危险犯不宜成为一种独立的类型，而应当分别归属于行为犯或结果犯。在具体既遂标准上应当注重以审判实践为基础、采用经验归纳的方法进行解释性研究，同时注意理论援引的例外案件为理论发展提供的经验性基础。自动性的认定应当在放弃客观说的基础上，先根据主观说进行事实判断，再以特殊预防的必要性为导向对自动性的成立进行规范上的限制。裁判文书基本上遵循整体认定的理论思路来确定共同犯罪的成立范围，存在一些值得思考的地方，包括在共同犯罪的成立条件中考虑取消责任能力的要求、区分不同形式的故意与行为、建立以因果性为中心的共同犯罪认定模式,等等。主从犯的区分不等于正犯与共犯的分类,裁判文书是在区分实行犯、组织犯、教唆犯和帮助犯的类型基础上,根据共同犯罪人之间的类型关系来确定主从犯的区分原则。

  总体看来,在司法实践中,法官不是不援引理论,而是不受限制地决定理论的援引。当犯罪构成的某个具体问题有多种可选择的理论观点时,法官可以选择任何一种观点来支持自己的裁判结论,在所有理论观点都与自己预想的结论不相符时,法官甚至可能拒绝所有的理论直接作出裁判。理论界应当反思学术观点是否为司法判断提供了足够具体、明确的规范性标准,刑法学者应当在借鉴外国学术成果的同时,注重从本国司法实践中寻找理论发展的方向和源泉;实践界应当反思对理论的选择是否坚持了立场的一致性。更重要的是,判决说理应当包含对理论选择理由的说明,只有这样才能实现理论对实践的"约束和限制",司法实践也能为理论研究提供经验性基础。

目录 Contents

总　序 ………………………………………………………………… 1

前　言 ………………………………………………………………… 3

引　言　犯罪构成、犯罪成立与犯罪论体系 …………………………… 1

第一章　规则与例外：犯罪构成的整体框架 …………………………… 12
　　一、犯罪构成概念的司法形态 ………………………………………… 13
　　二、构成规则与排除犯罪情形的结合方式 …………………………… 21
　　三、小结 ………………………………………………………………… 27

第二章　客观与主观：构成规则的分析结构 …………………………… 28
　　一、主客观要件的区分 ………………………………………………… 28
　　二、客观要件 …………………………………………………………… 43
　　三、主观要件 …………………………………………………………… 54
　　四、小结 ………………………………………………………………… 73

第三章　防卫与但书：排除犯罪的例外情形 …………………………… 75
　　一、否定正当防卫的司法路径 ………………………………………… 75
　　二、适用但书规定的实务考察 ………………………………………… 95
　　三、犯罪客体与排除犯罪情形 ………………………………………… 99

四、小结 ·· 103

第四章　未遂与共犯：犯罪的两种特殊形态 ·············· 105
　　一、犯罪未遂 ·· 105
　　二、共同犯罪 ·· 150
　　三、小结 ·· 177

结　语 ·· 179

主要参考文献 ·· 180

引言 犯罪构成、犯罪成立与犯罪论体系

从词源上考察，"犯罪构成"这个概念来源于费尔巴哈从诉讼法引入的"Tatbestand"，原意是指"法定行为的存在状态"，[1]费尔巴哈在刑法意义上将其定义为"特定行为特征的整体，或者包含在特定种类的违法行为的法定概念中的事实"[2]。

在费尔巴哈的刑法理论中，符合Tatbestand仅仅是犯罪成立的前提。根据费尔巴哈一直倡导的罪刑法定原则，通常情况下属于Tatbestand的要素仅限于具体犯罪的罪状描述，具体来说包括：行为的特定的违法后果；违法行为的特定的主观（存在于犯罪人内心）根据，要么是特定的意图（目的），要么是特定的意思决定的种类；属于犯罪构成要件的特定的外在行为的特征。[3]行为的违法性是否属于Tatbestand，完全取决于"违法性"这个词是否出现在相关的条款之中。[4]当然，行为符合Tatbestand的要求并不意味着就成立犯罪，正当防卫、被害人承诺等情况虽然不属于Tatbestand的内容，但是可以排除犯

---

[1] 参见王世洲：《现代刑法学（总论）》，北京大学出版社2011年版，第87页。

[2] [德]保罗·约翰·安塞尔姆·里特尔·冯·费尔巴哈：《德国刑法教科书》（第14版），徐久生译，中国方正出版社2010年版，第83页。

[3] [德]保罗·约翰·安塞尔姆·里特尔·冯·费尔巴哈：《德国刑法教科书》（第14版），徐久生译，中国方正出版社2010年版，第85~86页。

[4] 参见[德]恩施特·贝林：《构成要件理论》，王安异译，中国人民公安大学出版社2006年版，第19页。

罪。而且，成立犯罪还要求具备可罚性的主观根据。责任作为可罚性的一般的主观根据，要求具备：①犯罪，其作为一种外在现象（直接的或者间接的）可以从人的贪欲中找到其原因；②作为犯罪原因的（消极的或者积极的）意思决定，是内在的，也即存在于行为人心思之中。因此，责任的本质在于行为人"决定违反刑法"，任何一个知晓刑罚法规的人做出违反刑法的意思决定，就具备了可罚性的一般的主观根据，儿童、因为精神疾病丧失理解能力的人由于不能理解刑法，被视为不具有责任能力，从而排除了可罚性。[1]

各国在发展与引入费尔巴哈的 Tatbestand 理论时，最初只是译法存在不同，但是，经过长期的演变，各国已经形成完全不同的理论体系。

德国和日本主流的三阶层犯罪理论体系，将所有与犯罪成立有关的要素安排在构成要件符合性、违法性和罪责（有责性）三个基本范畴之中。[2] 犯罪理论体系第一阶层的德语原文是 Tatbestandsmäßigkeit，日本刑法学界一般将其翻译为"构成要件符合性（或该当性）"。[3] 在 Tatbestand 的属性上，德国和日本刑法学者做出不同于费尔巴哈的描述。在费尔巴哈的理论中，Tatbestand 一词仅限于在犯罪事实或法律上制约着成立犯罪的诸条件的意义上加以使用，其不仅用来表示法律上的构成要件，也有符合要件的事实的意思，这是因为在历史上它曾经作为诉讼法上的用语，主要指的是事实性的东西。因此，在学说中，为了将它明确起来，贝林主张称之为"概念性的" Tatbestand，其他的叫作"具体性的" Tatbestand。麦耶则主张，把一种称为"法律

---

[1] 参见 [德] 保罗·约翰·安塞尔姆·里特尔·冯·费尔巴哈：《德国刑法教科书》（第14版），徐久生译，中国方正出版社2010年版，第40~41、86~88页。

[2] 当然，如果将行为也视为犯罪理论体系的一个阶层，德国犯罪理论体系实际上可以区分为四个阶层：行为、构成要件符合性、违法性和罪责。

[3] 参见 [日] 小野清一郎：《犯罪构成要件理论》，王泰译，中国人民公安大学出版社2004年版，第3页。对此，泷川幸辰认为这个译法不大恰当，让人感觉不是成熟的译法，不过，因为已是颇为广泛地使用着的译法，并且也想不出代替它的更恰当的语汇，所以只好暂时使用它。参见 [日] 泷川幸辰：《犯罪论序说》，王泰译，法律出版社2005年版，第31页。德国刑法理论最初是经过日本间接传到中国的，因此，对"Tatbestand"这个词一直沿用"构成要件"这个日本译法。王世洲教授在翻译德国著作时，将"Tatbestand"翻译成"行为构成"。参见 [德] 克劳斯·罗克辛：《德国刑法学总论》（第1卷·犯罪原理的基础构造），王世洲译，法律出版社2005年版，第118页。"行为构成"和"构成要件"这两种译法之间并没有实质的区别，本书将在相同的意义上使用这两个概念。

性的"Tatbestand,其他的叫"事实性的"Tatbestand。[1]在三阶层犯罪理论体系中,构成要件符合性中所包含的"构成要件",是一种"概念性的"或"法律性的"Tatbestand,尽管不同的学者、不同的理论分支对Tatbestand的内容有着不同的理解,但是,没有争议的是,构成要件符合性仅仅是犯罪成立的前提,一个行为符合了构成要件,还要经过违法性和罪责两个层次的检验才能最终确定是否成立犯罪。因此,三阶层犯罪理论体系中Tatbestand与犯罪成立的关系,仍然沿袭了费尔巴哈的Tatbestand理论,行为符合Tatbestand的条件并不一定成立犯罪,而行为不符合Tatbestand的要求一定不成立犯罪。

在英美法系国家传统的双层次犯罪理论体系中,构成犯罪必须经过"犯罪"与"辩护"两个层次的检验,犯罪使人入罪、辩护使人出罪。[2]由控诉方提出的说明被告人有罪的事实被归入"犯罪",而"辩护"通常用来说明被告人不应当受到刑事惩罚,包括证明失败辩护(failure of proof defenses)、犯罪修正辩护(offense modification defenses)、正当化(justification)、免责(excuse)和非辩解性的公共政策辩护(nonexculpatory public policy defenses)。[3]不在场、意外事件、认识错误等辩护事由都是"证明失败的辩护",传统上并不属于"犯罪"的要素。但是,20世纪以来——特别是美国《模范刑法典》制定之后,受德国三阶层犯罪理论体系的影响,传统的双层次犯罪理论体系在要素的归属上发生了一些变化,从传统的"犯罪-辩护"模式转变为"犯罪要素(the elements of an offense)-积极辩护(affirmative defenses)"模式,所有的犯罪要素被包含在相当于三阶层犯罪理论体系中Tatbestand的犯罪定义(the definition of an offense)之中。[4]积极辩护并不否定犯罪要素的成立,它是指被告人承认被指控的事实,但提出正当化或免责等事由来避免承担刑事

---

[1] 参见[日]小野清一郎:《犯罪构成要件理论》,王泰译,中国人民公安大学出版社2004年版,第4、11~12页。

[2] 参见[美]乔治·P.弗莱彻:《刑法的基本概念》,王世洲主译与校对,蔡爱惠等译,中国政法大学出版社2004年版,第119页。

[3] See Paul H. Robinson, "Criminal Law Defense: A Systematic Analysis", 82 *Columbia L. Rev.* 1982, p. 203.

[4] See John Kaplan. Robert Weisberg and Guyora Binder, *Criminal Law (Cases and Materials)*, 7thed., New York: Wolters Kluwer Law &Business, 2012, p. 15. George p. Fletcher, Criminal Theory in the Twentieth Century, 2 *Theoretical Inquiries in Law* 2001, p. 272.

责任。[1]因而，意外事件、事实认识错误等传统辩护事由，在当前的双层次犯罪理论体系中被归入"犯罪要素"。[2]正当防卫、精神病等情形属于"犯罪要素"还是"积极辩护"，关键在于这些情形是否被包含在犯罪定义之中。应当注意的是，在英美法系国家，从判决结果来看，被指控的行为满足犯罪定义的所有要求还不足以让被告人承担刑事责任。但是，在裁判过程中，控诉方完成犯罪定义每一项必备事实的证明，往往被视为已经完成了对犯罪的指控，剩下的事情就是看是否存在积极辩护事由来阻止刑事责任的承担。

在19世纪中叶，俄国的刑法学家接受并将Tatbestand引入学术用语中，这个词译成俄语后就是"犯罪构成"。这样，这一问题（以及其他问题）就"迁移"到了俄国的刑法理论中。[3]但是，从整体上对犯罪构成的关注，在革命前的俄罗斯的法学文献中还是非常少的。[4]从20世纪40年代后半期开始，苏联刑法学界对犯罪构成理论的兴趣明显增加，其推动力在很大程度上可以认为是特拉伊宁出版的三本专著：《犯罪构成的学说》《苏维埃刑法中的犯罪构成》和《犯罪构成的一般学说》。随后，苏联刑法学者们陆续发表了一系列的文章和专著，顺便或者专门研究犯罪构成理论中的有争议的问题。[5]

苏联的主流犯罪构成理论认为，犯罪构成是刑事责任的唯一根据，[6]与

---

[1] 积极辩护的具体范围，存在很大争议。典型的积极辩护包括：正当防卫和类似的正当化主张，紧急避险、胁迫和权利主张，精神疾病或缺陷引起的无责任能力、许可以及许多以犯罪定义的"但书"或"例外"为基础的"法定禁止的例外性主张"。See The American Law Institute, *Model Penal Code and Commentaries*（*Official Draft and Revised Comments*），Part I，Art. 1，1985，p. 192.

[2] See John Kaplan. Robert Weisberg and Guyora Binder, *Criminal Law*（*Cases and Materials*），7thed.，New York：Wolters Kluwer Law&Business，2012，p. 17.

[3] 参见何秉松、[俄] 科米萨罗夫、[俄] 科罗别耶夫主编：《中国与俄罗斯犯罪构成理论比较研究》（中文版），庞冬梅、丛凤玲译，法律出版社2008年版，第5页。

[4] 特拉伊宁指出：革命前俄国的著作，对犯罪构成问题极少注意。在俄国革命前的刑法著作中，没有关于犯罪构成的专门书籍或专题研究。谢尔盖耶夫斯基教授的教科书和塔甘采夫教授的教程对犯罪的学说很为重视，但都没有研究犯罪构成的一般学说。参见 [苏联] А.Н. 特拉伊宁：《犯罪构成的一般学说》，薛秉忠等译，中国人民大学出版社1958年版，第5页。

[5] 参见何秉松、[俄] 科米萨罗夫、[俄] 科罗别耶夫主编：《中国与俄罗斯犯罪构成理论比较研究》（中文版），庞冬梅、丛凤玲译，法律出版社2008年版，第5~7页。

[6] "犯罪构成是刑事责任的唯一根据"最初的表述是：追究一个公民刑事责任的唯一根据是，在他的行为中，应具有刑事法律条文严格规定的犯罪构成。参见 [苏联] А.А. 皮昂特科夫斯基等主编：《苏联刑法科学史》，曹子丹等译，法律出版社1984年版，第46页。特拉伊宁进一步明确地说明，人的行为具有犯罪构成是使他负刑事责任的唯一基础：苏联刑法学家一致认为，只有具备犯罪构成的行为才应受到惩罚，判定刑事责任的唯一根据就是行为里有犯罪构成。参见 [苏联] А.Н. 特拉伊宁：

刑事可罚性相关的所有要素都被包含在犯罪构成之中，因此，行为具备犯罪构成就成立犯罪。苏联的刑法教科书就将犯罪构成定义为犯罪主客观要件的总和："每一犯罪构成系由以下四种基本因素形成起来的：①犯罪的客体；②犯罪的客观因素；③犯罪的主体；④犯罪的主观因素。这四种犯罪构成的要件，缺少一种犯罪构成即不能成立。"[1]但是，与主流观点不同，特拉伊宁试图借鉴贝林等德国刑法学者对 Tatbestand 的解释，从法律的、概念的角度来理解犯罪构成，并严格区分犯罪要件与犯罪构成因素，他认为"客体、客观方面、主体、主观方面绝不是犯罪构成的因素，其实，构成并没有这些因素，因此它们也不能'组成'构成。事实上可以而且应当在犯罪中划分客体与客观方面、主体与主观方面；不过这只是在犯罪中，而不是在构成中划分。犯罪构成的使命是揭示犯罪的具体内容，因此在构成中可以而且应当划分的是表明犯罪的客体及其客观方面、犯罪的主体及其主观方面的因素"。为了理解犯罪构成因素的性质，必须注意下面一点：只有法律赋予它刑法意义，并因而列入分则规范罪状中的那些特征，才是犯罪构成的因素。立法者制定所有这些特征，使它们连起来能形成危害社会的、应受惩罚的行为。例如，法律用下面三个特征（因素）来确定偷盗罪：①秘密的或公开的；②窃取；③公民的个人财产。用五个特征来确定诽谤罪：①散布；②明知；③虚假的；④足以侮辱他人的；⑤言论；等等。[2]因此，在特拉伊宁看来，没有规定在刑法分则的犯罪要件不属于犯罪构成的内容，但是，这种犯罪构成理论在"犯罪构成是刑事责任的唯一根据"这个命题下，很难清楚地说明犯罪构成与犯罪成立以及犯罪构成与"处于犯罪构成之外的犯罪要件"之间的关系，因而没有在苏联获得主流学说的地位。

犯罪构成在中国只是一个理论概念，尽管犯罪构成的内容需要由刑法加以规定，但迄今为止，中国现行法律还没有在整体意义上使用犯罪构成这个概

《犯罪概念与犯罪构成》，陈炽基译，载中国人民大学刑法教研室编译：《苏维埃刑法论文选译》（第2辑），中国人民大学出版社1956年版，第6页；类似论述参见［苏联］H. 札戈罗德尼科夫、H. 斯特鲁奇科夫：《苏联刑法的研究方向》，王长国译，载《国外法学》1982年第1期。

[1]［苏联］苏联司法部全苏法学研究所主编：《苏联刑法总论》（下册），彭仲文译，大东书局1950年版，第315页。

[2] 参见［苏联］A. H. 特拉伊宁：《犯罪构成的一般学说》，薛秉忠等译，中国人民大学出版社1958年版，第99~100、68~69页。

念。中国传统的犯罪构成理论是以20世纪50年代的苏联犯罪理论体系为蓝本建立起来的，[1]虽然对苏联的犯罪构成理论有所修正，但基本上没有突破苏联的理论模式。[2]在主要观点上，仍然坚持苏联主流刑法理论的两个基本命题：犯罪构成是刑事责任的唯一根据；犯罪构成是成立犯罪必须具备的主客观要件的总和，包括犯罪主体、犯罪主观方面、犯罪客体和犯罪客观方面四个要件。[3]犯罪构成包含了影响刑事可罚性的所有要素，成立犯罪的充要条件是行为具备犯罪构成，犯罪构成等同于犯罪成立条件的总和。

从刑法的发展历史来看，在大陆法系国家、英美法系国家以及苏联和中国的犯罪理论体系中，存在"构成要件""犯罪定义"和"犯罪构成"三种不同的概念。这三种不同的概念及其理论体系在当前中国刑法学界同时存在，难免会形成观点分歧和思维碰撞。因此，近年来，中国刑法学界开始反思犯罪构成与犯罪成立之间的关系。

一个理论方向是，犯罪构成只是犯罪成立的必要条件，而不是充分条件，更不是充要条件；不具备犯罪构成要件的行为必然不成立犯罪，具备了犯罪构成要件的行为并不必然地成立犯罪。犯罪构成——由四个方面的要件所结合成的"有机统一体"仍然只具有形式的特征，它只是犯罪存在的形式，只是犯罪在法律上的表现，它们只能"反映"行为的社会危害性，而不能最终"决定"行为的社会危害性，客观存在形式上符合犯罪构成但实质上不构成犯罪的情形。[4]

另一个理论方向是，将犯罪构成区分为广义的犯罪构成与狭义的犯罪构成，狭义的犯罪构成是指构成犯罪所需要的全部要素与条件，而广义的犯

---

[1] 中国传统的犯罪构成理论，一般是指1982年5月法律出版社出版的、高铭暄教授任主编、马克昌教授和高格教授任副主编的司法部统编教材《刑法学》中所论述的犯罪构成理论。这个理论在20世纪80年代一直在整个刑法界占统治地位，成为中国犯罪构成理论的通说，因而被称为中国传统的犯罪构成理论。参见何秉松、[俄]科米萨罗夫、[俄]科罗别耶夫主编：《中国与俄罗斯犯罪构成理论比较研究》（中文版），法律出版社2008年版，庞冬梅、丛凤玲译，第230~231页。

[2] 参见高铭暄、马克昌主编：《刑法学》（上编），中国法制出版社1999年版，第85页。

[3] 参见高铭暄、马克昌主编：《刑法学》（第5版），北京大学出版社、高等教育出版社2011年版，第49~51页；陈兴良：《陈兴良刑法学教科书之规范刑法学》，中国政法大学出版社2003年版，第50页。尽管在具体表述上会存在一些细微差异，但这两个主张的基本思路在大部分教科书中得到了坚持。详细描述参见肖中华：《犯罪构成及其关系论》，中国人民大学出版社2000年版，第86~88页。

[4] 参见王政勋：《正当行为论》，法律出版社2000年版，第40~41页。

构成不仅包括各种犯罪构造理论中说明构成犯罪所需要的全部要素或者条件，而且包括成立犯罪所不能出现的情况。狭义的犯罪构成是刑事责任的前提，但犯罪的成立不仅需要具备狭义犯罪构成，而且还需要不具有（广义犯罪构成所包含的）排除违法性与罪责的情形。[1]

尽管在概念处理上有所区别，但两个理论方向的共同点是将四要件组成的（狭义的）犯罪构成视为犯罪成立的前提或必要条件，一个行为成立犯罪不仅需要具备（狭义的）犯罪构成，还不能出现正当防卫、紧急避险等排除犯罪的情形。但是，这种理论构想事实上改变了传统犯罪构成包含"形式与实质两方面"的基本特征，仅仅将其理解为形式的概念，已经接近于三阶层体系中的"构成要件"和双层次体系中的"犯罪定义"，容易造成概念上的混乱，而且，完全推翻"犯罪构成是刑事责任的唯一根据"这个命题，对当前中国刑法理论与实务界的冲击过大，不符合理论发展的阶段性特征，因此，本书将采用传统的犯罪构成概念，即一个行为成立犯罪所必须具备的主客观要件的总和。

在中国刑法理论界，与犯罪构成、犯罪成立相关的还有一个概念，即犯罪论体系。"犯罪论体系"一词可以在狭义和广义两种不同意义上使用。狭义上的犯罪论体系是指有关犯罪的成立条件的知识系统，它与通行的犯罪构成理论或者是犯罪成立理论在外延上相当；而广义上的犯罪论体系是所有有关犯罪一般问题的知识体系的集合，它是指刑法上的犯罪论，与刑罚论相对应，除了包括犯罪成立的一般要件及其理论之外，还包括正当化事由、故意犯罪的未完成形态、共同犯罪和罪数形态等理论。[2] 换言之，犯罪构成理论等于狭义的犯罪论体系，而正当化事由、故意犯罪的未完成形态、共同犯罪等处在犯罪构成理论之外。但是，本书认为，如果坚持犯罪构成是刑事责任的唯一根据，这种狭义与广义的犯罪论体系的区分是不必要的，并且具有误导性。

第一，犯罪构成是犯罪成立条件的总和，从逻辑上来说，所有能够影响刑事可罚性的要素都是犯罪构成的要素。毫无疑问，正当化事由可以排除犯罪的成立，理应属于犯罪构成的要素。正当防卫、紧急避险之所以不构成犯罪，首先是因为其缺乏成立犯罪的实质要件即相当程度的社会危害性，在此

---

[1] 参见王世洲：《现代刑法学（总论）》，北京大学出版社2011年版，第87~88页。
[2] 参见付立庆：《犯罪构成理论：比较研究与路径选择》，法律出版社2010年版，第13页。

基础上，也就缺乏形式要件——刑事违法性。换言之，在正当防卫、紧急避险的场合，没有犯罪构成符合性的存在。[1]因此，不能认为正当化事由处于犯罪成立的一般要件之外。

第二，虽然故意犯罪的未完成形态、共同犯罪是犯罪的特殊表现形式，但是，犯罪未遂、预备、中止以及共同犯罪的成立，仍然应当以犯罪构成的具备为根据，不可能出现不具备犯罪构成而成立犯罪的情形。犯罪构成符合性的判断根据是刑法总则与分则的所有规定，例如，故意杀人未遂的犯罪构成就是已经着手实施故意杀人行为，但由于意志以外的原因而未得逞，其客观方面的要素是由刑法分则与总则的规则共同决定的。从理论构造上来说，中国传统犯罪构成理论中的危害行为不仅指刑法分则规定的既遂的实行行为，还可以包括总则所规定的预备行为、未遂行为、教唆行为，等等。[2]故意犯罪的未完成形态、共同犯罪等都不应当被视为犯罪构成理论之外的问题，当然，这些特殊形态不仅有犯罪构成的共同问题，还有一些区分预备与未遂、认定主从犯等特殊问题。

因此，完全没有必要区分狭义的犯罪论体系和广义的犯罪论体系，与犯罪的认定相关的所有问题都应当根据犯罪构成理论或者犯罪论体系来解决，只是在教科书的体例安排上，可以在犯罪构成的一般条件之外——在犯罪的特殊形态之中，讨论故意犯罪的未完成形态、共同犯罪所涉及的特殊问题。

中国传统犯罪构成理论——这个被称为四要件的犯罪构成体系很长时间内是中国刑法理论与司法实践的主流学说，但是，近年来遭到刑法学界从要素到结构、从理论到实践的诸多批评，甚至有学者认为应当彻底抛弃它。[3]刑法学是一门实践性极强的学科，理论的合理性应当在司法实践中检验，同样，对理论的改革甚至抛弃也应当以实践的需求为基础。因此，研究司法实践中犯罪构成的知识状况，是非常必要的，并且希望能够从司法实践中寻找理论发展的方向和提炼要素判断的规则，为建立理论与实践的良性互动提供

---

[1] 参见黎宏：《我国犯罪构成体系不必重构》，载《法学研究》2006年第1期。
[2] 参见冯亚东：《犯罪构成与诸特殊形态之关系辨析》，载《法学研究》2009年第5期。
[3] 具体论述参见周光权：《犯罪论体系的改造》，中国法制出版社2009年版，第42页以下；付立庆：《犯罪构成理论：比较研究与路径选择》，法律出版社2010年版，第29页以下；陈兴良：《四要件犯罪构成的结构性缺失及其颠覆——从正当行为切入的学术史考察》，载《现代法学》2009年第6期；张明楷：《违法阻却事由与犯罪构成体系》，载《法学家》2010年第1期。

经验性基础。在当前司法系统只是有限度地公开案件资料的情况下，这项实证性研究只能以司法实践的裁判文书为中心。

本书所选的样本是某市中级人民法院 2004—2013 年期间全部审结的 4169 件刑事案件。[1] 由于某些案件中，同一裁判文书会处理数个独立的犯罪，因此，如果将这些相互独立的犯罪分列，得出的样本数量为 4376 个案件，包括 2012 个一审案件和 2364 个二审案件。以最终裁判结论为根据，罪名的具体分布情况如下：盗窃罪 939 个，占全部案件的 21.5%，以下依次为抢劫罪（709 个）、故意伤害罪（387 个）、故意杀人罪（343 个）、毒品犯罪（280 个）、受贿罪（195 个）、诈骗罪（180 个）、强奸罪（145 个）、合同诈骗罪（126 个）、交通肇事罪（104 个）、贪污罪（94 个）、敲诈勒索罪（87 个）、聚众斗殴罪（85 个）、寻衅滋事罪（57 个）、绑架罪（55 个）、窝藏、包庇罪（52 个）以及其他犯罪（538 个）。涉及犯罪未完成形态的案件有 313 个，共同犯罪案件 1067 个。

选择一个中级人民法院十年间审结的刑事案件为样本，主要有以下两个理由：①研究司法实践中犯罪构成的知识状况，主要以法官的裁判理由为基础。[2] 从裁判文书的形式来看，法官不会按部就班地对所有犯罪构成的要素和体系做出详细的说明，通常只就控诉方或者辩护方提出的控诉意见、抗诉意见或辩护意见所涉及的内容进行评价和裁判。从经验上来看，争议越大、案情越严重，控辩双方越倾向于提出相关的法律意见，裁判理由能够提供的研究素材也更充分，因此，选择中级人民法院的案件进行考察无论在样本数量上还是研究基础上都较合适。②诚然，一个法院不能代表全国的状况，结论的可推论性也有限，但是，在一定范围内，只要能够做到全样本研究，也是标准的经验研究，而且，并不是只有能推论到全国的研究对象和结论才算是科学。[3] 全国范围内的抽样研究和一个法院的全样本研究，可以从不同的

---

[1] 本书的样本案件不包括发回重审、准予撤诉、中止审理和减刑假释的案件。此外，本书将以《刑事审判参考》（1999—2014 年）刊登的 977 个示范性案例为辅助性研究对象。所谓示范性案例，是指来自最高人民法院各业务厅、研究机构、出版单位、网站等权威机构公开发布、发表的全部真实判决。参见白建军：《变更罪名实证研究》，载《法学研究》2006 年第 4 期。

[2] 在笔者收集的裁判文书中，对辩护意见的记载通常"只列观点、不说理由"，无法得知辩方是否以及如何援引理论进行辩护，因此，本书的研究只能以法官的裁判理由为中心。

[3] 参见白建军：《大数据对法学研究的些许影响》，载《中外法学》2015 年第 1 期。

角度说明某种社会现象。对一个法院十年间审结案件的裁判文书的全样本研究，可以从一定程度上真实地反映法官在司法实践中的犯罪构成知识运用状况，也可以从司法实践中寻找促进理论发展、规则形成的法官经验，研究结论同样具有参考价值。

根据罪刑法定原则，认定犯罪应当以刑法规定为标准，但是，如何运用刑法条文对行为进行评价，理论逻辑与司法逻辑既有共通之处，也有冲突的可能。本书将通过对样本4376个案件裁判文书的考察，按照从整体到局部、从一般到特殊的逻辑顺序，揭示犯罪构成理论在司法实践中的运用状况，分析理论逻辑可能给司法实践带来的积极或消极影响，司法实践是否以及如何援引、修正甚至拒绝理论研究成果。

因此，本书第一部分将讨论犯罪构成的整体框架，观察法官在司法实践中如何运用刑法规定的具体犯罪的构成规则和排除犯罪的例外情形来对行为进行评价，研究法官是否运用了传统的犯罪构成理论体系，实践状况是否给理论发展的方向提供了经验性知识。第二部分将分析法官如何在具体案件中运用构成规则来评价被指控的行为，主客观要件的区分是否必要与可能，客观要件和主观要件的理论研究是否对司法实践产生了影响，能否从裁判文书中形成要素判断的规律性认识。第三部分观察法官如何裁判辩护方提出的关于排除犯罪情形的辩护意见，分析法官对法律规定的理解方法和解释倾向。第四部分将考察未遂与共犯等犯罪的特殊形态，分析法官对相关概念与理论的运用状况，各种学术观点能否给司法实践提供指导，传统观点在司法实践中遭遇了哪些挑战，能否从裁判结论上寻找理论发展的方向和基础。

理论与实践相结合，这是一句耳熟能详的话，但是，要真正实现理论与实践的对接，并非一件易事。中国刑法理论界感叹司法实践缺乏理论指导或不以刑法理论为指导，实践界指责刑法理论脱离司法实践。[1]笔者对司法实践裁判文书中的犯罪构成知识进行研究，希望对刑事裁判文书的研究能够对改善理论与实践的关系有所裨益。但是，必须认识到的是，对裁判理由的研究可能会因为裁判文书中当然的"自圆其说"有所折扣。在有罪判决中，法官会将所有证据、法律规则组织起来，论证其有罪判决的合法性。同理，在

---

[1] 参见张明楷：《刑法学研究中的十大关系》，载《政法论坛》2006年第2期。

无罪判决中，法官为了证明其无罪结果，也会穷其证据和法律根据，支持无罪的判决。如果某些案件另有隐情，有罪与否的判断实际上受到其他因素的影响，法官便不会将其写进判决书。一些连法官自己都没意识到而又的确存在的某种影响因素对判断产生影响，这些因素就更不可能出现在裁判理由中。[1]因而，对裁判文书中犯罪构成知识的研究会存在一定的局限性。

---

[1] 白建军：《司法潜见对定罪过程的影响》，载《中国社会科学》2013年第1期。

第一章
规则与例外：犯罪构成的整体框架
Chapter One

现代成文刑法不仅在分则中规定了具体犯罪的构成规则，在总则中还规定了部分排除犯罪的例外情形。[1]一个行为最终成立犯罪，通常就意味着该行为已经满足了具体犯罪的构成规则的全部条件，并且不属于排除犯罪的例外情形。犯罪理论体系的理论任务，是"把可受刑事惩罚的举止行为的条件，在一个逻辑的顺序中，作出适用于所有犯罪的说明"。[2]在犯罪理论体系的整体框架上，关键问题是如何安排构成规则的各种要素和排除犯罪的例外情形。双层次犯罪理论体系将构成规则与排除犯罪情形分别归入"犯罪"和"辩护"（或者"犯罪要素"和"积极辩护"）两个基本范畴；三阶层犯罪理论体系一般在构成要件符合性中讨论构成规则的内容，排除犯罪情形属于违法性和罪责的阻却事由；[3]四要件犯罪理论体系将与犯罪成立相关的所有要素分别归入犯

---

[1] 在有些国家的刑法理论与司法实践中，排除犯罪的情形不限于刑法的规定，甚至不限于成文法的规定，还应当考虑到国际法、习惯法以及社会的最高价值观所指向的超实定法。参见［德］汉斯·海因里希·耶赛克、托马斯·魏根特：《德国刑法教科书（总论）》，徐久生译，中国法制出版社2001年版，第393页。

[2] ［德］克劳斯·罗克辛：《德国犯罪原理的发展与现代趋势》，王世洲译，载《法学家》2007年第1期。

[3] 当然，不同的学者对三阶层体系有着不同的理解。例如，有的学者将构成规则中的故意归入"责任"，在构成要件符合性中仅仅处理客观要件和主观违法要素。参见［日］山口厚：《刑法总论》（第2版），付立庆译，中国人民大学出版社2011年版，第34页；［日］西田典之：《日本刑法总论》，刘明祥、王昭武译，中国人民大学出版社2007年版，第55页。还有的学者将故意分为构成要件

罪客体、犯罪客观方面、犯罪主体和犯罪主观方面四个要件中,这个理论体系能否恰当地处理具体犯罪的构成规则与排除犯罪的例外情形之间的关系,需要通过司法实践来检验。

一、犯罪构成概念的司法形态

犯罪构成是成立犯罪必须具备的规格或标准,它一般被表述为"刑法规定的、某种行为构成犯罪必须具备的主客观条件的总和"。[1]犯罪构成在中国只是一个理论概念,尽管犯罪构成的内容需要由刑法加以规定,但迄今为止,中国法律还没有在整体意义上使用犯罪构成这个概念。那么,法官是否以及在何种意义上使用犯罪构成的概念,可以从裁判文书的表述开始考察。

(一)犯罪构成概念使用的初步观察

中国刑事裁判文书中的裁判理由一般包括对控辩双方意见的评判和对案件法律性质的总结。

> 关于被告人周某某及其辩护人提出起诉指控周某某构成故意杀人罪证据不充分,周某某没有杀人的故意、动机和行为。辩护人还提出周某某的行为应构成故意伤害(致人死亡)罪的辩解和辩护意见。本院认为,周某某在其妻熊某某不配合情况下,对熊某某暴力殴打,并多次手掐被害人颈部,导致熊某某被扼颈窒息死亡,表明其主观上具有杀人的故意,客观上,实施了故意杀人行为,其行为符合故意杀人罪的犯罪构成,应认定故意杀人罪。
>
> 本院认为,被告人周某某因夫妻生活一事,使用暴力手段,故意杀死其妻熊某某,并致其当场死亡,其行为已构成故意杀人罪,依法应严惩。

(接上页)故意与责任故意两种类型,分别属于构成要件符合性和责任。参见[日]大谷实:《刑法总论》,黎宏译,法律出版社2003年版,第252~253页。[日]大冢仁:《刑法概说(总论)》(第3版),冯军译,中国人民大学出版社2003年版,第389页。在更细致的层面,构成规则中的"违法性提示",是否属于行为构成,还是有争议的。参见[德]克劳斯·罗克辛:《德国刑法学总论》(第1卷·犯罪原理的基础构造),王世洲译,法律出版社2005年版,第190页。

[1] 例如,犯罪构成就是依照我国刑法的规定,决定某一具体行为的社会危害性及其程度而为该行为构成犯罪所必需的一切客观和主观要件的有机统一。参见高铭暄、马克昌主编:《刑法学》(第5版),北京大学出版社、高等教育出版社2011年版,第49页。

法官一般只在评判性裁判理由中明确使用犯罪构成概念。在样本 4376 个案件的裁判文书中，明确使用犯罪构成概念的案件 1691 个，典型表述方式是"行为符合某罪的犯罪构成或者犯罪构成要件"，例如，"被告人持刀刺向他人，应当知道其行为可能造成他人的身体伤害，仍实施该行为，客观上造成了一人死亡、一人轻微伤的严重后果，其行为符合故意伤害罪的犯罪构成，应构成故意伤害罪。"另有 927 个案件的裁判文书使用了"行为符合某罪的特征"这样的表述方式，例如，"被告人以非法占有为目的，当场使用暴力，当场取得他人财物，符合抢劫罪的特征，应当构成抢劫罪。"从裁判理由的表述方式来看，法官应当在相同的意义上使用"犯罪构成""犯罪构成要件"和"特征"这三个概念，都通过构成规则架构的事实来说明。

根据"犯罪构成是刑事责任的唯一根据"这个命题，应当认为，通常以"本院认为"为标志的总结性裁判理由也暗含了犯罪构成的概念。一个行为能够成立犯罪是因为行为具备了犯罪构成，因此，总结性裁判理由尽管没有明确使用犯罪构成的概念，但是，"被告人周某某因夫妻生活一事，使用暴力手段，故意杀死其妻熊某某，并致其当场死亡"应当被视为对犯罪构成的描述。样本案件几乎所有的有罪判决或裁定都在总结性裁判理由中使用了这样的表述方式。

对裁判理由的初步观察，可以发现，至少在形式上，犯罪构成的内容仅仅包括构成规则所涉及的要素，完全没有涉及排除犯罪的例外情形。

（二）进一步考察：提起排除犯罪情形辩护的案件

在样本 4376 个案件中，辩护方提起无罪辩护的案件有 754 个，占案件总数的 17.2%，说明无罪的理由主要包括行为不符合构成规则中的身份、行为、目的、罪过等条件，以及行为属于正当防卫、行为人不具备责任能力、情节显著轻微危害不大（但书），等等，具体分布情况如下表：[1]

---

[1] 在样本 16 个案件中，辩护方同时针对构成规则的某个要素和排除情形提起无罪辩护。需要说明的是，从法律规定来看，身份属于构成规则的组成部分，而责任能力由刑法总则规定，从法定结构来看，不具备责任能力属于排除犯罪的例外情形。

辩护理由	构成规则	排除犯罪情形		
	身份、行为、罪过等	正当防卫	责任能力	但书规定
案件数	501	207	36	26

在辩护方提起无罪辩护的案件中，法官在6个案件中支持了针对构成规则的辩护意见，而对于存在排除犯罪情形的辩护，有3个案件关于但书规定的辩护获得了法院的支持，有1个案件关于责任能力的辩护获得了法院的支持，而在辩护方提起正当防卫辩护的案件中，法院仅在2个案件中认定行为属于防卫过当。

1. 提起正当防卫辩护的案件

在刑事诉讼中，当辩护方提起正当防卫的辩护时，如果法院认为行为属于正当防卫，在裁判理由中通常只描述行为的客观结果，而不说明行为是否符合构成规定的要求。[1]样本案件中，法院几乎拒绝了所有正当防卫的辩护意见，全部作出了有罪判决或者裁定，典型的裁判理由如下：

> 关于辩护人提出被告人黄某某的行为属正当防卫，不构成故意伤害罪的问题。经查，证人证言与同案犯的供述能够相互印证，证实黄某某与被害人发生了打斗，均有侵害对方的主观故意，故被告人黄某某的行为不符合正当防卫的构成要件，其持刀刺向他人，应当知道其行为可能造成他人的身体伤害，仍实施该行为，客观上造成了一人死亡、一人轻微伤的严重后果，其行为符合故意伤害罪的犯罪构成，应构成故意伤害罪，故被告人黄某某及其辩护人提出的上述辩解、辩护意见与事实、法

---

[1] 样本中没有因为正当防卫而被宣告无罪的案件，在此，引用《刑事审判参考》中法院认定为正当防卫的两个示范性案例。在"叶永朝故意杀人案［第40号］——刑法第23条第3款规定的正当防卫权应如何理解与适用"中，法院认为，叶永朝在遭他人刀砍、凳砸等严重危及自身安全的不法侵害时，奋力自卫还击，虽造成两人死亡，但其行为属正当防卫，依法不负刑事责任。参见中华人民共和国最高人民法院刑事审判第一庭编：《刑事审判参考》[2000年第1辑（总第6辑）]，法律出版社2000年版，第6~10页。在"赵泉华被控故意伤害案［第297号］——正当防卫仅致不法侵害人轻伤的不负刑事责任"中，法院的裁判理由为，"赵泉华为使本人的人身和财产权利免受正在进行的不法侵害而采取的制止不法侵害的行为，虽造成不法侵害人轻伤，但赵的行为未明显超过必要限度造成重大损害，符合我国刑法关于正当防卫构成要件的规定，是正当防卫，依法不应承担刑事责任。"参见中华人民共和国最高人民法院刑事审判第一庭、第二庭编：《刑事审判参考》（2004年第3集·总第38集），法律出版社2014年版，第101~105页。

律不符，不予采纳。

被告人黄某某故意伤害他人身体，致一人死亡、一人轻微伤乙级，其行为已构成故意伤害罪。

在样本205个辩护方主张正当防卫的案件的裁判理由中，法官一般都首先否定正当防卫的成立，再根据构成规则来说明行为符合（或者具备）犯罪构成，从而成立犯罪。犯罪构成的描述中并没有正当防卫的内容，从形式上看，正当防卫与犯罪构成的联系并不紧密。

2. 提起责任能力辩护的案件

在因行为人不具备责任能力而无罪的案件中，法院的裁判理由的表述是：上诉人熊某某等人为追求精神刺激，以多欺少，打人为乐，寻衅滋事，但因熊某某实施该行为时不满16周岁，不负刑事责任。当辩护方提出行为人不具备责任能力的辩护意见时，法官认定有罪的裁判理由的典型表述如下：

被告人汤某某作案时精神状态和责任能力经司法精神病鉴定为完全责任能力，故其辩解与事实、法律相悖，不予采纳。被告人汤某某在与其妻争吵时，持利刃朝被害人头、胸、腹等要害部位连捅数十下，并造成被害人死亡，其行为符合故意杀人罪特征。

本院认为，被告人汤某某因夫妻矛盾持剪刀刺杀其妻子致死，其行为已构成故意杀人罪，应依法惩处。

在因为行为人不具备责任能力而无罪的裁判理由中，法官完整描述了行为符合构成规则的要求，但由于不具备责任能力，而不负刑事责任。因此，责任能力在无罪判决中往往表现为犯罪构成的要素。如果法官不采纳责任能力的辩护意见，裁判理由通常首先认定行为人具备责任能力，然后根据构成规则的要求来说明行为符合（或具备）具体犯罪的犯罪构成。

3. 主张情节显著轻微危害不大的案件

在辩护方提起情节显著轻微危害不大的辩护时，法院的有罪裁判理由通常采用了这样的表述方式：

本案被告人郭某某、熊某某在审讯中违法使用械具，对被害人实施反吊、脚踩细绳、持木棍击打被害人上臂、小腿、膝盖等部逼取口供的行为符合刑讯逼供罪的犯罪构成，故其行为不属刑法第13条规定情节显著轻微危害不大的情形，应构成犯罪。

本院认为，被告人郭某某、熊某某身为司法工作人员，在审讯过程中对被害人实施刑讯逼供行为，其行为构成刑讯逼供罪。

在法院不采纳情节显著轻微危害不大的辩护意见时，裁判理由同样通过构成规则来说明行为符合（或者具备）犯罪构成，但书规定与犯罪构成似乎是刑事诉讼中的两个问题。但是，在行为因为情节显著轻微危害不大而不成立犯罪的案件中，情况稍显复杂。

如果构成规则没有规定具体的定量因素，法院一般首先认定行为符合构成规则的要求，再根据但书规定认为犯罪不成立。例如，上诉人胡某某及其辩护人提出胡的行为情节显著轻微，不构成犯罪，经查，胡某某未经住宅主人同意，冲入被害人家中的事实是清楚的，但其在行为过程中没有损坏任何东西，情节显著轻微，不构成犯罪。

对于构成规则中规定了定量因素的犯罪而言，法院的裁判理由有两种：一是直接根据定量因素的要求认定行为不符合构成规则的要求；二是说明行为类型，再根据但书规定来认定行为情节显著轻微危害不大，不构成犯罪，例如，上诉人阮某某在办理执行案件中，利用职务之便收受他人人民币4713元，属于受贿行为，但该情节显著轻微不构成犯罪。

进一步分析辩护方提起排除犯罪情形辩护的案件，可以发现，在有罪判决或者裁定的裁判理由中，犯罪构成都是以构成规则为基础进行判断的，一个具备责任能力的人实施的符合构成规则的行为，就符合犯罪构成。但是，在无罪的判决或者裁定中，符合构成规则的行为可能因为行为人不具备责任能力，或者情节显著轻微危害不大而不构成犯罪，即不符合犯罪构成，而裁判理由并没有明确说明正当防卫行为是否符合构成规则的所有要求。

（三）静态的犯罪构成与动态的定罪过程

有罪与无罪的裁判理由，对犯罪构成与构成规则、排除犯罪情形的关系进行了不同的处理，从形式上看，似乎有些矛盾。在有罪判决或者裁定中，符合构成规则的行为就成立犯罪，排除犯罪情形处在犯罪构成之外；而在无罪的判决或者裁定中，符合构成规则的行为如果存在排除犯罪的例外情形，就不成立犯罪。这种矛盾从根本上来说，是由静态的犯罪构成与动态的定罪过程共同造成的。

从裁判文书的表述来看，犯罪构成这个概念既可能指刑法对某种犯罪成立条件的规定，也可能指符合刑法规定的犯罪构成事实。

总结性裁判理由暗含的是以构成规则架构的犯罪构成事实，因为只有在事实意义上使用犯罪构成概念，"犯罪构成是刑事责任的唯一根据"这个命题才是正确的。[1]犯罪构成事实在自然意义上虽然被包含在作为被评价对象的行为事实之中，但是，从体系性位置来看，犯罪构成事实是位于刑法评价之后的，在规范意义上不同于刑法评价前的行为事实，它是刑法规范评价后形成的、说明犯罪成立的基本事实特征，因而往往被认为兼具事实与法律的双重属性。[2]应当注意的是，犯罪构成事实的法律属性旨在强调组成犯罪构成的各种构成事实在"来源"上是属于法律的，[3]犯罪构成从其本质来说仍然只是一种构成事实，是一种评价结果，而不是刑法规定的认定犯罪的法律标准。

以事实形态出现、作为评价结果的犯罪构成，可以从苏联刑法理论中找到其知识来源。在苏联的刑法理论中，犯罪构成一般是作为事实性概念被理解的，其事实属性可以从其与犯罪概念之间的关系进行观察。在苏联刑法理论中，犯罪概念与犯罪构成之间是抽象与具体的关系，在许多刑法学者看来，犯罪构成只是犯罪的另外一种名称而已。[4]犯罪是一种客观存在的现实，犯罪构成与以其作为核心的犯罪具有同样的现实性。"字面的解释也是将其理解为犯罪中所包含的构成。什么的构成？——犯罪的构成。我们所说的构成的有无不是指法律的构成，而是指犯罪的构成。"[5]因此，犯罪构成的结构与行

---

[1] 参见何秉松、[俄]科米萨罗夫、[俄]科罗别耶夫主编：《中国与俄罗斯犯罪构成理论比较研究》（中文版），庞冬梅、丛凤玲译，法律出版社2008年版，第272页。

[2] 参见高铭暄、马克昌主编：《刑法学》（第5版），北京大学出版社、高等教育出版社2011年版，第49~50页；王世洲：《现代刑法学（总论）》，北京大学出版社2011年版，第96页。

[3] 参见阮齐林：《应然犯罪之构成与法定犯罪之构成——兼论犯罪构成理论风格的多元发展》，载《法学研究》2003年第1期。

[4] 何秉松、[俄]科米萨罗夫、[俄]科罗别耶夫主编：《中国与俄罗斯犯罪构成理论比较研究》（中文版），庞冬梅、丛凤玲译，法律出版社2008年版，第7页。

[5] 参见何秉松、[俄]科米萨罗夫、[俄]科罗别耶夫主编：《中国与俄罗斯犯罪构成理论比较研究》（中文版），庞冬梅、丛凤玲译，法律出版社2008年版，第173页。

为的核心结构是完全一致的。在苏联主流的刑法学理论中,犯罪构成的定义始终是"行为中所包含的和作为刑事责任根据的犯罪构成"。[1]

而裁判文书中明确使用的犯罪构成概念,通常被理解为一种法律标准,因为"行为事实符合犯罪构成事实"的说法违背基本的语言逻辑。在20世纪50年代之前的苏联刑法理论中,犯罪构成只是构成犯罪的要素及其要件的体系(总和),并没有提到犯罪构成是"立法模式"或"科学抽象"的问题。直到20世纪50年代,才开始出现对犯罪构成的不同理解,即"一分为二"的现象:一是认为犯罪构成是现实现象和犯罪的核心;二是认为犯罪构成是立法模式和科学抽象。[2]特拉伊宁就尝试从实质的、事实的角度描述犯罪,而从形式的、规范的角度来理解犯罪构成。但是,特拉伊宁对犯罪概念、犯罪构成的这种解读,在苏联刑法理论界并没有取得绝对的统治地位。将行为所"符合"的犯罪构成理解为一种法律标准,在中国刑法学界也获得了越来越多的支持。[3]

应当注意,这种作为法律标准的犯罪构成,与德国和日本刑法中的"构成要件"存在根本性区别。尽管"构成要件"这个概念也是由费尔巴哈 Tatbestand 发展而来的,并且以法律标准的形式存在着,[4]但是,在德国和日本区分构成要件符合性、违法性和罪责的三阶层体系中,构成要件是一种"指导形象",倘若人们把"构成要件"理解为法律的抽象观念,那么"法定的构成要件"就会有误解的危险。[5]按照中国传统犯罪构成理论,符合作为法

---

[1] 参见[俄]Н.Ф.库兹涅佐娃、И.М.佳日科娃主编:《俄罗斯刑法教程(总论)》(上卷·犯罪论),黄道秀译,中国法制出版社2002年版,第170页。

[2] 参见[俄]Н.Ф.库兹涅佐娃、И.М.佳日科娃主编:《俄罗斯刑法教程(总论)》(上卷·犯罪论),黄道秀译,中国法制出版社2002年版,第175页。

[3] 有学者指出,犯罪构成作为一种法律标准,与构成事实是不同的,这已达到共识。参见陈兴良:《犯罪构成的体系性思考》,载《法制与社会发展》2000年第3期;阮齐林:《应然犯罪之构成与法定犯罪之构成——兼论犯罪构成理论风格的多元发展》,载《法学研究》2003年第1期;肖中华:《犯罪构成及其关系论》,中国人民大学出版社2000年版,第69页以下。

[4] 例如,小野清一郎明确指出:"我们的构成要件理论中所指的构成要件,是法律上的概念,这个构成要件本身必须与符合构成要件的事实明确地区分开来。"[日]小野清一郎:《犯罪构成要件理论》,王泰译,中国人民公安大学出版社2004年版,第6~7页。

[5] 费尔巴哈就认为,构成要件就是刑法适用的条件,是根据刑法规定确定的,是包含着所有法定条件的"总的构成要件"。[德]恩施特·贝林:《构成要件理论》,王安异译,中国人民公安大学出版社2006年版,第20~21页。

律标准的犯罪构成的行为，可以直接被认定为犯罪行为。但是，根据三阶层犯罪理论体系，对行为进行构成要件的符合性判断，只是认定犯罪的第一步，是否构成犯罪还需要经过违法性和罪责两个层次的检验。"仅仅依据构成要件符合性，还不足以说明行为的违法性，"〔1〕因此，"对于人们已经完成了一个行为构成的断言，不会使任何人有任何的负担，对行为构成的检验要严格保持在中性的基础上。"〔2〕

无论是作为构成事实的犯罪构成，还是作为法律标准的犯罪构成，都是静态的概念。这种静态的概念无法展现司法活动中的犯罪认定过程，为了说明犯罪构成事实的形成过程，犯罪构成理论需要得到定罪理论的补充。苏联刑法学者早在20世纪40年代就开始研究定罪问题，但在中国刑法理论中，直到1993年定罪论才被纳入到犯罪构成理论体系之中。〔3〕定罪是指对所实施的危害社会行为的要件与刑法总则与分则条款中规定的犯罪构成要件相符合并得出适用刑法典某条规定的结论的认定。〔4〕由于定罪活动是法官对行为事实与法定犯罪构成要件进行比对，需要以刑法总则和分则的规定作为定罪的法律依据，因此，从动态的定罪过程来看，在有罪判决或者裁定的裁判理由中，以构成规则为基础架构犯罪构成，意味着法官已经否定了排除犯罪情形的辩护意见。

由此，在有罪的裁判理由中，法官用构成规则架构的事实来说明犯罪的成立。由于动态的定罪过程意味着此前已经对排除犯罪的例外情形进行了判断，因此，法官事实上是从实质角度理解了构成规则。换言之，法官在构成规则的判断中同时进行了形式与实质的判断，认为符合构成规则就说明了行为具有社会危害性、刑事违法性和应受刑罚惩罚性。在无罪的判决和裁定中，一个符合构成规则的行为有可能因为存在排除犯罪的例外情形而不成立犯罪，

---

〔1〕[德] 冈特·施特拉腾韦特、[德] 洛塔尔·库伦：《刑法总论 I——犯罪论》，杨萌译，法律出版社2006年版，第141页。

〔2〕[德] 克劳斯·罗克辛：《德国刑法学总论》（第1卷·犯罪原理的基础构造），王世洲译，法律出版社2005年版，第183页。

〔3〕参见何秉松、[俄] 科米萨罗夫、[俄] 科罗别耶夫主编：《中国与俄罗斯犯罪构成理论比较研究》（中文版），庞冬梅、丛凤玲译，法律出版社2008年版，第390~391页。

〔4〕参见何秉松、[俄] 科米萨罗夫、[俄] 科罗别耶夫主编：《中国与俄罗斯犯罪构成理论比较研究》（中文版），庞冬梅、丛凤玲译，法律出版社2008年版，第171页。

这种说理方式可以理解为，法官首先从形式上理解构成规则，但由于存在排除犯罪情形，行为在实质上就不符合构成规则的全部条件因而不具备犯罪构成。对于具体犯罪的构成规则与排除犯罪的例外情形之间的"规则-例外"关系，在司法实践中是否以及如何得到处理，需要进一步考察两者的结合方式。

二、构成规则与排除犯罪情形的结合方式

从法律规定来看，具体犯罪的构成规则与排除犯罪的例外情形分别属于刑法分则和总则的内容。这种"规则-例外"的关系，在对构成规则进行形式与实质的双重理解下，显得模糊不清，其中，争议较大的问题是构成规则与正当防卫、但书规定之间的关系。[1]

（一）构成规则与正当防卫

样本中，辩护方在207个案件中提起正当防卫的辩护，无一获得法院的完全支持，从裁判文书的表述来看，法院认定正当防卫不成立的方法有两种：

第一种方法是首先根据正当防卫的构成要件认定行为不属于正当防卫，然后再说明行为符合构成规则的要求，因而成立犯罪。法官在134个案件中采用了这样的说理方式，其典型的表述方式如下：

> 对于被告人周某某的法定代理人及辩护人提出的本案定性不准，周某某的行为系正当防卫的辩护意见，经查，正当防卫的条件之一是必须有不法侵害行为的发生，而且这种不法侵害应是一种性质严重、侵害强烈、危险较大的侵害行为，而在本案中，被害人李某某将被告人周某某带至学生宿舍后，周虽遭被害人拳脚殴打，后又遭被害人踢了一脚，被害人的这种侵害尚未达到要采取正当防卫的程度，被告人就不宜实行正当防卫，因此也不存在正当防卫的事实。被告人周某某的法定代理人及辩护人的这一辩护意见不予采纳。被告人周某某因纠纷故意持刀杀死一人，符合故意杀人罪的犯罪构成，应予惩罚。
>
> 本院认为，被告人周某某故意持刀杀人，致一人死亡，其行为构成故意杀人罪，公诉机关指控的罪名成立。

---

[1] 构成规则与责任能力之间的关系，在中国传统犯罪构成理论的体系背景下，并不存在太大的争议，第二章中将有详述。

另有 6 个案件的裁判理由与此相类似。法官在这 6 个案件的裁判文书中直接以"被告人的辩解与事实和法律不相符，不予采纳"为理由，否定了辩护方的正当防卫辩护，进而说明行为符合构成规则的全部条件。从形式上看，法官首先进行是否具有社会危害性的实质判断，然后不区分形式与实质地进行构成规则的符合性判断。

这种将正当防卫判断置于构成规则的形式与实质判断之前的思维模式：①容易使法官以实质判断的结论来指导构成规则的形式判断，有时甚至会忽视构成规则的形式判断，不利于维护法的安全。构成规则的形式判断应当是一种中性的、无价值偏向的判断，具体来说就是把行为人的危害行为、危害结果以及其他客观事实与具体的刑法规定进行比对。对于行为具有正当性还是违法性的实质评价，在将行为与构成要件进行比对后，才能进行。[1] 换言之，正当防卫判断只能针对一个形式上符合构成规则的行为，如果行为在形式上就不符合构成规则的全部要求，根本就不需要进行正当防卫的判断。②容易使正当防卫在实质上游离于犯罪构成之外。从裁判文书的表述来看，"不存在正当防卫"只是行为符合构成规则的前提。但是，构成规则本身并没有容纳正当防卫的位置与空间。因此，以构成规则架构的犯罪构成与正当防卫看起来更像是从正反两方面来说明犯罪的成立，两者之间没有局部与整体的关系，更倾向于对立的相互排斥关系。

第二种方法是将正当防卫的判断与构成规则的符合性判断"合二为一"。在样本中，有 67 个辩护方提出正当防卫辩护的案件，法官的裁判理由没有单独就正当防卫问题展开讨论，而是和构成规则问题一并处理，其典型表述方式如下：

> 关于被告人胡某某属正当防卫，不属故意杀人的辩解，本院认为，胡某某在被害人找到其，并与其发生纠纷时，持刀刺杀被害人要害部位，并致被害人死亡的行为，证实胡某某主观上具有杀人故意，客观上具有杀人行为，其行为符合故意杀人罪的特征，故不具备正当防卫性质。
>
> 被告人胡某某目无国法，故意持刀杀死一人，其行为已构成故意杀人罪，依法应严惩。

---

[1] 参见陈兴良、周光权：《刑法学的现代展开》，中国人民大学出版社 2006 年版，第 88~89 页。

这种说理方式并没有从正当防卫的构成要件出发,判断行为是否属于正当防卫,而是在说明行为符合构成规则的同时,做出不属于正当防卫的判断。显然,至少从形式上看,法官在此进行的构成规则符合性判断,只是一种形式判断,因为实质判断应当以正当防卫的判断为前提,"持刀刺杀被害人要害部位"只有在不属于正当防卫的情况下,才能被视为"实质上符合构成规则的要求"。因此,这种司法逻辑事实上是用构成规则的形式判断来排斥正当防卫存在的可能性,显然是一种错误的思维方式。在辩护方提起防卫过当辩护的案件中,也容易忽视行为的防卫性质。

某日凌晨,被告人张某某同王某某等人在某市湖滨南路"男孩女孩"迪吧舞池中跳舞时,王某某因为被熊某某踩到脚的事情与熊发生推搡。站在王某某旁边的张某某见王某某被对方推了一掌,遂将熊某某一拉并同熊某某争吵。熊某某便从身上掏出了一把水果刀刺向张某某,被张某某抓住持刀的手并抢刀。张某某将刀抢到手后,朝熊某某身上乱捅三刀后逃离现场。熊某某被送往医院抢救,因身上多处刀伤,引起失血性休克,于当天上午11时左右抢救无效死亡。

本案中被害人熊某某在普通的争吵过程中,突然将暴力程度升级,应当可以认定为首先实施不法侵害,[1]在舞厅这种混乱的环境中,被告人张某某的行为有成立防卫过当的余地。但是,法院认为,被告人朝被害人身体乱捅三刀,显然具有剥夺他人生命的故意,故辩护人提出防卫过当的辩护理由于法无据,不予采纳。问题是,"具有剥夺他人生命的故意"可以直接否定行为的防卫性质吗?显然不能,实质上符合构成规则的行为当然不属于正当防卫,但是,故意剥夺他人生命的行为只有在不具备排除犯罪情形时,才在实质上符合构成规则,法官事实上偷换了构成规则的形式与实质概念,无异于剥夺了辩护方正当防卫的辩护权,因为大部分正当防卫行为在形式上似乎都符合构成规则的要求。

(二)构成规则与但书规定

《刑法》第13条在规定犯罪一般概念的同时,规定了"情节显著轻微危

---

[1] 参见张明楷:《故意伤害罪司法现状的刑法学分析》,载《清华法学》2013年第1期。

害不大的，不认为是犯罪"，这个规定在刑法理论中通常被称为犯罪概念的"但书"。一般认为，但书规定是对犯罪概念前半段规定的一种例外、限制、补充或附加说明。[1]有学者认为犯罪概念不是认定犯罪的具体标准，但书规定也不是宣告无罪的具体标准，司法机关只能根据刑法规定的犯罪成立条件认定行为是否成立犯罪，而不能直接以社会危害性的大小认定犯罪。[2]因为，既然说行为情节显著轻微危害不大，就表明该行为的危害实质上没有达到分则中所规定的某种犯罪的成立标准，不符合该种犯罪的犯罪构成。这种情况下，直接以该行为不符合具体犯罪的犯罪构成而否定其成立犯罪就够了，没有必要以总则第13条有关犯罪概念的规定来对其加以否定。[3]在行为与刑法分则的规定相一致、符合犯罪成立条件的情况下，又根据但书的规定排除其犯罪性是自相矛盾的说法。[4]但是，理论与实践的主流观点仍然将但书规定视为司法个案的出罪根据。[5]

样本中有26个案件辩护方以"情节显著轻微危害不大"提起辩护，涉及的罪名包括故意杀人罪、抢劫罪、敲诈勒索罪、强制猥亵妇女罪*、非法拘禁罪、受贿罪、非法侵入住宅罪、刑讯逼供罪等，其中，只有受贿罪和敲诈勒索罪的构成规则中包含着定量因素，其他犯罪的罪状中只含定性描述而不含定量要求。[6]对于辩护方提出的"情节显著轻微危害不大"的辩护意见，法官的裁判方式有以下几种情形：

第一，对于构成规则中已经规定了定量要求的犯罪，法院认定无罪的裁判理由并不统一。在一起敲诈勒索案件中，辩护方以"情节显著轻微"为理

---

[1] 参见梁根林：《但书、罪量与扒窃入罪》，载《法学研究》2013年第2期。
[2] 参见张明楷：《刑法学》（第4版），法律出版社2011年版，第93页。
[3] 参见黎宏：《我国犯罪构成体系不必重构》，载《法学研究》2006年第1期。
[4] 参见周光权：《刑法总论》（第2版），中国人民大学出版社2011年版，第5页。
[5] 参见储槐植、张永红：《善待社会危害性观念——从我国刑法第13条但书说起》，载《法学研究》2002年第3期；梁根林：《但书、罪量与扒窃入罪》，载《法学研究》2013年第2期。对司法实践的研究，参见王华伟：《中国刑法第13条但书实证研究——基于120份判决书的理论反思》，载《法学家》2015年第6期。
* 2015年8月29日中华人民共和国第十二届全国人民代表大会常务委员会第十六次会议通过《中华人民共和国刑法修正案（九）》已对此罪进行了修正，修正后的罪名为"强制猥亵、侮辱罪"。样本中的案件发生在此之前，因此继续使用原条文及罪名。——编者注
[6] 中国刑法在构成规则中有定量要求的犯罪占分部犯罪的三分之二以上。参见储槐植、汪永乐：《再论我国刑法中犯罪概念的定量因素》，载《法学研究》2000年第2期。

由提出无罪辩护，但法院并没有根据但书规定认定被告人无罪，而是认为数额未达到敲诈勒索罪的定量要求而不符合构成规则的要求，其裁判依据并不是《刑法》第13条犯罪概念中的但书规定；相反，在一起受贿案中，法院认定无罪的裁判理由如下：

> 上诉人阮某某在办理执行案件中，利用职务之便收受他人人民币4713元，属于受贿行为。但该情节显著轻微不构成犯罪，依照《中华人民共和国刑法》第13条、《中华人民共和国刑事诉讼法》第189条第3项、第162条第2、3项之规定，判决上诉人阮某某无罪。

该案同样可以根据受贿罪的构成规则直接认定行为不符合定量要求而不成立犯罪，但是，法院还是运用了但书规定来说明无罪的结论。[1]总体看来，无论采用何种表述方式，对于构成规则中规定了定量要求的犯罪而言，法院在确定无罪的总结性裁判理由中都表明行为只符合行为类型的要求，并不符合构成规则的全部条件，当然也就不符合犯罪构成的要求。事实上，这类行为之所以无罪，并不是根据但书规定，而是行为在形式上就不符合构成规则的要求。

第二，对于构成规则中没有规定定量要求的犯罪，如果法院采纳情节显著轻微危害不大的辩护理由，一般首先描述行为在形式上符合构成规则的要求，再根据但书规定认为犯罪不成立。例如，上诉人胡某某提出其行为情节显著轻微，不构成犯罪，经查，胡某某未经住宅主人同意，冲入被害人家中的事实是清楚的，但其在行为过程中没有损坏任何东西，情节显著轻微，不构成犯罪。[2]这种说理方式认为行为在形式上符合构成规则，可能因为情节显著轻微危害不大而不成立犯罪。

---

[1] 有一项研究表明，在120个根据但书规定认定无罪的案件中，有16个案件评价数额因素而适用但书出罪。参见王华伟：《中国刑法第13条但书实证研究——基于120份判决书的理论反思》，载《法学家》2015年第6期。

[2] 类似的案件参见"蒲连升应垂危病人亲属王明成的要求为病人注射药物促进其死亡案"，法院认为，被告人王明成在其母夏素文病危濒死的情况下，再三要求主管医生蒲连升为其母注射药物，让其母无痛苦地死去，虽属故意剥夺其母生命权利的行为，但情节显著轻微，危害不大，不构成犯罪。被告人蒲连升在王明成的再三请求下，亲自开处方并指使他人给垂危病人夏素文注射促进死亡的药物，其行为亦属故意剥夺公民的生命权利，但其用药量属正常范围，不是造成夏素文死亡的直接原因，情节显著轻微，危害不大，不构成犯罪。参见最高人民法院中国应用法学研究所编：《人民法院案例选》[1992年第2辑（总第2辑）]，人民法院出版社1993年版，第7~10页。

第三,如果法院未采纳辩护意见,其裁判理由的表述有两种:①从行为方式、危害结果等方面判断行为不属于情节显著轻微危害不大,然后根据构成规则来说明行为符合犯罪构成。例如,"尽管被告人属于从犯,但造成一人死亡的结果,不属情节显著轻微,被告人伙同他人持刀故意伤害,致一人死亡,符合故意伤害罪的特征",等等。显然,这种裁判方式将构成规则与但书规定视为相互分离的两个问题。②认为行为符合构成规则的要求而不符合但书规定,例如,"本案被告人郭某某、熊某某在审讯中违法使用械具,对被害人实施反吊、脚踩细绳、持木棍击打被害人上臂、小腿、膝盖等部逼取口供的行为符合刑讯逼供罪的构成要件,故其行为不属刑法第13条规定情节显著轻微危害不大的情形,应构成犯罪。""关于上诉人卢某某的指定辩护人辩称卢某某犯罪情节显著轻微,社会危害性小的意见,经查,上诉人卢某某伙同他人采取暴力方法,劫取钱财,其行为构成抢劫罪,而抢劫罪是一种严重侵犯公民人身权利和财产权利的行为,是一种严重危害社会的行为,因此,卢某某犯罪情节并非显著轻微。"这类案件的司法逻辑是行为符合犯罪构成因而不属于情节显著轻微危害不大,同样存在以形式的构成规则来排除社会危害性的实质判断问题。

从样本案件的裁判文书看,不仅对于构成规则没有定量要求的犯罪,运用但书规定出罪,而且,法官在构成规则包含定量要求的犯罪认定过程中,也可能适用但书规定对行为做出罪处理。在裁判理由上,司法实践在处理情节显著轻微危害不大的辩护时,在形式上仍然坚持犯罪构成是刑事责任的唯一根据。刑法理论界有观点认为,但书规定的出罪功能应当位于犯罪构成符合性判断之后,即行为已经符合具体犯罪的构成要件,但因其情节显著轻微危害不大,因此不认为是犯罪。[1]这种思路似乎没有坚持"犯罪构成是刑事责任的唯一根据",犯罪构成仅仅是刑事责任的前提,但书规定成为犯罪构成之外的罪与非罪标准。这种观点没有被司法实践所采纳,样本案件的裁判理由并不是在犯罪构成符合之后,再判断是否属于情节显著轻微危害不大的。

---

〔1〕参见储槐植、张永红:《善待社会危害性观念——从我国刑法第13条但书说起》,载《法学研究》2002年第3期;相似论述,参见高铭暄、马克昌主编:《刑法学》(上编),中国法制出版社1999年版,第74页;杨春洗、杨敦先、郭自力主编:《中国刑法论》(第5版),北京大学出版社2011年版,第39页。

尽管是否符合但书规定与是否符合犯罪构成之间并没有严格的逻辑顺序，但是，符合但书规定的行为当然地不具备犯罪构成。而且，在有的案件中，法官用行为符合构成规则架构的犯罪构成来否定情节显著轻微危害不大，从逻辑上否定了这种观点的适用。

三、小结

现代成文刑法不仅在分则中规定了具体犯罪的构成规则，在总则中还规定了部分排除犯罪的例外情形。司法实践在处理构成规则与排除犯罪情形，以及与犯罪构成之间的关系问题上，有以下两个特点：①构成规则有形式与实质两种理解，但是，司法实践并没有很好地处理构成规则的两种理解方式。在有罪裁判中，法官往往不区分构成规则的形式判断与实质判断，并以构成规则为基础说明犯罪构成的存在；在无罪裁判中，构成规则被法官形式地描述，一个符合构成规则的行为可能因为存在排除犯罪情形而不成立犯罪。在动态的定罪过程中，难以真正区分对具体犯罪构成规则的形式理解与实质理解，法官容易错误地使用构成规则的形式判断来排斥正当防卫等排除犯罪情形存在的可能性。②由于构成规则本身并没有排除犯罪情形存在的位置与空间，而构成规则的实质判断又需要考虑排除犯罪的情形，因此，排除犯罪情形的判断往往在构成规则的判断之前进行，这种模式不仅不符合思维逻辑，而且容易使正当防卫、"但书"规定等排除犯罪情形在实质上游离于"以构成规则的实质理解为基础架构的犯罪构成"，造成犯罪构成与排除犯罪情形之间的分离，从根本上否定"犯罪构成是刑事责任的唯一根据"这个命题。

第二章 Chapter Two
客观与主观：构成规则的分析结构

在刑法规定的具体犯罪的构成规则中，不仅存在纯粹客观的特征和纯粹主观的特征，还出现了客观与主观紧密结合而难以区分的特征。[1]在刑事裁判文书中，法官如何判断、说明构成规则以及犯罪构成的满足，能够体现司法实践认定犯罪的基本思维方式。

一、主客观要件的区分

既然犯罪构成是成立犯罪必备的主客观要件的总和，那么，构成规则内部是否可以从根本上区分出主观要件和客观要件呢？英美法系国家将犯罪定义区分为犯罪行为与犯罪心态，[2]大陆法系国家最初同样在不法（包括构成要件符合性和违法性）和罪责中分别处理客观要素与主观要素，不法与罪责之间的关系就像犯罪的外部方面和内部方面的关系一样，所有犯罪行为客观方面的条件，都属于行为构成和违法性，而罪责是作为所有主观方面的犯罪因素的总和而适用的。[3]苏联刑法理论虽然

---

[1] 例如，受贿罪中"为他人谋取利益"的规定，就不仅包括了"为他人"的主观要求，而且包括了"谋取利益"的客观要求。参见王世洲：《现代刑法学（总论）》，北京大学出版社2011年版，第88页。

[2] See George P. Fletcher, Criminal Theory in the Twentieth Century, *Theoretical Inquiries in Law* 2. 1, 2001, p. 270.

[3] 参见［德］克劳斯·罗克辛：《德国刑法学总论》（第1卷·犯罪原理的基础构造），王世洲译，法律出版社2005年版，第121页。

第二章 客观与主观：构成规则的分析结构

强调犯罪构成是所有主客观要件的有机统一，但是，在犯罪构成内部仍然区分了主观方面的要件和客观方面的要件。中国传统犯罪构成理论沿袭了苏联的这种理论思路，法官在许多刑事裁判文书中也采用了主客观的区分模式来说明行为符合具体犯罪的犯罪构成。

从裁判理由的结构来看，总结性裁判理由通常根据构成规则来建构构成事实，无法清晰地展现主客观要件的区分；在评判性裁判理由中，法官有时只对控辩双方提出的法律意见进行个别要素的评判。因此，对犯罪构成组成方式的分析对象主要是这样的案件：法官在评判性裁判理由中说明了"行为符合具体犯罪的犯罪构成、犯罪构成要件或者特征"。在4376个样本案件中，法官在2618个案件的裁判文书中说明了行为符合具体犯罪的犯罪构成（犯罪构成要件或者特征）。

（一）构成规则的要素范围

通常情况下，裁判文书在评判控辩双方意见的基础上，会说明行为是否符合构成规则的全部要求。由于传统的犯罪构成以构成规则为基础架构，而其在理论上由犯罪客体、犯罪客观方面、犯罪主体和犯罪主观方面组成，因而，从逻辑上来说，构成规则的实质理解应当包含上述四个方面的内容。那么，裁判文书是否需要对四个方面的要件做出说明呢？

第一，犯罪客体并非裁判理由说明犯罪构成的必备要件。样本案件中，只有74个案件的裁判理由包含了犯罪客体的描述，主要涉及两种罪名：①犯罪的构成规则中描述了犯罪客体。在我国《刑法》分则中，犯罪客体的表现基本是间接式的，有的通过一定的物质表现，有的是通过对象，有的是通过调整一定社会关系的法律规范等，来说明具体犯罪的客体。[1]但是，仍然有少数犯罪的构成规则已经说明了该罪所侵犯的客体，例如，放火罪、破坏电力设备罪的构成规则中要求"危害公共安全"、寻衅滋事罪要求"破坏社会秩序"，等等。②犯罪的客观方面与客体在形式上采用了相同的语言进行描述，例如，非法拘禁罪的客体是他人的人身自由权利，而客观方面表现为拘禁或

---

[1]《刑法》第420条指出军人违反职责罪的客体是国家军事利益，但是，这种宣言式的规范无法单独适用，只能体现在具体犯罪行为之中。参见王世洲：《现代刑法学（总论）》，北京大学出版社2011年版，第100~101页。

者其他强制方法，非法剥夺他人人身自由的行为。[1]

裁判理由对犯罪客体的典型描述方式如下：

裁判理由 1：管某某的放火行为，不但烧毁了被害人居住的木棚及其木棚所存放的财物，还殃及北面农民公寓的多处阳台、窗户和窗帘，足以危害公共安全，符合放火罪的犯罪构成。

裁判理由 2：刘某某偷割正在使用的电力设备，虽未造成危害公共安全的严重后果，但足以危及公共安全，符合破坏电力设备罪的犯罪特征。

裁判理由 3：李某某、万某某、徐某某为了垄断货运业务，指使他人殴打无辜被害人、任意毁坏财物的行为使社会公共秩序遭到破坏，其行为符合寻衅滋事罪的犯罪构成要件。

裁判理由 4：刘某某等人因索取债务（工程款），窜到被害人住地，强行将被害人架上车，非法剥夺了被害人的人身自由，并在途中共同对被害人实施殴打后，将被害人扔在远离其住宅的公路边，该行为符合非法拘禁罪的法律规定。

显然，除裁判理由 4 的客观行为与客体表述相同外，其他三个案件的犯罪客体都是根据结果、对象、行为等客观方面的要素进行判断的，在犯罪其他三个方面之外，并没有所谓的犯罪客体的独立判断，因此，构成规则的符合性判断中无须包含犯罪客体。

在中国传统犯罪构成理论中，犯罪客体素有第一要件之称，意为"刑法所保护的、为犯罪行为所侵害的社会关系"。但是，某些行为是否侵犯了社会关系以及侵犯了什么样的社会关系，并不能由犯罪客体本身来决定，而是通过犯罪客观要件、主体要件和主观要件总和反映出来。犯罪客体是被反映、被说明的对象，而犯罪客观要件、主体要件和主观要件，都是从不同角度说明行为的社会危害性，说明行为侵犯的是何种社会关系。因此，不能把被说明现象——犯罪客体与说明其现象的犯罪客观要件、主体要件和主观要件并

---

[1] 高铭暄、马克昌主编：《刑法学》（第 5 版），北京大学出版社、高等教育出版社 2011 年版，第 473 页。

第二章 客观与主观：构成规则的分析结构

列起来作为犯罪构成的一个要件。[1]

传统犯罪构成理论中所强调的犯罪客体的功能，[2]事实上都不是由犯罪客体完成的，而是由犯罪客观方面、犯罪主体和犯罪主观方面三个要件完成的。即使在有的案件中，法官会运用犯罪客体作为区分此罪与彼罪的界限，但是，其判断依据仍然是其他三个方面的要件。因此，犯罪构成的类型判断完全不需要借助犯罪客体要件。例如，放火罪的公共安全作为一种保护客体，本身不是构成要件，而是在对放火行为认定的时候，需要根据放火烧毁的对象、周围状态、烧毁物是否有人居住等情形做出一种判断。否认犯罪客体是犯罪构成的一个要件，并不影响对具体犯罪的司法认定。[3]

第二，责任能力并非构成规则的直接说明内容，但在许多案件中属于犯罪主观方面的判断条件。

在36个辩护方提起责任能力辩护的案件中，法官一般在评判性裁判理由中进行责任能力是否存在的判断，但是，在犯罪构成的描述中就不再提及责任能力问题。

裁判理由5：被告人汤某某在与其妻争吵时，持利刃朝被害人头、胸、腹等要害部位连捅数十下，并造成被害人死亡，其行为符合故意杀人罪特征。被告人汤某某患精神分裂症，作案时处于缓解期，控制能力减弱，经鉴定为部分责任能力人，依法可以从轻处罚。

毫无疑问，如果行为人不具备责任能力，其行为就不构成犯罪，在犯罪构成是刑事责任的唯一根据这个传统命题下，责任能力的体系性位置有两种解释：一是认为责任能力属于犯罪构成的要素，体现犯罪主体的属性，这也

---

[1] 参见张明楷：《犯罪论原理》，武汉大学出版社1991年版，第135~136页。

[2] 例如，有学者指出，扔手榴弹杀人，到底定故意杀人罪还是定爆炸罪，就要看侵犯的客体是公共安全还是特定人的生命权利。参见赵秉志等：《刑法学》，北京师范大学出版社2010年版，第168页。事实上，区分这两个罪的关键仍然在于客观方面和主观方面，即行为人主观罪过是否对不特定多数人的生命权利受侵害采取放任态度，客观上是否表现为危害了不特定多数人的生命权利。犯罪客体所强调的实质评判功能，在本书的犯罪成立理论构造中，完全可以通过排除犯罪情形的判断来实现。

[3] 参见陈兴良：《犯罪客体的去魅——一个学术史的考察》，载《政治与法律》2009年第12期。

是中国传统刑法理论的基本立场。二是认为责任能力是犯罪构成的前提。特拉伊宁就试图将犯罪构成的因素严格限定在构成规则的描述中，因此，尽管犯罪构成中包括犯罪主体，但属于犯罪主体的仅仅是行为人的特征（类似于特殊身份），[1]从而将责任能力排除出犯罪构成因素的范围。特拉伊宁认为"关于无责任能力的问题，可以在解决是否有杀人、盗窃、侮辱等任何一个犯罪构成的问题之前解决。责任能力通常在犯罪构成的前面讲，它总是被置于犯罪构成的范围之外。"[2]但是，这种观点遭到了当时苏联主流刑法理论的批判，中国四要件犯罪构成理论的支持者也极少将责任能力视为犯罪构成之外的要素，而且，在许多案件中，责任能力是主观方面的判断依据。

裁判理由6：被告人张某在去找廖某某前便从其邻居家拿了水果刀，在二人发生纠纷时，便抽出刀朝被害人的腹胸等部位刺杀十余刀。被告人张某作为完全责任能力人，明知持尖刀朝他人胸腹等部位刺杀十余刀的后果，而被告人在刺杀被害人十余刀后离开，便放任了被害人死亡后果的发生，其行为符合故意杀人罪的构成要件。

可以看出，法官在认定主观方面的罪过时，以行为人具备责任能力为基础或依据，如果将责任能力置于犯罪构成之外，显然不符合形式逻辑的要求。而且，从常识上来说，认为一个不具备责任能力的人具有犯罪故意，是很难令人理解的。因此，从裁判文书的表述来看，作为犯罪主体特征的责任能力，属于构成规则符合性判断的基础和依据，最终可以归结于犯罪的主观方面。[3]

因此，刑事裁判文书对构成规则符合性判断的说明对象包括犯罪客观方

---

[1] 特拉伊宁明确指出：法律列入犯罪构成中的表明犯罪主体特征的因素，具有以下目的：立法者利用这些特征缩小对某一个或某一类犯罪应负刑事责任的人的范围，从而肯定下面的原则：并不是任何一个有责任能力的自然人都可以作为某种或者某类犯罪的主体。这种限制的趋势，在法律中表现在以下两个方面：立法者规定有具体范围主体的犯罪构成和特殊范围主体的犯罪构成。参见[苏联] A.H. 特拉伊宁：《犯罪构成的一般学说》，薛秉忠等译，中国人民大学出版社1958年版，第158~159页。

[2] 参见[苏联] A.H. 特拉伊宁：《犯罪构成的一般学说》，薛秉忠等译，中国人民大学出版社1958年版，第60~61页。

[3] 理论界的相似观点，参见储槐植、高维俭：《犯罪构成理论结构比较论略》，载《现代法学》2009年第6期。

面、犯罪主体和犯罪主观方面三个内容，犯罪客体无须独立地作为构成规则符合性判断的对象。

（二）没有归类的要素

在犯罪客观方面、犯罪主体、犯罪主观方面的三个要件中包含着若干个犯罪要素，例如，犯罪客观方面主要通过行为与结果来表现，[1]犯罪主观方面包括罪过和目的等。在这些构成规则的要素中，有些要素无法进行区分。

第一，特殊身份在裁判理由中虽然属于构成规则的要素，但并没有被归入主观或客观要件之中。

> **裁判理由7**：上诉人熊某某具有国家工作人员的身份，明知行贿人有具体的请托事项，而收受他人财物5万元，其行为符合受贿罪的构成要件。
>
> **裁判理由8**：上诉人刘某作为某公司的保险营销代理人员，利用职务上的便利条件，采取伪造保单等欺骗方法，将本公司的保险费168 079元非法占为已有，数额巨大，其行为已构成职务侵占罪。

特殊身份一般都被规定在具体犯罪的构成规则中，因此，司法实践在说明犯罪构成时，都没有例外地将特殊身份视为犯罪构成的要素，需要进一步分析的是，特殊身份是主观要素还是客观要素？

按照中国传统犯罪构成理论，特殊身份属于犯罪主体的特征，而犯罪主体通常认定为犯罪主观要件。这种观点近年来逐渐遭到质疑，越来越多的学者认为特殊身份是具有客观性质的东西，它揭示的是行为人在客观上具有哪些事实特征，这些被法律规定下来作为犯罪的要件的事实特征，不能从主观上而只能从客观上反映行为的社会危害性及其程度。[2]因此，在传统犯罪构成中归入主观要件的特殊身份，本来就应当由于其所具有的物质性而归入客观要件。[3]但是，司法实践并不打算对这种争议表明自己的立场。

---

[1] 行为与结果之间是否存在因果关系，是判断案件事实是否符合结果要素的重要问题，但它本身并不属于犯罪要素。参见高铭暄、马克昌主编：《刑法学》（第5版），北京大学出版社、高等教育出版社2011年版，第61页；张明楷：《刑法学》（第4版），法律出版社2011年版，第133页。

[2] 参见肖中华：《犯罪构成及其关系论》，中国人民大学出版社2000年版，第137页。

[3] 参见王世洲：《现代刑法学（总论）》，北京大学出版社2011年版，第98页。

裁判理由 9：被告人付某某身为公安机关的侦查人员，在经办李某某等人涉嫌故意伤害案件过程中，在主观上出于故意，为了照顾关系和牟取私利而徇私情，在客观上实施了对网上通缉犯李某某放任不管、不予抓捕，致使人犯未能及时受到刑事追诉的行为，其行为符合徇私枉法罪的构成要件。

从这个裁判理由可以看出，法官主要对行为与故意采取区分模式，并没有指出特殊身份属于客观要件还是主观要件。

第二，裁判理由对定量因素的数额与情节进行了不同的处理，数额属于客观要素，而情节不单独属于主观或客观的要素。

定量因素是我国刑法的特色性规定，在大陆法系和英美法系国家的刑法中，一般都是采取了"立法定性、司法定量"的模式，而我国在立法中就采用了"定性兼定量"的模式。[1]在中国刑法中的基本行为构成中，定量因素主要以数额或情节的形式出现，例如，"数额较大""情节严重"等。一般情况下，定量因素是以独立的形态出现的，例如，在盗窃罪中规定"盗窃公私财物，数额较大的，或者多次盗窃"；在某些结果犯罪中，定量因素被包含在结果要素的描述中，例如，滥用职权罪中的"致使公共财产、国家和人民利益遭受重大损失"是对该罪结果的描述，其中"重大"便是定量因素。

定量因素属于犯罪成立的条件，它不同于大陆法系国家刑法中的客观处罚条件。客观处罚条件仅仅在很少的刑事条款中发生作用，这些条件包含了一个对刑事惩罚必要性的决定，而这个决定所依据的观点，是处在刑罚目的理论之外的。[2]因此，客观处罚条件并非犯罪成立的一个条件，是在犯罪成立后是否需要对行为人进行惩罚的条件，它主要考虑的是非刑法方面的因素（例如，政治方面的或者国家理论方面的因素）。我国的定量因素处于犯罪构

---

[1] 虽然在日本刑法理论中提出了可罚的违法性概念，但是，对可罚的违法性的承认主要存在于刑法理论中，判例中选择性地承认。参见[日]大冢仁：《刑法概说（总论）》（第3版），冯军译，中国人民大学出版社2003年版，第314~317页。在俄罗斯刑法中，少数几个罪采用了立法既定性又定量的模式；中国刑法包含定量因素的犯罪占总数的三分之二以上，在刑法条款中占绝对比重。储槐植：《刑事一体化论要》，北京大学出版社2007年版，第116页。

[2] [德]克劳斯·罗克辛：《德国刑法学总论》（第1卷·犯罪原理的基础构造），王世洲译，法律出版社2005年版，第348页。

成之中，因而必然被刑罚目的所包含，换言之，定量因素对刑罚目的的设定和实现是有意义的。因此，定量要求理应属于犯罪构成的要素，问题在于，定量要求是否属于犯罪的客观要件。由此引发的问题是，定量要求是否要求行为人主观上有认识。

一种观点认为，犯罪构成要件是行为侵害法益的质的构成要件与量的构成要件的统一体。质的要件包含犯罪构成客观要件（罪体）与主观要件（罪责），而表明法益侵害的量的要件是所谓罪量，是在具备犯罪构成的本体要件的前提下，表明行为对法益侵害程度的数量要件，罪量要件应独立于上述两个要件。[1]另一种观点认为，罪量要求属于客观的构成要件，其表征的是行为的客观违法性达到值得处罚的程度。例如，对盗窃罪增加了"数额较大""多次盗窃"的要素，对诈骗罪增加了"数额较大"的要素，从而使符合盗窃罪、诈骗罪客观构成要件的行为的违法性达到值得科处刑罚的程度。另有一些犯罪，当行为符合了客观构成要件中的基本要素后，并不意味着行为的违法性达到了值得科处刑罚的程度，在此基础上，还需要对行为进行整体评价，情节严重、情节恶劣就是这种整体的评价要素。[2]

从刑事裁判文书的表述来看，数额要素一般都被归入客观要件中说明，而情节要素不在区分模式的范围之内。

> **裁判理由 10**：聂某以帮被害人接装修工程为由，骗得被害人人民币57 000元后，将该款用掉，主观上具有非法占有他人钱财的故意，客观上采取虚构事实的方法，骗得被害人人民币57 000元，其行为已符合诈骗罪的构成要件。

> **裁判理由 11**：被告人李某某明知徐某某杀人而帮助洗涤沾有血迹的衣服，其主观上就有帮助毁灭证据的故意，客观上也有帮助毁灭证据的行为。而该粘有血迹的衣服是本案重要的直接证据，故其行为应属情节

---

[1] 参见陈兴良：《作为犯罪构成要件的罪量要素——立足于中国刑法的探讨》，载《环球法律评论》2003年第3期。

[2] 参见张明楷：《犯罪构成体系与构成要件要素》，北京大学出版社2010年版，第238~239页。另有学者认为，在许多犯罪的构成规则中，规定了"情节严重""情节恶劣"等条件，这种"情节"也很难绝对地将其归入客观或主观的要素，应当属于"整体性规范评价要素"。参见王莹：《情节犯之情节的犯罪论体系性定位》，载《法学研究》2012年第3期。

严重，符合帮助毁灭证据罪的犯罪构成。

因此，司法实践对定量要求的属性之争采用了分类的方法，数额要素当然地属于客观要素，而情节要素并不属于客观或主观的要素，而是将其视为一种难以区分主观与客观的综合性要素。

(三) 区分的形态及其局限

主客观要件的区分模式被用于说明犯罪构成，试图从根本上区分内在的思想空间和外在的行为舞台。从样本案件裁判文书的表述来看，行为与结果属于客观要件，罪过和目的属于主观要件。

裁判理由中对具体犯罪的客观要件的表述如下表：

罪 名	客观要件表述（不包括定量因素）	案件数
绑架罪	实施了绑架勒索财物的行为	18
	实施了绑架行为	12
包庇罪	实施了包庇行为	11
贩卖毒品罪	实施了贩卖毒品的行为	112
故意杀人罪	实施了杀死被害人的行为	121
	造成了被害人死亡的结果	105
故意伤害罪	实施了伤害他人（致伤、致死）的行为	183
帮助毁灭证据罪	实施了帮助毁灭证据的行为	1
窝藏罪	实施了窝藏行为	9
拐卖妇女罪	实施了拐骗被害人的行为	2
合同诈骗罪	实施了诈骗他人财物的行为	27
	收到款物后，实施了逃匿的行为	15
贷款诈骗罪	实施了欺骗行为	3
强奸罪	实施了强奸行为	46
诈骗罪	实施了诈骗他人财物的行为	94
	实施了虚构事实骗取他人财物的行为	47
	客观上财物至今未还	2

续表

罪　名	客观要件表述（不包括定量因素）	案件数
非法拘禁罪	实施了非法拘禁的行为	7
容留他人吸毒罪	实施了容留他人吸毒的行为	1
贪污罪	实施了贪污行为	16
	实施了骗取公共财产的行为	5
徇私枉法罪	实施了对网上通缉犯放任不管、不予抓捕，致使人犯未能及时受到刑事追诉的行为	1
转移赃物罪*	实施了转移赃物的行为	1
职务侵占罪	实施了侵占单位财物的行为	17
总　　计		856

从上表可以看出，裁判文书对具体犯罪客观要件的归纳有以下几种情形：

第一，大部分犯罪的客观要件的表述以罪名为基础，例如，故意杀人罪的客观要件是实施了杀人行为、故意伤害罪的客观要件是实施了伤害行为、强奸罪的客观要件是实施了强奸行为，等等。这类案件有 635 个，占案件总数的 74.2%。

第二，根据刑法规定的构成规则确定犯罪的客观要件，例如，职务侵占罪的客观要件是实施了侵占单位财物的行为、贪污罪的客观要件是实施了骗取公共财产的行为、合同诈骗罪的客观要件是收到款物后，实施了逃匿的行为。这类案件有 67 个，占案件总数的 7.8%。

第三，通过解释构成规则来确定犯罪的客观要件，例如，诈骗罪的客观要件是虚构事实骗取他人财物。这类案件有 47 个，占案件总数的 5.5%。

第四，以结果来说明犯罪的客观要件，例如，故意杀人罪的客观要件是造成被害人死亡的结果、诈骗罪的客观要件是钱款至今未还，等等。这类案件有 107 个，占案件总数的 12.5%。

前三种类型的案件以行为为基础来说明客观要件，至少在形式上是合理的，但是，第四类案件以结果来说明犯罪的客观要件，容易扩张刑法的适用

---

* 2006 年 6 月 29 日全国人民代表大会常务委员会《中华人民共和国刑法修正案（六）》对此罪进行了修正，修正后的罪名为"掩饰、隐瞒犯罪所得、犯罪所得收益罪"。样本中的案件发生在此之前，因此继续使用原条文及罪名。——编者注

范围。应当认为，以行为人造成被害人死亡来说明故意杀人罪的客观要件，并没有什么不妥，但是，以"未归还钱财"的结果替代"诈骗他人钱财"的行为，其合理性值得怀疑。

裁判理由 12：被告人曾某某、郭某某向被害人出具了借条虽然属实，但也只是其骗取被害人钱款的一种手段而已，曾某某和郭某某取得被害人的钱后均分挥霍，其主观上根本不想还款，客观上该款至今未还，其行为符合诈骗罪的构成要件。

法官在该案的裁判理由中，仅以"该款至今未还"作为诈骗罪的客观构成要件，显然是不够的。在日常生活中，以虚构的事实获得借款的情况，是比较常见的，如果将到期未能归还的情形一概认定为诈骗罪，容易导致诈骗罪适用的无限扩张。本案中，法院也承认借条属实，被告人只是虚构了一个事实来向被害人借款，被害人完全可以根据借条向法院提起民事诉讼，要求被告人归还财产。[1]本案裁判理由以"结果"替代"行为"的描述，至少从形式上看，反映了司法实践对诈骗罪认定的困惑。

裁判文书对犯罪主观要件的描述通常包括罪过与目的，对于非目的犯而言，裁判理由中只需要就罪过问题做出说明，例如，故意杀人罪的主观要件只需要说明行为人明知自己的行为会导致他人死亡的结果，而希望或放任这种结果发生，就足够了。[2]对于目的犯，从理论上来说，裁判理由不仅应当就犯罪故意问题做出说明，还应当就目的问题作出判断，但是，样本案件的裁判理由似乎并没有完整地说明犯罪故意与目的，目的犯主要包括绑架罪（以勒索财物为目的）、财产犯罪（以非法占有为目的）、[3]贩卖毒品罪（以

---

〔1〕 我国有学者也提出，诈骗罪应当缩限解释，其总原则是"有救济无刑法"，即只要能够通过其他法律措施进行有效处理，就无须以诈骗罪论处。参见高艳东：《诈骗罪与集资诈骗罪的规范超越：吴英案的罪与罚》，载《中外法学》2012 年第 2 期。

〔2〕 虽然故意杀人罪的目的是非法剥夺他人生命，但是，这一目的被直接故意所包含，中国刑法理论一般不将其视为目的犯。参见陈兴良：《目的犯的法理探究》，载《法学研究》2004 年第 3 期；张明楷：《刑法学》（第 4 版），法律出版社 2011 年版，第 274 页。

〔3〕 对于盗窃、诈骗等犯罪而言，虽然刑法没有明文列明犯罪目的，然而，在刑法对这些犯罪所要求的"盗""骗"等基本行为要件的要求中，可以符合逻辑和常识地明确：这些犯罪需要有犯罪目的。参见王世洲：《现代刑法学（总论）》，北京大学出版社 2011 年版，第 131 页。

贩卖为目的)、[1]拐卖妇女罪（以出卖为目的）等。这些案件的犯罪主观要件的描述，主要采用以下两种方式：

第一，在裁判理由中说明存在犯罪目的，而不单独说明犯罪故意的存在，典型表述是：被告人主观上具有非法占有的目的，客观上采取了隐瞒事实真相、虚构事实的手段，致使所骗钱财无法返还，其行为符合诈骗罪的构成要件；被告人主观上具有勒索财物的目的，客观上实施了绑架行为，其行为均符合绑架罪的特征。

第二，在裁判理由中将目的视为故意的内容，例如，被告人万某某将贷款用于合同诈骗，违背了贷款合同规定的贷款用途，贷款到期也未归还贷款，主观上有非法占有的故意，客观上实施了欺骗行为，符合贷款诈骗罪的特征；被告人陈某某收到他人的款物后中断了与外界的一切联系，关门逃匿，证明陈某某主观上具有非法占有的故意，客观上实施了逃匿的行为，其行为符合合同诈骗罪的构成要件。

对裁判理由这两种处理方式的理解，要从犯罪故意与犯罪目的的关系开始。对于犯罪故意与犯罪目的的关系，一种观点认为，目的犯之目的是故意之外的主观要素，[2]是对某种结果、利益、状态、行为等的内在意向，它是比直接故意的意志因素更为复杂、深远的心理态度。[3]另一种观点认为，法定犯罪目的是犯罪故意内的主观心理要素，它经过犯罪意志的选择，成为犯罪故意的一部分，贯穿于整个意志心理过程，指引行为人实施犯罪行为。[4]因此，作为盗窃罪主观要件的故意，是指明知是他人或者单位所有或持有的财物，以非法占有为目的，实施窃取财物的行为。[5]

裁判文书的第一种处理方式并没有清楚地说明犯罪故意与犯罪目的之间的关系，仅仅将犯罪目的视为犯罪故意的充分条件，只要证明存在犯罪目的，

---

[1] 参见最高人民法院《关于执行〈全国人民代表大会常务委员会关于禁毒的决定〉的若干问题的解释》（已失效）第2条规定：贩卖毒品，是指明知是毒品而非法销售或者以贩卖为目的而非法收买毒品的行为。因此，此处的目的犯仅指"以贩卖为目的而非法收买毒品"这种情形。

[2] 参见陈兴良、周光权：《刑法学的现代展开》，中国人民大学出版社2006年版，第198页。

[3] 参见张明楷：《刑法学》（第4版），法律出版社2011年版，第275页。

[4] 参见贾宇、怯帅卫：《论法定犯罪目的的实质——兼论犯罪目的与犯罪故意的关系》，载《法律科学》2010年第4期。

[5] 参见高铭暄、马克昌主编：《刑法学》（第5版），北京大学出版社、高等教育出版社2011年版，第506页。

就无须再证明行为人的犯罪故意,因为犯罪目的本身就是直接故意的一个特定种类。[1]第二种处理方式明显将犯罪目的视为犯罪故意的内容,但是,从样本案件的裁判文书来看,对两者关系的不同理解通常情况下并不会影响犯罪构成的符合性判断。

至此,司法实践在许多案件中采用了区分主观要件和客观要件的方式来说明犯罪构成,其优点在于能够清楚地知悉犯罪构成的组成要素。但是,其局限性也很明显,主要表现在:不仅主观要件需要根据客观要件来推定,更重要的是,客观要件的说明往往要以主观要件的判断结论为基础。

首先,以罪名为基础确立的客观要件,很大程度上依赖于主观要件的认定,没有经过主观要件的检验,客观行为的类型难以确定。这种表述方式在故意杀人罪、故意伤害罪等犯罪中似乎并没有什么问题,因为这些客观行为的判断可以根据结果及因果关系来确定,但是,对于绑架罪、贩卖毒品罪这样的犯罪来说,以罪名来确定行为要素就有一些问题。

裁判理由 13:被告人张某某主观上具有以勒索财物的故意,客观上实施了绑架行为,虽然尚未向被害人家属勒索财物,但其行为已经符合了绑架罪的犯罪构成,属于犯罪既遂。

法院在裁判理由中承认,被告人尚未向被害人家属勒索财物,说明其客观表现仅为使用暴力、胁迫手段劫持他人,在对被告人主观要件判断之前,根本无法得出该行为必然属于绑架行为。因此,法院认为行为人客观上实施了绑架行为,事实上是主观要件判断之后才可能得出的结论。同样的情形也发生在贩卖毒品的案件中。

裁判理由 14:被告人何某的辩护人提出何某并没有销售毒品,只能定非法持有毒品罪。经查,被告人何某主观上有贩卖毒品的故意,客观上实施了贩卖毒品的行为,虽系以贩养吸,但其行为已经符合了贩卖毒

---

[1] 在英美法系刑法中被称为"特定故意",在德国刑法中被称为"犯罪目的"。参见王世洲:《现代刑法学(总论)》,北京大学出版社 2011 年版,第 131 页。当然,也有学者认为,间接故意犯罪中也可能存在犯罪目的,换言之,犯罪目的的认定并不能推导出直接故意的成立。参见张明楷:《刑法学》(第 4 版),法律出版社 2011 年版,第 276 页。

品罪的犯罪构成。

从裁判理由来看，被告人显然还没有开始销售毒品，其客观行为表现与非法持有毒品罪的客观行为并无不同，法院认定其在客观上实施了贩卖毒品行为，显然是以认定其具有贩卖毒品故意为基础的。

其次，在犯罪未完成形态中，由于行为还没有完成，并不符合具体犯罪的全部构成要件，其客观要件的认定同样只能以主观要件的判断为基础。

裁判理由15：被告人对被害人实施了暴力殴打，强行抠、摸的行为，表明其主观上具有奸淫的目的，客观上实施强奸行为，只是因为意志以外的原因而未得逞，其行为符合强奸罪的主客观要件。

对于既遂犯罪而言，客观要件通常是指已经发生的行为和结果，但是，对于犯罪未完成形态，如果以已经发生的行为或结果为判断标准，往往不能正确解释行为的客观性质，甚至可能会得出错误的结论。从裁判理由15的表述来看，行为人只实施了暴力殴打，强行抠、摸等行为，与强奸行为的目的行为明显不同，如果按照已发生的行为来判断，难以认定存在强奸行为。只有将客观要件理解为行为人主观罪过中的行为应该具有的自然属性或特征，[1]才能将其认定为强奸罪的未遂。

最后，在共同犯罪案件中，教唆犯、帮助犯都没有实施典型的具体犯罪的实行行为，只有在共同犯罪故意的支配下，才能认定其行为符合具体犯罪的客观要件。

裁判理由16：被告人汪某某在事先明知绑架的情况下，仍然租车和驾驶车辆，帮助他人绑架勒索他人钱财，主观上具有绑架的共同故意，客观上实施了共同绑架的行为，虽没有参与共谋、绑架他人、看押、索取赎金、参与分赃，但并不影响其构成绑架罪的共犯。

在这个案件中，被告人并没有实施绑架的实行行为，法院在裁判理由中

---

[1] 参见陈忠林、徐文转：《犯罪客观要件中"行为"的实质及认定》，载《现代法学》2013年第5期。

认为其实施了共同绑架的行为，显然，是因为被告人"在事先明知绑架的情况下"而参与实施帮助行为，绑架行为的认定同样需要以主观要件的认定为前提。

造成这种现象的根本原因在于对构成规则的实质理解不同。在中国传统犯罪构成理论中，要对四个方面的要件同时进行形式与实质的判断，例如，作为犯罪客观要件的危害行为是指在人的意志支配下危害社会的身体动静，在这个概念中行为是一种"危害社会"的身体动静，但是，在根据包括主观要件在内的所有要件对行为进行整体评价之前，不可能得出"危害社会"的结论。这种思维模式不仅使客观要件的判断依赖主观要件，而且将得出犯罪构成的一个要件大于犯罪构成整体的错误结论。[1]因此，应当在构成规则的符合性判断中坚持形式判断的思路，尽管犯罪类型的确定需要借助主观要素才能从根本上确定，但是，犯罪客观要件中的行为，仅仅是某种犯罪构成客观特征的一部分，是从犯罪构成客观方面要件的角度来论述的，[2]是暂时排除行为主体与行为意识之后的行为。例如，故意杀人犯罪构成中的行为是剥夺他人生命，故意毁坏财物犯罪构成中的行为是毁坏财物，是对各种各样的故意杀人和故意毁坏财物犯罪客观方面特征进行抽象概括后形成的概念。同一行为在不同的主观心态下可以被确定为不同的犯罪类型，例如，剥夺他人生命的行为在杀人故意的支配下，构成故意杀人罪；在犯罪过失的支配下，构成过失致人死亡罪。而犯罪未完成形态和共同犯罪客观要件的满足同样可以根据行为与结果的因果性来判断，并根据犯罪主观要件的不同来确定具体犯罪构成的类型。

综上，区分模式试图将犯罪构成从根本上分为主观要件与客观要件，一方面，难以对情节等要素进行区分，其区分范围是有限的；另一方面，如果以罪名为基础归纳客观要件，可能会造成"客观要件位于主观要件判断之后、依赖于主观要件的判断结论"的情形，使这种区分模式从根本上崩溃。而放弃主客观要件的区分又容易出现"一有俱有、一无俱无"的危险局面，严重危及罪刑法定原则。恰当的理论思路是，在构成规则内部仍然区分主观要件和客观要件，但是，应当仅限于根据构成规则的客观特征和主观特征进行事

---

[1] 参见陈忠林：《刑法散得集》，法律出版社2003年版，第237页。
[2] 参见马克昌主编：《犯罪通论》（第3版），武汉大学出版社1999年版，第156页。

实的、形式的判断,将价值的、实质的判断置于排除犯罪情形的判断之中。

二、客观要件

客观要件是指刑法规定的成立某种犯罪在客观方面的条件,一般包括行为主体和行为,在过失犯罪和以结果发生为既遂标准的犯罪中,结果也是犯罪构成一般形态的客观要素。行为与结果之间是否存在因果关系,是判断案件事实是否符合结果要素的重要问题,但它本身并不属于犯罪要素。[1]在样本案件中,引起法律适用方面争议的客观要素主要包括行为和结果(因果关系),具体可以分为总则性问题与分则性问题。

(一) 总则性问题

属于客观要件的总则性问题大体包括行为的类型(包括作为和不作为)、行为的属性(包括自然属性和社会属性)以及结果(因果关系)等。

犯罪构成中的行为,既不同于作为评价对象的事实行为,也不同于作为犯罪论体系基础的行为,[2]而仅仅是犯罪构成的一个要素,是立法者将某一类犯罪行为客观方面的某些特征予以抽象概括之后,在刑法中确定下来并用于评价案件事实是否构成具体犯罪的"行为"标准。样本案件中涉及行为的总则性问题包括两大类:

一是关于行为的类型。现代刑法学一般认为,行为包括作为和不作为,但是,由于总则性的不作为问题在中国还仅仅处于理论讨论阶段,并没有上升到法律规定,法官往往回避不作为问题的讨论。

案例1:某日凌晨4时许,被告人万某甲、秦某某等人及前来观看万某甲等人打桌球的徐某某(女,15岁)、被害人万某乙(女,17岁)等人吃完夜宵后,到本市某酒店开房入住512号房。进房后,秦某某欲奸淫万某乙,遭拒绝后将万某乙脱下的上衣、胸罩丢入垃圾筒里。万某甲不停辱骂万某乙,万某乙气得说要跳楼,被徐某某拉了下来。此后,万

---

[1] 参见高铭暄、马克昌主编:《刑法学》(第5版),北京大学出版社、高等教育出版社2011年版,第61页;张明楷:《刑法学》(第4版),法律出版社2011年版,第133页。

[2] 作为犯罪理论体系基础的行为概念,被赋予了基础功能、连接功能和排除功能。参见[德]克劳斯·罗克辛:《德国刑法学总论》(第1卷·犯罪原理的基础构造),王世洲译,法律出版社2005年版,第147页。

某甲欲掐摸万某乙被拒绝，在万某乙爬到窗户上后，万某甲又辱骂万某乙，万某乙让徐某某拿手机来打电话。8时许，万某乙未拿到手机后就从窗户上跳下去了。当万某甲等人看见万某乙躺在二楼的雨沿上还会动时，万某甲则办了退房手续后离开了酒店，未对万某乙采取救助措施。

法院认为，被告人万某甲当众采用语言辱骂和行为侮辱被害人的方式激愤被害人，致被害人多次爬窗台要跳楼自杀，其不但不制止被害人跳楼，反而继续刺激被害人，导致被害人跳楼自杀，之后，又不采取救助措施，其行为已构成故意杀人罪。这个裁判理由把案件的过程进行了简单的描述，但是，并没有说明本案的杀人行为是什么，是先前的导致被害人跳楼的侮辱行为，还是被害人欲跳楼时的不制止，或者是在被害人跳楼后的不救助？[1]法院的模糊处理回避了对该问题的讨论，事实上，这才是本案的核心问题。显然，侮辱行为本身并非杀人行为，它也没有造成死亡结果，因此，只有对于被害人跳楼自杀死亡的结果不予以阻止的不作为，才可能成为杀人行为。而无论是将被害人欲跳楼时的不制止还是被害人跳楼后的不救助认定为不作为的杀人，都需要说明存在特定义务、能够履行而不履行。但是，裁判理由只是笼统地将所有事实作简单的罗列，对不作为的构成没有提供进一步的说明。

二是关于行为的属性问题，即行为是形式的还是实质的。

案例2：被告人朱某与被害人路某甲同在某学校路段经营文具、玩具等商品，双方曾因生意纠纷发生争执。某日下午5时许，一妇女在被害人路某甲的文具店内以2元的价格购买一把玩具水枪后，又到被告人朱某店里询价，朱某告知1.5元一把水枪，该妇女即要求路某甲退货。路某甲遂认为被告人朱某故意压低价格影响其生意，与被告人朱某发生争执。后路某甲去叫来路某乙。路某乙同路某甲一同来到现场后，路某甲先朝朱某打了一拳，朱某即双手朝被害人路某甲上半身推打一下。此时，路某乙等人上前劝阻，朱某又朝路某甲大腿处踢一脚，致使被害人路某甲倒地。路某甲倒地后头部撞击水泥地，当场呈半昏迷状态。路某乙、

---

[1] 类似的讨论参见陈兴良：《判例刑法学》（上卷），中国人民大学出版社2009年版，第125~127页。

朱某见状即拦车将其送往医院，路某甲后经抢救无效死亡。

检察机关以故意伤害罪（致人死亡）将被告人起诉至法院，辩护方提出被告人只实施了一般的殴打行为，应当属于过失致人死亡罪。法院认为，首先被告人用脚踢被害人的行为发生在与被害人争执对打当中，伤害的故意连贯其中，该脚踢行为导致被害人身体失控，头部撞地而亡，所以被告人的踢打行为与被害人死亡结果之间表现为刑法上的偶然因果关系，因此，本案应按照被告人实施行为的主观故意认定为故意伤害罪。本案的裁判理由注意说明了因果关系和主观故意，但没有涉及关键问题：被告人是否符合伤害行为的构成条件，如果连伤害行为都不存在，伤害故意从何而来。因果关系的判断只是说明踢打行为与死亡结果具有偶然的因果关系，这个结论只能要求行为人对死亡结果负责，而不能当然地得出踢打行为属于伤害行为的结论。因此，本案表面上是一个关于主观故意和伤害行为认定的分则问题，实际上是一个总则问题，即行为是形式的还是实质的。

虽然中国刑法理论界一直强调区分伤害行为与一般殴打行为，[1]但司法实践往往根据结果来判断行为属于伤害还是一般的殴打。这事实上是从形式上理解行为的做法，因为伤害和一般的殴打在形式上并没有区别，两者之间的区别在于实质的侧面，即伤害行为应当具有损害他人身体健康的现实危险，这里的损害他人身体健康是指损害他人肢体、器官、组织完整和正常机能，而不是仅仅造成人体暂时性的疼痛，或者像脸肿、鼻腔出血、皮下出血这样的人体损害。[2]本案的裁判文书仅仅讨论因果关系和主观故意，但对更基础性的伤害行为问题没有详细的说明，特别是完全回避对行为的实质考察问题。

尽管个案的可推论性极其有限，但是，不可否认的是，法官并不愿意在裁判文书中讨论法律没有明确规定的关于行为属性的总则问题，这样，人们也就很难从裁判文书中分析行为的类型和行为的属性问题，行为理论的发展也就缺少了重要的经验性基础。

样本案件中的检察机关或辩护方并没有对结果要素本身提出异议，只在 3

---

〔1〕 参见周光权：《刑法各论讲义》，清华大学出版社 2003 年版，第 15 页；张明楷：《刑法学》（第 4 版），法律出版社 2011 年版，第 768 页。

〔2〕 参见高铭暄、马克昌主编：《刑法学》（第 5 版），北京大学出版社、高等教育出版社 2011 年版，第 466 页；陈兴良：《判例刑法学》（上卷），中国人民大学出版社 2009 年版，第 140 页。

个故意伤害案件中提出关于因果关系是否存在的法律意见。因果关系是一个总则问题，其存在与否直接关乎结果是否可归责于行为人。在中国刑法领域，因果关系的判断规则只是一个理论问题，理论界对因果关系的研究经历了哲学化到去哲学化的演变过程，形成或引入的具体理论包括必然和偶然因果关系理论、事实和法律因果关系理论（相当因果关系理论、重要性理论等）、条件理论和客观归责理论等。[1]对于法官面对因果关系的争议时，是否以及如何运用理论逻辑，需要对裁判文书进行进一步的考察。

首先，在排除其他因素的情况下，肯定行为与结果之间的因果关系。无论根据何种理论，如果行为是结果的唯一原因，那么，存在因果关系的结论是无可置疑的，问题在于，如何认定行为是结果的唯一原因。

案例3：某日中午12时许，被告人金某听说其父亲在自家煤球厂与隔壁开汽修厂的张某某因场地排污水之事发生纠纷，遂赶往现场，与张某某发生争执。在争执过程中，金某从地上捡起一根湿木棍朝张某某猛击，将张某某头部打伤。被害人张某某经医院抢救无效死亡，经法医鉴定，张某某系钝物作用致颅脑损伤而死亡。

辩护方提出急救手术失败是导致死亡的原因之一，而中华医学会某分会出具的《张某某医疗事故争议技术鉴定书》，证实医院抢救张某某的手术不属医疗事故。法院据此认为，急救手术失败不属于异常情形，金某的伤害行为是致张某某死亡的唯一原因。从裁判理由可以发现，法院在此运用相当因果关系理论来认定行为与结果之间是否存在刑法上的因果关系。根据相当因果关系理论，行为与结果之间除了"条件关系"之外（在行为和结果之间存在 conditio sine qua non 的关系，即没有前者就没有后者这种必然性条件关系），[2]还要求从实行行为出发一般就会发生构成要件的结果，实行行为与构成要件的结果之间的关系必须不是异常的、不适当的。[3]由于本案作为介入因素的

---

[1] 参见陈兴良：《刑法因果关系：从哲学回归刑法学——一个学说史的考察》，载《法学》2009年第7期；王世洲：《现代刑法学（总论）》，北京大学出版社2011年版，第117~126页。
[2] [日]大塚仁：《犯罪论的基本问题》，冯军译，中国政法大学出版社1993年版，第99页。
[3] 参见[日]山口厚：《刑法总论》（第2版），付立庆译，中国人民大学出版社2011年版，第56页。

第二章 客观与主观：构成规则的分析结构

医疗行为不属于医疗事故，不属于异常的、意外的情形，因此，伤害行为导致死亡结果的过程是相当的，也是死亡结果的唯一原因。[1]

其次，对于被害人存在特殊体质的情况，法院在否定其他原因的重要性的基础上，认定行为与结果之间存在因果关系。

案例4：2004年7月17日下午，上诉人李某某到某市某茶座去打牌，因帅某某不让其坐而双方发生口角，此时，邱某某（与帅某某系同居关系）介入并与李某某扭打，李某某暴力殴打邱的左肋部，邱当日验伤可见左肋部位红紫，被鉴定为轻微伤乙级。同月25日中午，邱某某躺在茶座一躺椅上休息时，因躺椅散架，邱某某即跌落至地，26日下午2时许，邱某某被送至医院，因抢救无效死亡。法医联合鉴定，确认邱某某系慢性瘀血性脾肿大在外力作用下导致脾包膜下破裂发展成真性脾破裂终因大出血而死亡。二审过程中，法医对前鉴定结论作补充说明，确认"外力"是指2004年7月17日左肋部位软组织损伤。邱某某死前一天不慎摔跤，在其脾破裂发生中的作用轻微，仅起加速或促进作用。

法院根据法医的鉴定结论认为，上诉人李某某的行为与被害人脾包膜下破裂发展成真性脾破裂终因大出血死亡有直接的因果关系。该案的因果关系判断事实上有两个问题：特殊体质和条件的重要性。在中国传统刑法理论中，特殊体质问题都是通过因果关系的条件性和具体性来说明的，因为任何刑事案件的因果关系都是具体的、有条件的，一种行为能引起什么样的结果，没有一个固定不变的模式，因此，查明因果关系时，一定要从危害行为实施的时间、地点、条件等具体情况出发来考虑。[2]这种观点在司法实践中仍然占统治地位，根据偶然因果关系的观点或者条件理论的观点，一般都肯定因果关系的成立。[3]第二个问题是关于各种条件的重要性，鉴定结论指出，"外

---

[1] 我国有学者指出，介入因素的出现是否对因果关系的成立产生影响，需要进行相当性判断。这种相当性判断，应当综合考虑具有客观性质的三方面情形：①最早出现的实行行为导致最后结果的发生可能性高低；②介入因素异常性的大小；③介入因素对结果发生的影响力。参见周光权：《刑法总论》，中国人民大学出版社2007年版，第149～150页。

[2] 高铭暄、马克昌主编：《刑法学》（第5版），北京大学出版社、高等教育出版社2011年版，第78页。

[3] 参见陈兴良：《判例刑法学》（上卷），中国人民大学出版社2009年版，第165～166页。

力"是指 2004 年 7 月 17 日左肋部位软组织损伤。邱某某死前一天不慎摔跤，在其脾破裂发生中的作用轻微，仅起加速或促进作用。按照条件理论，加速结果发生的情形也是一种条件，但是，如果仅仅加速了一个不可避免事实的发生，就是不重要的，[1]就不能中断伤害行为与死亡结果之间的因果关系。

最后，在不能排除治疗方面的原因时，法院根据"伤害行为与死亡结果有关"的鉴定结论，认定存在因果关系。

案例 5：2007 年 7 月 31 日上午 10 时许，被害人范某某因在本市西濠街住宅区 14 栋 1 单元一居民房内嫖娼时被盗财物，遂想找卖淫女要回，在该居民楼的楼道上遇被告人方某某强拉他下楼，两人发生冲突并发生了斗殴。随后，当范某某欲乘车回家路经某巷子时，被方某某等二人追上后再次殴打致伤。事后，范某某被家人送医院治疗，经检验，范某某当时的伤情为钝力作用致创伤性胰腺炎，属轻伤甲级。后范某某一直在医院住院治疗，同年 9 月 29 日范某某经抢救无效死亡。法医学鉴定书，证实①范某某胰腺周围组织血肿，胰腺组织未见出血、坏死及炎性改变，可排除范某某系因胰腺损伤直接致死；②范某某中脑及脑干实质内散在灶性出血，系因脑干出血死亡；③范某某因腹部损伤致外伤性胰腺炎并胰腺假性囊肿，脑组织出血应该与胰腺损伤长时间未治愈有关。结论：范某某系因脑干出血死亡。

辩护人提出，范某某由于脑干出血死亡，可排除范某某系因胰腺损伤直接致死，医学鉴定书对范某某的死亡原因并未排除治疗方面的责任，让方某某完全承担范某某死亡后果不公平。法院认为，法医学鉴定书证实范某某死于脑干出血，该鉴定书援引临床报告，得出范某某脑组织出血应该与胰腺损伤长时间未治愈有关的结论。此科学依据可以认定方某某对范某某的伤害，导致他创伤性胰腺炎，由于胰腺炎长时间未治愈，最终引发脑干出血，直至死亡，方某某的伤害行为与范某某的死亡有因果关系，应承担法律责任。裁判理由没有明确说明运用何种理论来认定因果关系问题，法官的说理过程似

---

[1] 参见王世洲：《现代刑法学（总论）》，北京大学出版社 2011 年版，第 122 页。

乎更符合条件理论的逻辑。但是，由于条件理论容易扩大因果关系的范围，因此，各国刑法理论和实践纷纷采用相当因果关系理论、[1]近因理论、[2]适当理论和客观归责理论来限制刑法上的因果关系范围。[3]应当认为，"伤害行为与死亡结果有关"的鉴定结论只能说明两者之间存在条件关系，在没有进一步排除治疗方面的原因，就简单地认定存在刑法上的因果关系，容易导致处罚范围的过度扩张。

从裁判文书上看，除了在一个案件中运用相当因果关系排除了医疗行为的原因性，三个案件都在不同程度上运用了因果关系的条件理论或者其裁判理由符合条件理论的逻辑，或许是因为条件理论在结论上更接近于我国传统的必然和偶然因果关系理论。

(二) 分则性问题

客观要件的分则性问题主要涉及行为要素，样本案件中，共有109个案件涉及是否存在行为以及行为类型的争议，其罪名分布及裁判情况如下表：

起诉或原审罪名	辩护意见	一审或二审罪名	案件数
故意杀人罪	无杀人行为	故意杀人罪	1
故意伤害罪	无伤害行为	故意伤害罪	1
强奸罪	无暴力或胁迫行为	强奸罪	11
强制猥亵妇女罪	无暴力或胁迫行为	强制猥亵妇女罪	3
运输毒品罪	无运输毒品行为	无罪	1
抢劫罪	敲诈勒索罪、寻衅滋事罪	抢劫罪	41
抢劫罪	属敲诈勒索行为	无罪（敲诈勒索行为，数额较小）	1
盗窃罪	诈骗罪	盗窃罪	15
抢夺罪	盗窃罪	抢夺罪	9

---

[1] 参见 [日] 西田典之：《日本刑法总论》，刘明祥、王昭武译，中国人民大学出版社2007年版，第74页。

[2] See Wayne R. LaFave, *Criminal Law*, 5th ed., Minnesota: West Publishing Company, 2010, p. 350. Joshua Dressler, *Understanding Criminal Law*, 4th ed., LexisNexis 2005, p. 201.

[3] 参见 [德] 克劳斯·罗克辛：《德国刑法学总论》（第1卷·犯罪原理的基础构造），王世洲译，法律出版社2005年版，第243~246页。

续表

起诉或原审罪名	辩护意见	一审或二审罪名	案件数
寻衅滋事罪	破坏生产经营罪、故意伤害行为	寻衅滋事罪	24
强迫交易罪	无强迫交易行为	寻衅滋事罪	2

从上表可知，样本案件中，涉及抢劫罪的行为特征争议的案件有42个，占总数的38.5%，包括抢劫行为与敲诈勒索行为、寻衅滋事行为之间的界限；其次为寻衅滋事罪，除与抢劫罪的界限外，共有24个案件涉及行为特征的争议，占总数的22%；再次为盗窃罪，共有15个案件，占总数的13.8%，主要包括与抢夺罪、诈骗罪之间的区分；此外，存在行为特征的法律争议的罪名还包括敲诈勒索罪、强奸罪、强制猥亵妇女罪、故意杀人罪、故意伤害罪、强迫交易罪和运输毒品罪等。

一般而言，法官对行为的分则问题的裁判需要经过两个基本步骤：一是对刑法规定中的行为要素进行解释，确定具体犯罪的行为特征，二是对案件事实进行归类，并进行与法定的行为特征之间的符合性判断。[1]相对于行为的总则问题，司法实践对行为的分则问题给予了更多的解释，但是，在许多裁判文书中，法官的思维过程仍然没有得到完整的展现。

第一，在司法解释对符合性判断有明确规定的情况下，法官通常直接说明结论。在样本的强奸案件中，被告人乘被害人醉酒、熟睡之机实施奸淫行为，辩护方通常会提出"未采取暴力或者胁迫方法"的辩护意见，法院根据司法解释直接认定行为符合刑法规定的"其他手段"。[2]在强制猥亵妇女的案件中，法院也会根据该司法解释作出裁判。例如，乘他人熟睡之机猥亵本身就是强制手段，法律并未规定采取暴力或威胁手段才构成该罪的要件。此外，在重婚案件中，对于有配偶的人与他人以夫妻名义同居生活的，也直接

---

[1] 有学者指出，认定犯罪的过程，是将案件事实与构成要件进行符合性判断的过程，需要把握三个关键：一是对构成要件的解释，二是对案件事实的认定，三是对案件事实与构成要件的符合性的判断。张明楷：《犯罪之间的界限与竞合》，载《中国法学》2008年第4期。

[2] 参见1984年4月26日最高人民法院、最高人民检察院、公安部《关于当前办理强奸案件中具体应用法律的若干问题的解答》（已废止）第2条：其他手段是指犯罪分子用暴力、胁迫以外的手段，使被害妇女无法抗拒。例如，利用妇女患重病、熟睡之机，进行奸淫；以醉酒、药物麻醉，以及利用或者假冒治病等等方法对妇女进行奸淫。

作出符合行为特征的裁判。[1]

第二，法院在解释具体犯罪的行为特征的基础上，进行符合性判断。作为评价标准的犯罪构成是犯罪的法定类型或模式（模型），[2]其构成行为必须由刑法明文规定，这也是罪刑法定原则的必然要求。但是，刑法明文规定并不代表具体犯罪的行为要素不需要被解释，事实上，一个刑法条文规定的含义，总是首先通过法官的解释，才会在确定无疑的意义上"被确定"。[3]

在涉及区分盗窃罪与诈骗罪、抢夺罪的案件中，法院通常会详细说明两罪之间的界限，并且在此基础上进行案件事实与行为特征的符合性判断。例如，在一起涉及盗窃罪与诈骗罪区分的案件中，上诉人为获得财物，对被害人谎称有业务需要电脑配件，但被害人并未基于错误的认识处分自己的财物，上诉人于是采取避开被害人、偷偷将货物运走的方式将财物占为己有。法院在裁判理由中认为，诈骗罪的本质在于骗取财物，是通过虚构事实、隐瞒真相的方式，使被骗人产生了认识上的错误，从而自愿将自己的财物主动交给他人。被骗人对自己交付财物的行为是明知的，但对其行为的性质却不知真相。而盗窃罪的本质在于秘密窃取财物，行为人采取的是不被财物的所有人、保管人或他人所知的秘密手段而获得财物。在盗窃罪中，被害人根本没有处分自己财物的机会，被害人对自己财物被盗浑然不觉。本案的上诉人最终是在被害人完全不知的情况下而获得财物的，本案上诉人的行为符合盗窃罪的构成要件。在此，法官以与事实描述相区分的形式，明确表达了对诈骗罪、盗窃罪行为特征的理解，人们可以从中获知法官对诈骗罪"虚构事实、隐瞒真相骗得被害人的信任，被害人受骗自愿交付财物"、盗窃罪"秘密窃取"的理解。

在区分盗窃罪与抢夺罪时，法院同样会在说明两者之间界限的基础上，解释符合性判断的原因，例如，"万某非法占有的黑色提包（内有现金51 400元），是在被害人黄某在场的情况下，乘被害人黄某不备公然夺取的，其行为

---

[1] 参见1994年12月4日最高人民法院《关于〈婚姻登记管理条例〉施行后发生的以夫妻名义非法同居的重婚案件是否以重婚罪定罪处罚给四川省高级人民法院的批复》。

[2] 参见肖中华：《犯罪构成及其关系论》，中国人民大学出版社2000年版，第101页。

[3] [德]克劳斯·罗克辛：《德国刑法学总论》（第1卷·犯罪原理的基础构造），王世洲译，法律出版社2005年版，第85页。

符合抢夺罪的法律规定，而盗窃罪是秘密窃取，万某的上述行为与盗窃罪的法律规定不符。"

法官的这种说理方式能够给人们理解某种犯罪的行为特征提供帮助，但是，涉及的罪名并不多，而且多采用司法解释或者理论通说的观点。[1]

第三，在大部分犯罪的裁判文书中，法官更常见的说理方式是将某种犯罪的行为特征融入事实描述中。例如，刑法条文对寻衅滋事罪的行为特征规定了四种情形：随意殴打他人；追逐、拦截、辱骂、恐吓他人；强拿硬要或者任意损毁、占有公私财物；在公共场所起哄闹事。除"起哄闹事"情形要求在公共场所，其他三种情形均未明确要求"在公共场所"。寻衅滋事是一种扰乱社会公共秩序的行为，似乎"在公共场所"理应是行为的重要特征，[2]但是，社会公共秩序毕竟并不等同于公共场所秩序，公共秩序应该包括公共场所秩序与社会秩序。[3]因此，理论界对于"在公共场所"是否属于所有寻衅滋事罪的共同的行为特征，仍然存在着争议。在涉及寻衅滋事罪行为特征争议的样本案件中，法院也没有明确解释"在公共场所"是否属于该罪的必备条件，只是在描述案件事实时提到"在公共场所"，例如，"被告人在公共场所，随意殴打他人和损毁物品，符合寻衅滋事罪的客观要件。""上诉人分别纠集他人多次持棍棒、砍刀在基建工地、公共场所无事生非、殴打无辜，其行为符合寻衅滋事罪的客观要件。"根据罪刑法定原则，案件事实所包含的行为特征当然不能少于刑法条文的规定。但是，从逻辑上来说，人们无法根据单个案件的裁判理由来判断"在公共场所"属于法定的行为特征还是"过剩"的行为特征，因为法定的行为特征是构成犯罪的最低标准，在两种情况下，裁判结论都是正确的。

在诈骗案件中，虽然裁判文书一般将相关案件事实描述为"虚构事实、

---

[1] 参见高铭暄、马克昌主编：《刑法学》（第5版），北京大学出版社、高等教育出版社2011年版，第509页；高铭暄、马克昌主编：《刑法学》（下编），中国法制出版社1999年版，第897页；陈兴良：《陈兴良刑法学教科书之规范刑法学》，中国政法大学出版社2003年版，第502页；1997年11月4日最高人民法院《关于审理盗窃案件具体应用法律若干问题的解释》第1条。

[2] 例如，有学者认为，寻衅滋事行为就是在公共场所无事生非、起哄捣乱、无理取闹、殴打无辜、横行霸道，破坏社会秩序情节严重的行为。周光权：《刑法各论讲义》，清华大学出版社2003年版，第395页。

[3] 参见陈兴良：《寻衅滋事罪的法教义学形象：以起哄闹事为中心展开》，载《中国法学》2015年第3期。

隐瞒真相骗得被害人的信任，被害人受骗自愿交付财物"，但是，法官在描述案件事实的过程中，经常采用"至今未还"或者"拒不归还"这样的语词，例如，"被告人谎称自己在省体育馆、文艺学校都教过学，可帮被害人解决子女上学问题，骗取被害人信任并自愿购买金项链送给他，且至今未还，其行为符合诈骗罪的构成要件。"那么，诈骗罪的行为特征中是否要求具备"至今未还"的条件，[1]至少从裁判文书中难以找到答案。

第四，在某些涉及此罪与彼罪争议的裁判文书中，法官往往只说明案件事实符合某个犯罪的行为特征，而不解释排除另一个犯罪构成的原因，两个犯罪的界限仍然模糊不清。例如，在涉及寻衅滋事罪与强迫交易罪、破坏生产经营罪、故意伤害罪争议的案件中，法院无一例外地直接根据寻衅滋事罪的行为特征描述事实，并据以得出构成寻衅滋事罪的结论。

在样本中有42个涉及抢劫罪与敲诈勒索罪、寻衅滋事罪争议的案件，法院在41个案件中都认可案件事实符合抢劫罪的行为特征，而且几乎一致地使用"行为符合抢劫罪'两个当场'的构成要件"这样的裁判理由，而只字不提案件事实为什么不属于敲诈勒索和寻衅滋事行为。诚然，抢劫是当场使用暴力、胁迫或者其他方法，当场劫取财物的行为，[2]但是，其逆定理不一定成立，换言之，符合"两个当场"条件的行为不一定构成抢劫罪。因此，这样的裁判理由在逻辑上是不完整的。[3]强拿硬要的寻衅滋事行为同样具备"两个当场"的特征，符合"两个当场"条件的行为也不排斥敲诈勒索罪的适用。

案例6：被告人李某某分得赃物大米6包，寄放于章某某家中。某日

---

〔1〕 我国有学者提出，诈骗类犯罪应当增设"拒不返还"的消极构成要件。参见高艳东：《诈骗罪与集资诈骗罪的规范超越：吴英案的罪与罚》，载《中外法学》2012年第2期。

〔2〕 参见2005年6月8日最高人民法院《关于审理抢劫、抢夺刑事案件适用法律若干问题的意见》第9条第3项；马克昌主编：《刑法学》，高等教育出版社2003年版，第522页；高铭暄、马克昌主编：《刑法学》（第3版），北京大学出版社、高等教育出版社2007年版，第559页；王作富主编：《刑法》（第5版），中国人民大学出版社2011年版，第420页。有部分学者提出强取财物的"当场性"不应成为抢劫罪的构成要件要素。参见张明楷：《犯罪之间的界限与竞合》，载《中国法学》2008年第4期；张永红：《抢劫罪行为结构检讨》，载《中国刑事法杂志》2008年第6期。但是，司法实践仍然将"两个当场"确认为抢劫罪的行为特征。

〔3〕 详细论述参见白建军：《论具体犯罪概念的经验概括》，载《中国法学》2013年第6期。

晚 9 时许，被告人李某某带被告人卢某某、周某某等人到章某某家取回 6 包大米时，发现少了 1 包大米，章某某声称被人拿去了。次日晚上，被告人李某某以章某某侵占其 1 包大米为由，邀集被告人卢某某、周某某等人窜至章某某家中，对章某某进行殴打，逼迫其交出人民币 90 元。

这是唯一以抢劫罪起诉、法院认定为敲诈勒索行为的案件，被告人李某某等人的行为明显符合"两个当场"的条件，但法院认为，李某某提出要向被害人章某某要回一包大米钱时，同案人即采取暴力手段向章某某索要钱财，然后逼章某某交出 90 元钱，属敲诈勒索行为，因为敲诈数额较小，不以犯罪论处。因此，以"两个当场"为理由来说明成立抢劫罪，而不成立敲诈勒索罪或者寻衅滋事罪，显然是不充分的，而且也不能帮助人们在这些犯罪中间确定合理的界限。[1]

三、主观要件

主观要件是刑法规定的构成具体犯罪在主观方面的条件，一般情况下包括罪过、犯罪目的、犯罪动机等。样本案件中，检察机关或者辩护方提出异议的主观要素主要包括罪过和犯罪目的，涉及主观要件的总则与分则两个方面的问题，其中关于犯罪故意争议的罪名分布、裁判情况如下表：

起诉或原审罪名	辩护意见	裁判意见	案件数
故意杀人罪	伤害故意	杀人故意	85
故意杀人罪	间接故意杀人	直接故意杀人	8
故意杀人罪	伤害故意	伤害故意	12
故意杀人罪	犯罪过失	杀人故意	10
故意杀人罪	无杀人故意，存在刑法中的错误	杀人故意	1
故意伤害罪	犯罪过失	伤害故意	16
故意伤害罪	犯罪过失，存在刑法中的错误	伤害故意	1

---

〔1〕 事实上，有学者已经指出，抢劫罪与敲诈勒索罪之间的本质区别不是"两个当场"。参见陈兴良：《敲诈勒索罪与抢劫罪之界分——兼对"两个当场"观点的质疑》，载《法学》2011 年第 2 期。

续表

起诉或原审罪名	辩护意见	裁判意见	案件数
放火罪	毁坏财物故意	放火罪	1
滥伐林木罪	不知需政府批准	符合犯罪故意的要求	1
非法收购珍贵野生动物罪	不知其中有珍贵野生动物	符合犯罪故意的要求	2
收购赃物罪[1]	不知是赃物	符合犯罪故意的要求	1

(一) 总则性问题

主观要件的总则性问题主要涉及罪过的认定，样本案件中没有辩护方对犯罪过失提起辩护意见，因此，分析的重点是犯罪故意的判断。根据刑法第14条关于故意犯罪的规定，所谓犯罪故意，是指行为人明知自己的行为会发生危害社会的结果，并且希望或者放任这种结果发生的主观心理态度。在样本涉及犯罪故意总则问题争议的案件中，辩护方的辩护方向及理由包括认识因素与意志因素两个方面。

1. 认识因素

根据刑法总则的规定，犯罪故意的成立要求行为人明知自己的行为会发生危害社会的结果。首先应当注意的是，刑法分则的某些条文对犯罪规定了"明知"的特定内容，例如，窝藏、包庇罪中的明知，掩饰、隐瞒犯罪所得、犯罪所得收益罪中的明知等。刑法总则上所称之明知，与刑法分则上所称之明知不同。前者系作为基本主观要件之一种基础；后者则系一种特定主观要件。犯罪须具备此特定主观要件时，刑法分则之明知为第一次明知，刑法总则之明知为第二次明知。有第一次明知，未必即有第二次明知。但是，分则中的明知不等于总则中的明知，只是总则中明知的前提，只有具备分则中的明知，才能产生总则中的明知。[2]示范性案例也明确指出，总则中的明知是对犯罪故意成立的总的要求，或者说是所有故意犯罪的一般构成要素，其内容是"自己的行为会发生危害社会的结果"。而分则中的明知，其内容较为特

---

[1] 2006年6月29日全国人民代表大会常务委员会《中华人民共和国刑法修正案（六）》对此罪进行了修正，修正后的罪名为"掩饰、隐瞒犯罪所得、犯罪所得收益罪"。样本中的案件发生在2005年，因此继续使用原条文及罪名。

[2] 郑健才:《刑法总则》，三民书局1982年版，第96页。

定,不局限于犯罪故意的认定,还涉及定罪量刑标准等问题。但是,样本案件似乎并没有清楚地区分两种明知,通常情况下,只要判断行为符合分则中的明知要求,就不再讨论总则中的明知问题。例如,在一个收购赃物案件中,被告人提出,没有收购赃物的故意,不知道是赃车,三辆车都有随车发票、合格证,且都有不同程度的撞伤,因此价格偏低且其找过工商局、交警大队的人验发票真伪,其不构成犯罪的意见。法院认为,被告人长期经营二手车的买卖,职业要求他应知道此车的价格,被告人许某以明显低于市场价在不正规的交易市场购买车辆,虽有发票、合格证,但开具的发票填写不全,被告人许某虽有咨询的行为,但没有到正规的部门去鉴定,故被告人的行为符合最高人民法院、最高人民检察院、公安部、国家工商行政管理局《关于依法查处盗窃、抢劫机动车案件的规定》第17条之规定的可视为应当知道情形,其行为应构成收购、销售赃物罪。从理论上来说,具备分则之明知,并不一定就具有总则性明知,中国刑法分则关于明知的规定,基本上是对行为客体的明知,[1]在认定行为符合分则明知要求后,还需要判断行为人是否明知自己行为的性质等。

对于犯罪故意的总则性明知提起异议的理由主要包括存在认识错误、由于疏忽大意而没有预见到行为危害社会的结果等。

刑法中的认识错误包括不知与错误两种情形,[2]样本案件中,辩护方提起认识错误辩护的情形包括行为对象的不知、打击错误以及禁止性错误。

第一,不知行为对象的存在,是司法实践中辩护方提起辩护的常见理由。通常没有争议的是,如果行为人没有认识到行为对象的存在,即行为人不存在对描述性对象要素的想象和规范性对象要素的理解,就应当排除故意。[3]

---

[1] 参见陈兴良:《刑法分则规定之明知:以表现犯为解释进路》,载《法学家》2013年第3期。

[2] 例如,美国《模范刑法典》第2.04条的标题就是"Ignorance or Mistake"(不知或错误),《德国刑法典》第16、17条(关于行为情况的错误、禁止的错误)也将"没有认识"作为认识错误的一种类型。刑法理论上也承认这一点,[德]克劳斯·罗克辛:《德国刑法学总论》(第1卷·犯罪原理的基础构造),王世洲译,法律出版社2005年版,第316页。[美]乔治·弗莱彻:《反思刑法》,邓子滨译,华夏出版社2008年版,第498页。

[3] 这种情形也经常被视为故意本体论的问题,而不属于认识错误问题。陈琴:《刑法中的事实错误》,中国人民公安大学出版社2008年版,第3页。冯军:《刑事责任论》,法律出版社1996年版,第208页。

例如，一个猎人对摆动的矮树丛射击，他以为是一只野猪在动，实际上是一个采莓果的女工，那个女工被击中而死亡。这种对行为对象的不知，通常都认为可以排除故意。但是，如何认定行为人不知行为对象的存在，并不简单。

案例 7：被告人李某某系某养殖场的负责人，该养殖场经野生动植物保护管理局批准，于 2002 年 9 月取得驯养繁殖许可证，批准驯养繁殖的野生动物的种类有鸿雁、灰雁、斑头雁、斑嘴鸭、罗纹鸭、赤麻鸭、绿头鸭、白眉鸭、针尾鸭、红腹锦鸡、白冠长尾雉共 11 种，此后亦未经许可增加驯养繁殖的野生动物品种。2007 年某日，被告人李某某在未取得相关种类野生动物驯养许可资格的情况下，经过电话联系，从贩卖鱼虾的袁某某处收购白额雁 33 只，当袁某某将白额雁等动物运至指定地点时，即被公安机关查获并扣押。经鉴定，白额雁系国家二级重点保护野生动物。被告人提出，其没有收购白额雁的故意，因为不知道收购的货品中有白额雁。

对于被告人是否知道准备收购的货品有 33 只白额雁，只有言辞证据。证人袁某某的证言，证实他因做水产生意，曾到李某某的养殖场买水产，李某某叫他到场里买水产的时候顺便帮他带些大雁。被告人李某某供述，供认袁某某长期贩运鱼虾。他跟袁某某打电话，要袁某某帮他弄些公雁过来，用二只鸭子换一只雁，并得到了袁某某的同意。

从这两份证据来看，仍然无法判断被告人是否知道自己准备收购的货品中有白额雁，但是，法院认为，被告人收购的大雁是一种"群"的概念，其对其中是否有白额雁持放任的态度，因此，应当认为被告人明知其收购的野生动物中可能含有其没有资格收购的国家二级保护动物白额雁，并且放任危害结果的发生，符合犯罪故意的特征。法院的裁判理由看似合理，仔细分析就可以发现，法官并没有针对行为人的"明知"问题展开分析。从证人证言和被告人供述来看，被告人希望收购的是大雁，当然不能直接推断出行为人明知收购的货物是"可能有白额雁的、一种'群'的大雁"，法官在此用案件中的事实判断——收购的大雁中有白额雁，来替代对行为人主观认识的判断——行为人是否知道其中有白额雁。认识错误属于对犯罪构成要素的否定，从证明责任的分配规则来看，应当由控诉方排除合理怀疑地证明"不存在认识错误"，显然，此案的控诉方并没有完成这个任务。该案的裁判也反映出理论研究过于注重认识错误的归责原则，而没有注意研究如何认定认识错误的存在。

第二，在样本案件中，存在一些涉及打击错误的情形，即如果行为人预想的结果与实际发生的结果在构成要件的意义上相同，而实际发生的结果又处于行为人预想之外，这样的打击错误应当如何处理？

案例8：某日下午6时许，被告人邓某某夫妇因儿子与同村村民万某某的儿子打架一事，来到万某某家，万某某从自家猪栏冲出与邓某某发生打斗，万某某持木棍朝邓某某乱挥，击中邓某某的腰背部等处，邓某某也窜至邻居家拿来一根扁担朝万某某头上等处乱打，万某某敌不过即逃出院外求救，邓某某追出院外，即用扁担朝其头部击打，被万某某躲过，却击中万某某的女儿万某甲，致严重颅脑损伤引起中枢衰竭，经抢救无效死亡。被告人的辩护人辩称：被告人是无意击中被害人万某甲，属于打击错误，应当构成过失致人死亡罪。

法院认为，被伤害的对象错误不能改变行为的性质，被告人主观上有伤害的故意，客观上实施了伤害他人致死的行为，符合故意伤害罪的构成要件。首先应当注意的是，辩护人认为属于打击错误，而法院的裁判理由认为案件属于对象认识错误，这就涉及对象认识错误与打击错误的区分问题。

传统刑法理论严格区分打击错误与对象认识错误。对象认识错误是一种认识上的偏差，例如，甲意图射杀乙，却误将丙当作乙而开枪射击，致丙死亡，这种对象认识错误对责任不会产生任何影响，通常被称为单纯的动机错误，其理由在于，故意不必针对具体的对象，只要对象在行为构成的范围内具有同一性就足够了，在此行为人想要杀死一个人，他实际上也杀死了一个人，故意就已经成立了。

而打击错误是一种行为上的偏差，行为人在此并没有对行为对象产生认识上的错误，只是在行为过程中偏离了自己预想的因果过程，因此，打击错误通常也被称为一种因果过程的偏离。在处理打击错误的问题上，各国学者和判例一直都徘徊在两种理论之间，按照具体化理论（具体符合说），故意以在特定对象上的具体化为条件，由于偏离而打中了一个其他对象，那么，在这里就缺少故意；[1]相反，等价理论（法定符合说）要求故意必须仅仅根据其确定的类型特征来包含符合行为构成的结果，某甲想要杀一个人，并且事实上也杀了一个人，这种因果偏差由于对象的行为构成等价性，而对故意不发生影响。[2]德国主流理论与司法判决在原则上遵守具体理论，[3]日本刑法判例一般根据法定符合说，但是日本刑法理论的通说却是具体符合说，[4]中国刑法理论一般认为，在打击错误情况下，行为人对预期的危害结果成立犯罪未遂，对实际侵害结果有犯罪时构成过失罪，没有过失的，不负刑事责任，如果对预期的危害结果和实际侵害结果而言，行为人都构成了犯罪，就属于想象数罪，从一重处断。[5]

由于按照中国主流理论，打击错误与对象认识错误在归责问题上并没有差异，裁判文书将打击错误视为对象认识错误并不会造成判断结论上的区别。但是，打击错误的处理毕竟在刑法理论上存在两种观点之间的争议，因而将其严格进行区分仍然是有必要的。而且，中国刑法理论认为打击错误不影响刑事责任的基本论断，本身就有值得反思的地方。

等价理论对具体化理论的批评通常包括：①根据具体化理论，在行为人具有杀人故意，客观上也杀害了人的情况下，认定为杀人未遂，有悖社会的一般观念；②根据具体化理论，行为人开枪射击乙时，只要没有导致乙死亡，不管是否导致丙或者其他人死亡，其结局都只负杀人未遂的责任，这显然导

---

[1] [日]西原春夫主编：《日本刑事法的形成与特色》，李海东等译，中国法律出版社、日本成文堂联合出版1997年版，第27～28页。[日]川端博：《刑法总论二十五讲》，甘添贵监译，余振华译，中国政法大学出版社2003年版，第82～83页。

[2] [日]大冢仁：《犯罪论的基本问题》，冯军译，中国政法大学出版社1993年版，第197～198页。[德]克劳斯·罗克辛：《德国刑法学总论》（第1卷·犯罪原理的基础构造），王世洲译，法律出版社2005年版，第339页。张明楷：《刑法学》（第3版），法律出版社2007年版，第225～226页。

[3] [德]克劳斯·罗克辛：《德国刑法学总论》（第1卷·犯罪原理的基础构造），王世洲译，法律出版社2005年版，第339页。

[4] 这种理论与实务的观点分歧，被认为是受到了方法错误条款的历史沿革与实务界的影响，判例采用法定符合说是根据对于包括方法错误在内的误杀伤应认定存在故意这一司法传统，而且实务部门的感觉也是法定符合说的结论更为妥当。[日]佐伯仁志：《故意论、错误论》，王昭武译，载冯军主编：《比较刑法研究》，中国人民大学出版社2007年版，第34页。

[5] 参见刘明祥：《刑法中错误论》，中国检察出版社2004年版，第179页。陈兴良：《规范刑法学》，中国政法大学出版社2003年版，第94页。高铭暄主编：《刑法学原理》（第2卷），中国人民大学出版社1993年版，第138页。

致罪刑不均衡。[1]

具体化理论对等价理论的批评通常包括：①等价理论把故意作为一种规范性观念来对待，忽视了故意只是抽象地涉及特定对象种类还是不够的，行为人必须注意到特定的侵害客体；[2]②等价理论无限制地扩张了故意的范围。构成要件是侵害法益行为的类型化，认识的内容和现实发生的事实具有构成要件上的形式重合还不够，还应以保护法益的共同性以及构成要件行为的共同性等为基础，在社会一般观念上，也认为只有存在构成要件上的重合的时候，才应当认为重合或一致。[3]

其实，具体化理论与等价理论都是一种极端的理念观点，无论采用哪一种观点，都无法合理应对所有的打击错误问题。因此，恰当的思路是，应当确立一种标准，来决定哪种打击错误应当运用具体化理论，哪种打击错误应当运用等价理论。

第三，如果行为人对各种客观要素都不存在认识错误，但是没有认识到自己的行为是法律禁止的，应当如何处理？

案例9：被告人张某某在没有办理林木采伐许可证的情况下，滥伐林木面积23.6亩，363棵，滥伐积蓄量31.8立方米，其中湿地松29.8立方米，马尾松2立方米。张某某在辩护时提出，他因家庭贫困、妻子有病，不知道砍伐树木要经过政府批准，没有犯罪的故意。

被告人知道自己砍伐了林木，但他提出"不知道砍伐林木需要得到政府的批准"，属于对自己行为违法性产生了认识错误。法院认为，被告人在未办理林木采伐许可证的情况下，滥伐林木，符合法律规定的犯罪构成，至于其是否知道砍伐林木需要经过政府批准，不影响刑事责任。法院在此坚守着"不知法不免责"的传统规则。

在传统社会中，不知道法律的禁止性规定，对于施加刑事惩罚没有任何影响，因为生活在一个国家内的每个人都应该知晓法律。但是，在法律体系

---

[1] 张明楷：《刑法学》（第3版），法律出版社2007年版，第225页。

[2] 参见[德]汉斯·海因里希·耶赛克、托马斯·魏根特：《德国刑法教科书（总论）》，徐久生译，中国法制出版社2001年版，第377页。

[3] 参见[日]大谷实：《刑法总论》，黎宏译，法律出版社2003年版，第143页。

日趋庞杂，人们对法律的认知越来越难的情况下，坚持"不知法不免责"这一刚性原则，是否还具有合理性需要认识思考。制定法中所规定的人类社会中人与人相处的最基本道理，总结起来就是"常识、常理、常情"，这些基本道理的根基（底线、最基本的标准）就在于"不得害人"。[1]普通公民在选择自己的行为时，更多的是根据日常生活中熟知的常识和常理来决定，但是，这些常识有些被上升为制定法，有些还没有，没有上升为制定法的常识和常理通常被称为非法律的社会规范。因此，制定法与非法律的社会规范之间会存在分离，即有些制定法禁止的行为，在社群中是被允许的。[2]这时，如果行为人不知道自己的行为违反制定法的规定，但是这种行为是非法律的社会规范所允许的，行为人就存在一种禁止性错误。

尽管这样的情况极为罕见，至少很难引起实践部门的关注；[3]一种精确的刑法学理论体系应当能够对各种可能出现的问题进行合理的解答，[4]研究禁止性错误的归责问题是有必要的，至于禁止性错误的刑法意义是否定犯罪故意，还是属于排除犯罪情形，则是后一步需要考虑的问题。

除了认识错误，样本案件的辩护方在故意杀人和故意伤害案件中，提出排除故意的理由是：行为人由于疏忽大意而没有预见到自己的行为会发生致人死亡或伤害的结果。显然，两者之间的区别在于行为人是否已经预见到自己行为的后果，已经预见为故意，没有预见为过失，一般认为，没有预见在

---

[1] 参见陈忠林：《刑法散得集》，法律出版社2003年版，第28页。

[2] [美]埃里克·A.波斯纳：《法律与社会规范》，沈明译，中国政法大学出版社2004年版，第324页。

[3] 例如，有学者指出，尽管中国刑法学界受德国刑法理论的影响，大体上认可"不知法不免责"并无绝对的适用效力，只是对违法性认识究竟阻却故意还是阻却责任存在争论。不过，学界的立场并未为实务界所理会，"不知法不免责"准则在实践中基本保持绝对的适用效力。这就意味着，有关违法性认识问题的关键，并非学界所关注的违法性认识的欠缺究竟阻却的是罪责还是故意的问题，而是何种情况下不予追究行为人的刑事责任才是合理的问题。劳东燕：《"不知法不免责"准则的历史考察》，载《政法论坛》2007年第4期。我国刑法草案第22稿曾经采取如下模式：对于不知法而犯罪的，不能免除犯罪；但是，根据情节，可以从轻或减轻刑事责任甚至免除刑事责任。冯军：《刑事责任论》，法律出版社1996年版，第204页。但是，这个方案最后没有被采纳。

[4] 在20世纪最初的几十年里，尽管德意志帝国法院仍然固守着刑法内的认识错误不影响责任的观点，但是，德国学界就在争论广泛的刑法原则问题：为什么法院应当承认法律上的认识错误？认识错误与构成要件、违法性、罪责的分析有什么关联等。不断努力面对这些问题是德国理论工作在20世纪前半叶取得国际声誉的主要理由之一。参见[美]乔治·弗莱彻：《反思刑法》，邓子滨译，华夏出版社2008年版，第539页。

主观要件中是不需要证明的，[1]因此，如果能够证明行为人已经预见，可以认定为故意犯罪，不能证明行为人已经预见，只能认定为过失犯罪。

通常情况下，是否"已经预见"只是法官根据案件具体情况进行的判断，裁判理由也只是简单地说明判断的结论，例如，被告人持尖刀教训儿子，并持刀直接朝儿子身上刺杀，主观上具有伤害的故意，客观上具有伤害行为，符合故意伤害罪的犯罪特征。但是，在少数案件中，法官的判断结论值得思考。

案例 10：某日凌晨 1 时许，被告人高某在某按摩店内因琐事与前来送夜宵的被害人章某某发生争执。待章某某离开后，被告人高某电话约来好友"邱某""小波"等人（均另案处理），各携一根棒球棍欲寻章某某报复，当行至半步街时，恰遇在此吃夜宵的被害人，被告人高某以为此店为章某某所有，遂持棒球棍砸毁了店内的冰箱、彩电等物。砸店过程中，被告人高某持棒球棍打砸被害人章某某的头部，致其当场倒地，经抢救无效死亡。其辩护人提出被告人高某只是想砸毁被害人的小饭店，在打砸过程中挥棒击中被害人头部，造成被害人死亡的严重后果，并非故意所为，应认定为过失致人死亡罪。

法院认为，本案的证人证言以及被告人高某的供述均已明确被告人高某在砸店内物品时砸中被害人头部，不能排除被告人高某在砸店时有伤害被害人的故意，应是对伤害后果的一种放任态度，而客观上已经实施了伤害的行为，并造成一人死亡的严重后果，符合故意伤害罪（致人死亡）的构成要件。本案的裁判理由有一个明显的问题：当不能排除故意的存在，就可以肯定故意的存在吗？按照证明责任的分配规则，犯罪故意显然属于犯罪构成的要素，理应由控诉方排除合理怀疑地证明，即有任何"可能不是故意"的合理疑点时，故意就不存在了，但是，本案的裁判理由的逻辑是：有"存在故意"的可能时，故意就存在了，显然违背了证明责任的分配规则，进而违反了无罪推定原则。

---

[1] 有学者认为，"因为疏忽大意而没有预见"是一种不需要具备的表面的责任要素，故意与过失之间是一种位阶关系。参见张明楷：《刑法学》（第 4 版），法律出版社 2011 年版，第 258 页。

2. 意志因素

关于犯罪故意意志因素的争议主要来自两个方面：间接故意与直接故意的争议、间接故意与过于自信的过失的争议，关键问题在于如何理解间接故意的意志因素——放任危害结果的发生。一般认为，放任当然不是希望，不是积极的追求，而是行为人在明知自己的行为可能发生特定危害结果的情况下，为了达到自己的既定目的，仍然决意实施这种行为，对阻碍危害结果发生的障碍不去排除，也不设法阻止危害结果的发生，而是听之任之，自觉自愿地听任危害结果的发生。[1]在这种"听之任之"的态度之外，理论界提出了"不在乎说"和"纵容发生说"，前者是指对结果的发生与否采取满不在乎、无所谓的态度，发生不违背其本意，不发生也不懊悔；[2]后者认为放任不等于对结果完全漠然，不是在希望与不希望两种可能性之间采取中立态度，而是在这种态度中倾向于"接受结果"这一极，纵容结果的发生。[3]

样本案件中，法院对于辩护方提起的应属于间接故意的辩护意见，无一例外地全部否定。

第一，当被告人行为必然引起危害结果发生时，无论被告人持何种动机或心理，均不存在放任，属于希望结果发生的直接故意。

案例11：某日中午12时许，被告人张某遇见被害人杨某某，便产生了强奸杨某某的想法。12时40分许，张某尾随准备回家的杨某某来到一鱼塘附近，见四周无人便冲到杨某某的前面拦住去路。张某上前抓住杨某某的手拉到鱼塘边，将杨某某仰面按倒后，拉扯下杨某某的裤子，欲对其实施奸淫，后杨某某一直反抗，张某又准备将杨某某推倒，却将杨某某推落至一旁鱼塘内。这时，张某见杨某某落水后仍在挣扎，因害怕被人发现遂下到鱼塘里，在鱼塘边抓了几把水草盖住杨某某后迅速逃离现场。下午3时许，被害人杨某某尸体被打捞上岸。经法医鉴定，杨某

---

[1] 参见高铭暄、马克昌主编：《刑法学》（第5版），北京大学出版社、高等教育出版社2011年版，第109页。

[2] 参见张明楷：《刑法学》（第2版），法律出版社2003年版，第223页。

[3] 参见何秉松主编：《刑法教科书》（上卷），中国法制出版社2000年版，第314页。王作富教授也指出，放任并不是对结果的发生持半斤八两的态度，间接故意是放任结果发生，而非"放任结果不发生"。参见王作富：《中国刑法研究》，中国人民大学出版社1988年版，第163页。

某系生前溺水死亡。被告人提出,对被害人的死亡结果持放任态度,系间接故意杀人。

法院认为,虽然现有证据只能证实张某是不慎将被害人杨某某推入水塘,但其在杨某某呛水之际,不仅不予以营救,为防止被人发现还用水草盖住被害人身体后逃离,致使杨某某溺水死亡,此时其应该预见到其行为必然会导致杨某某死亡的后果,仍实施该行为,主观上属于直接故意,应构成直接故意杀人罪。如果承认法官对案件事实的判断合理的话——行为必然会导致杨某某死亡的后果,那么,本案被认定为直接故意是正确的,因为如果行为人意识到危害结果肯定会出现而仍然实施危害行为的,不管由此产生的结果是不是行为人欢迎的,都存在直接故意。[1]

第二,区分希望与放任的关键不是动机,而是客观行为表现,即使行为人内心深处并不希望结果的发生,但是,如果其行为表现出对危害结果的积极态度,就不存在放任。

案例12:某日,被告人向某因租房一事与被害人陈某某发生争执,向某将陈某某从客厅拖至卧室,摁倒在床上,用被害人家中一狗熊玩具捂住陈某某口鼻,用随身携带的系挂证件的绳子捆住陈某某手腕,用挂在门把手上的衣服缠住陈某某双脚。当向某走至客厅准备离开时,陈某某下床叫骂。向某又返回卧室,用狗熊玩具上的围巾和卧室柜子上的毛巾勒住陈某某的脖子致陈某某死亡。被告人提出,其并不希望杀死被害人,不属于直接故意。

法院认为,被告人向某用玩具捂住被害人口鼻,并在准备离开时又返回现场对陈某某实施勒颈行为直至被害人不动,其行为表现并非放任,而是积极追求死亡结果的发生,应构成直接故意杀人罪。

更困难的问题在于,如何区分间接故意与过于自信的过失,两者都已经预见到行为可能造成危害社会的结果,间接故意是"放任"危害结果的发生,而过于自信的过失是"轻信自己能够避免",但是,两者之间的界限是很微妙

---

[1] 参见王世洲:《现代刑法学(总论)》,北京大学出版社2011年版,第133页。

的。[1]

案例 13：被告人吴某甲认识孙某甲，并欲与其建立恋爱关系。某日 20 时许，吴某甲在某公园见孙某甲与被害人陈某喝酒聊天并举止亲密而心生醋意，便打电话找来朋友熊某某、孙某乙助仗，要教训一下陈某。熊某某、孙某乙赶到公园后，不肯与吴某甲一起殴打陈某。此时，陈某与其同学吴某乙坐在公园湖堤边，熊某某和孙某乙离开吴某甲至附近的七八米处等候，让吴某甲与陈某单独谈话，吴某甲见陈某满脸不屑一顾，即恼羞成怒，明知陈某站在湖堤背对湖水的危险地带，用手推陈某致其落入公园的湖水中。熊某某、孙某乙听见落水声，跑过来查看，吴某甲指着湖里的陈某说："你是不是想死！"熊某某见陈某在下沉，对吴某甲说："你怎么这么傻，怎会发生这样的事！"熊某某叫识水性的孙某乙脱衣下水营救，由于天气寒冷，孙某乙未捞到陈某而上岸。在熊某某呼喊救人后，吴某甲随后也下水营救，不久，也由于天气寒冷未捞到陈某上岸。在孙某乙的请求下，吴某甲再次下水营救陈某未果。后陈某的尸体被打捞出水，经法医鉴定为生前溺水死亡。

其辩护人辩称，被告人吴某甲一是没有故意杀害被害人的动机和目的，二是被告人在湖边推被害人应当预见被害人可能会落水，但由于轻信被害人会游泳及自己和朋友都在场并都会游泳并能救人，不至于造成被害人溺死的后果，故应认定吴某甲的行为犯过失致人死亡罪。

法院的裁判理由认为，法律规定明知自己的行为会造成危害社会的结果，放任结果的发生系故意犯罪。被告人吴某甲在推被害人下水前就纠集朋友准备殴打被害人，只是其朋友到场后不愿参与，才放弃了伤害被害人的想法。但其明知被害人处在湖边的危险地，且喝了酒落水后逃生能力减弱，落水后会导致死亡的情况下，仅是因被害人与其谈话不屑的表情，就将被害人推至湖中，并导致其死亡。尤其是当被害人落水后，吴某甲没有及时对被害人救

---

[1] 有学者甚至认为，在语言上恰当地复述一种在心理上非常微妙的、经常是非理性的和或多或少仅仅是由有意识的努力操纵的鉴定结果，是非常困难的。在这里，语言的记录永远只能是近似的。参见[德]克劳斯·罗克辛：《德国刑法学总论》（第 1 卷·犯罪原理的基础构造），王世洲译，法律出版社 2005 年版，第 293 页。

助，反映其对被害人的死亡结果持放任态度，其行为已构成故意杀人罪。虽然被告人吴某甲在他人下水打捞未果后，也曾二次下水进行了打捞，但其下水打捞时已错过最佳期，且第二次下水再打捞是在他人请求下而为，其二次下水打捞只反映其主观恶性不是很深，可以酌情从轻处罚，但不能影响对其定罪。

刑法理论对间接故意与过于自信过失之间的区分，大体上可以分为三种方法：从认识角度来确定、从意志角度来确定、从两个方面来确定。从认识角度来建立两者之间的界限，有可能性理论或极其可能性理论，但有可能导致故意的过分扩张。从意志角度进行区分，最早的区分标准是弗兰克公式：以行为人对构成要件的实现具有明确的认识时，是否仍然实施该行为为基准——如果仍然实施该行为，则属于容认。[1]此后，理论界又提出了同意理论、无所谓理论等等，但是，在缺乏外在表现的案件中，对于仅仅存在于行为人内心的一种界限，仍然难以划定。结合认识和意志两个方面的理论认为，在行为人想到结果的可能性时，只有在其意图避免这个结果发生时，才没有间接故意，但是，在行为人不做相反的努力而让事情自然发展的情况下，才能认定容认；或者，在行为实施之后，必须单纯或者部分地依靠运气和偶然才不会形成犯罪构成的，是故意。[2]

理论界的这些观点并没有对司法实践产生重要影响。从裁判理由来看，法官认定放任的主要依据是"当被害人落水后，没有及时对被害人进行救助"，以事后的行为来说明事中或事前的故意，本身就值得怀疑，而且，被告人也两次对被害人实施救助但均未果，因此，以没有及时救助为理由来说明放任的成立，理由并不充分。

（二）分则性问题

主观要件的分则性问题包括故意内容的确定，以及犯罪目的的认定。从裁判文书的争议情况来看，故意内容问题主要涉及杀人故意与伤害故意之间的区分；而犯罪目的主要涉及非法占有目的的问题。

1. 杀人故意与伤害故意的区分

我国刑法对故意杀人罪与故意伤害罪都采用简单罪状的形式，容易产生

---

[1] 参见张明楷：《外国刑法纲要》（第2版），清华大学出版社2007年版，第217页。
[2] 参见王世洲：《现代刑法学（总论）》，北京大学出版社2011年版，第135页。

判断困难与争议。在样本案件中，区分杀人故意与伤害故意的案件主要有两种情形：未发生死亡结果的案件，应当认定为故意杀人罪未遂还是故意伤害罪，这类案件只有3个；发生死亡结果的案件，应当认定为故意杀人罪还是故意伤害罪（致人死亡），这类案件较多，有94个，法官在其中12个案件支持了辩护意见。

首先，观察发生了死亡结果的案件，可以根据法院的态度分为两大组案件，第一组是法官拒绝了辩护意见的案件，第二组是法官采纳了辩护意见的案件。

第一组案件共有82个，法官拒绝辩护意见的理由大体上有以下几个：①被告人朝被害人要害部位刺杀或开枪，杀人故意明显，这类案件有65个，占79.3%；②虽然刺杀的部位不是要害部位，但从刺杀的刀数来看，可以判断具有剥夺他人生命的故意，这类案件有10个，占12.2%；③事后没有采取救助措施，足以证明其具有杀人的故意，这类案件有7个，占8.5%。

第二组案件共有12个，法官采纳辩护意见的理由主要包括：①要求"不要杀死人，往脚上杀"，显然对死亡结果既没有希望也没有放任的主观故意；②从刺杀的刀数来看，有间接故意杀人的可能，但刺杀的部位多数不是要害，并且被告人与被害人素不相识，既没有杀人的动机和目的，也没有杀死被害人的预谋，只是临时参与打架的，有共同伤害的故意；③虽在打斗中使用了凶器，但其在纠纷开始没有使用凶器，只是在双方持刀打斗时朝被害人刺杀一刀，其非法剥夺被害人生命的故意不是非常明显，应定故意伤害罪；④在打斗过程中，一刀刺中大腿致被害人大出血死亡，没有明显剥夺他人生命的故意。

从两组案件的裁判理由来看，可以得出以下几点结论：

第一，朝被害人的要害部位刺杀、开枪，导致被害人死亡，法院基本上认定为故意杀人罪。[1]但是，也存在例外情况。

案例14：某日20时许，被害人卢某同辛某某等人到某网络广场一楼上网，卢某、辛某某因阻路一事与被告人刘某某、万某发生纠纷。刘某某立即叫万某盯住对方，并打电话通知芦某某和谢某过来帮忙打架，又

---

〔1〕 最高人民法院刑事指导案例的裁判要旨中指出：在故意杀人案中，向被害人要害部位实施打击的，应当认定为直接故意杀人。参见陈兴良、张军、胡云腾主编：《人民法院刑事指导案例裁判要旨通纂》（上卷），北京大学出版社2013年版，第365页。

和芦某某回家拿来一把水果刀放在自己身上。到网吧后，与被害人卢某发生打斗。打斗中，卢某用不锈钢菜刀砍向刘某某，伤其左臂（法医鉴定为左尺骨骨折，暂定轻伤范畴）。期间，刘某某亦拿水果刀在卢某身上刺了一刀。随后卢某招呼辛某某等人快逃。后卢某受伤不支晕倒在地。经法医鉴定，卢某系被单刃锐器作用致心脏、肝脏破裂大失血死亡。

检察机关以故意杀人罪起诉被告人刘某某，辩护方提出应定伤害。法院认为，被告人刘某某虽然在打斗发生前就准备作案凶器，但其在纠纷开始没有使用凶器，只是在双方持刀打斗时朝被害人刺杀一刀，其非法剥夺被害人生命的故意不是非常明显，该行为应当认定故意伤害罪。从法医的鉴定结论来看，卢某应当被刺中心脏、肝脏等要害部位，但法官根据被告人"纠纷开始没有使用凶器、只是在双方持刀打斗时刺中被害人一刀"这一事实，判断其杀人故意并不是非常明显。在此，法官考虑了两个问题：被告人是有节制的；加害被害双方所处的态势。

第二，刺杀多刀的行为，即使不是要害部位，通常也被视为具有杀人故意，因为刺杀多刀意味着行为人的行为没有节制，但是，同样存在例外情形。例如，在一起共同犯罪案件中，在打斗过程中，被告人持刀朝被害人身上刺杀数刀，但法院认为不具有杀人故意，其主要理由包括：不是要害部位、加害被害双方互不相识无杀人的动机。

第三，朝非要害部位刺杀，如果不是刺杀多刀，即使发生死亡结果，通常只认定为故意伤害致人死亡。

案例 15：被告人陈某某与其妻子胡某甲关系不和经常吵架，胡某甲哥哥即被害人胡某乙指责过陈某某。某日晚，被告人陈某某酒后回家又与妻子胡某甲发生了争吵，转而迁怒胡某乙，即从家中取一把杀猪的尖刀步行到胡某乙家中，胡某乙从房内出来走到自家屋檐下晒场时，陈某某持杀猪尖刀刺杀胡某乙臀部和大腿处各两刀，胡某乙被刺倒地呼喊救命，陈某某将杀猪尖刀抛弃在现场后离开胡家，胡某乙因遭单刃刺器致左股动脉破裂导致失血性休克而死亡。

被害人诉讼代理人控称，被告人虽然刺杀被害人的部位是臀部和腿部，但其明知腿部有动脉血管仍刺杀数刀，导致被害人死亡，其行为已构成故意杀人罪。而辩护方辩称，被告人陈某某主观上无剥夺胡某乙生命的故意。法院认为，虽然人的大腿有动脉血管，可以致人死亡，但常人公众认为人体臀部和腿部致伤一般不会致人死亡。行为人在行凶中要故意选择刺杀动脉血管是不确切的。被告人陈某某刺杀被害人腿部动脉血管致死，系偶然因素，应构成故意伤害罪。

第四，被告人犯罪行为后的态度，以及"不能杀人"之类的语言，可以影响故意的判断。如果行为人在实施危害行为后，不积极实施救助行为，而是对死亡结果采取无所谓的容忍或放任态度，更有可能认定为故意杀人罪。当然，行为后表现通常只能作为辅助性因素，重要的还是行为表现。如果行为人在纠集他人实施危害行为时，已经说明"不能杀人"，那么，法官倾向于认定仅具有伤害故意。

其次，考察未发生死亡结果的案件，应当定故意杀人未遂还是故意伤害。样本案件的裁判文书，将区分的核心建立在行为的危险性上，例如，被告人闵某某明知毒鼠强是一种能致人死亡的烈性毒药，仅因家庭琐事屡次投毒，对他人的死活于不顾，虽然未造成被害人的死亡，其行为符合故意杀人罪的构成要件。如果行为人朝被害人的要害部位刺杀，即使没有刺中，也构成故意杀人未遂。

2. 非法占有目的的认定

犯罪目的的认定是司法实践的难题，样本案件涉及非法占有目的争议的案件有 121 个，主要涉及财产犯罪的认定、职务侵占罪与挪用资金罪的区分。在样本案件中，法官主要采用推定的方法来认定行为人的非法占有目的。推定是英美法系国家的刑事诉讼中广泛使用的方法，通常要求基础事实与待证事实之间具有合理的联系。[1]

在盗窃、抢劫、抢夺、职务侵占等财产类犯罪中，认定非法占有目的的基础事实通常为实行行为本身，换言之，故意实施盗窃、抢劫等行为就可以推定其具有非法占有目的。一般认为，非法占有目的是盗窃故意之外的主观要素，盗窃故意只要求行为人明知自己的行为将导致侵害被害人财产的结果，

---

[1] 具体论述参见劳东燕：《刑事推定中的合理联系标准——以美国联邦最高法院的判例为视角》，载《清华法学》2010 年第 4 期。

并希望或放任这种结果的发生,通常情况下,盗窃行为、抢劫行为本身就不仅可以证明行为人的犯罪故意,而且足以推定其具有非法占有目的。但是,也有例外情况。

案例16:被害人谢某某租住本市进外村东富坊38号一楼民房从事卖淫活动,被告人王某多次到该处嫖娼。2009年4月,王某在当保安时,其单位接待员拾到一部摩托罗拉L6型黑色直板手机交给了他。王某到谢某某处嫖娼时,将该手机卖给了谢某某。同年5月3日晚8时许,被告人王某再次到谢某某租住地欲嫖娼,因害怕染病欲离开时,谢某某要王某付钱及退回购买的手机而拉着王某不让其走。王某急于离开,便用随身携带的跳刀向谢某某的头面部、颈部、胸腹部及四肢刺杀了20余刀,直至谢某某不会动弹后逃离现场。离开时,王某某还将谢某某使用的金鹏牌直板手机和原卖给谢某某的摩托罗拉L6型黑色直板手机各一部带走(价值合计人民币1044元)。辩护人提出,王某拿走谢某某的两部手机是害怕该手机中存有其电话通讯记录而带离现场,其已将手机毁弃证明仅有销毁罪证的故意,没有占有被害人财物的主观目的,所以不构成盗窃罪。

该案的被告人虽然具有盗窃故意,但其拿走财物并非使用,而是销毁罪证,能否认定非法占有目的,关键在于如何界定非法占有目的的内容。如果认为非法占有目的由"排除意思"和"利用意思"构成,是指排除权利人,将他人的财物作为自己的财物进行支配,并遵从财物的用途进行利用、处分的意思。[1]那么,以销毁罪证为目的拿走被害人财物的行为,就没有遵从财物的用途进行利用,不构成盗窃罪。[2]但是,如果认为非法占有目的仅具有"永久性地占有他人的财产的意思",[3]是否具有"利用意思"对于非法占有目的认定并不重要,那么,案件中的行为就可以认定为具有非法占有目的。法院在裁判理由中并没有就非法占有的内容进行说明,而是直接认定"被告

---

[1] 参见张明楷:《刑法学》(第4版),法律出版社2011年版,第847页。
[2] 参见张明楷:《诈骗罪与金融诈骗研究》,清华大学出版社2006年版,第310页。
[3] 参见黎宏:《"非法占有目的"辨析》,载顾军主编:《侵财犯罪的理论与司法实践》,法律出版社2008年版,第66页。

第二章 客观与主观：构成规则的分析结构

人王某窃走被害人手机，有非法占有的目的和行为，符合法律规定盗窃罪的构成要件。"从结论上来看，司法实践并没有明确认可非法占有目的需要有"利用意思"。

那么，在诈骗类犯罪中，认定非法占有目的的基础事实除了实行行为本身，是否还需要行为之外的事实呢？

对于"收受对方当事人给付的货物、货款、预付款或者担保财产后逃匿"的合同诈骗行为，通常不需要其他的事实就直接推定具有非法占有目的。例如，"被告人采用隐瞒真相的方法，骗得他人的货物，并隐瞒销售渠道、销售款的去向，仅以假名做出虚假承诺后，将联系手机关机，隐匿起来，逃避责任，主观上具有非法占有目的。""被告人收到他人的款物后中断与外界的一切联系，关门逃匿，证明主观上具有非法占有的故意，客观上实施了逃匿的行为，符合合同诈骗罪的构成要件。"

对于其他的诈骗类犯罪，推定非法占有目的的基础事实通常不仅包括实行行为本身，还要求具有实行行为之外的事实，该事实一般以司法解释列举的情形为依据。[1]在诈骗类犯罪中，即使行为人采用了欺骗的手段获得他人财物、贷款，也不能直接推定其具有非法占有目的，例如，因不具备贷款的条件而采取了欺骗手段骗取贷款，案发时有能力履行还贷义务，或者案发时不能归还贷款是因为意志以外的原因，如经营不善、被骗、市场风险等，不应以贷款诈骗罪处罚。[2]因此，认定诈骗类犯罪的非法占有目的，除具有诈骗行为外，还需要具备实行行为以外的事实，样本案件最典型的方式是：以资金的去向为依据，推定具有非法占有目的，例如，"被告人在收取他人钱财后，均用于购买彩票、支付购房定金及开办个人公司，具有非法占有的故意。""被告人谎称有报废车辆可以购买，收取被害人钱财，用于赌博等挥霍，足以证明其主观上具有非法占有的目的，客观上采取了隐瞒事实真相、虚构

---

[1] 例如，2010年12月13日最高人民法院《关于审理非法集资刑事案件具体应用法律若干问题的解释》第4条规定，使用诈骗方法非法集资，具有下列情形之一的，可以认定为"以非法占有为目的"：①集资后不用于生产经营活动或者用于生产经营活动与筹集资金规模明显不成比例，致使集资款不能返还的；②肆意挥霍集资款，致使集资款不能返还的；③携带集资款逃匿的；④将集资款用于违法犯罪活动的；⑤抽逃、转移资金、隐匿财产，逃避返还资金的；⑥隐匿、销毁账目，或者搞假破产、假倒闭，逃避返还资金的；⑦拒不交代资金去向，逃避返还资金的；⑧其他可以认定非法占有目的的情形。

[2] 参见2001年1月21日最高人民法院《全国法院审理金融犯罪案件工作座谈会纪要》。

事实的手段,致使所骗钱财无法返还。"

对于诈骗类犯罪,如果仅以实行行为为依据,推定非法占有目的,有过分扩张诈骗类犯罪处罚范围的可能。

案例17:被告人曹某某对邻居黄某某谎称能找到关系在某印染厂附近批到一块地皮,并约被害人黄某某合伙买地建店面。被告人曹某某于次日在被害人黄某某家以买地为由骗得人民币1万元。几天后,被告人曹某某以同样方法二次骗得人民币1万元。辩护方提出,被告人事后已向被害人出具了欠条,约定了还款日,故不具有非法占有目的。

法院认为,被告人事后出具欠条的行为,不能否定其诈骗的故意和非法占有的目的,其虚构事实骗取被害人财物的行为符合诈骗罪的构成要件。但是,在这种情况下认定行为人构成诈骗罪是没有必要的,被告人已经出具了欠条,并且没有逃匿,被害人完全可以通过民事救济的方式来恢复自己的财产,只有在缺乏"民事诉讼和私法救济可能性"时,才有启动刑法的必要性。[1]而且,从日常生活经验来看,并非以非法占有为目的,仅仅为了获得借款而使用了虚构的理由,是很常见的,如果都以诈骗类犯罪来处罚,无疑会导致诈骗犯罪的过度扩张。

最后,需要讨论的是,作为推定非法占有目的的基础事实,是否要求属于已经确定的事实。

案例18:某年5月29日、6月2日,被告人万某某先后二次以购货为名,以虚构的单位作担保,向某农村信用社贷款人民币6万元。同年11月7日,又以购货为名,以某村委会作担保,向该信用社贷款人民币6万元。同年11月23日,被告人万某某携上述贷款前往陕西省用于合同诈骗。辩护人提出,被告人万某某合同诈骗的案件仍然处于侦查过程中,并未认定,不能据此推定非法占有目的。陕西省某县公安局证明:证实被告人万某某涉嫌合同诈骗一案正在侦查。

---

〔1〕 参见高艳东:《诈骗罪与集资诈骗罪的规范超越:吴英案的罪与罚》,载《中外法学》2012年第2期。

贷款诈骗罪的法定目的犯，在认定行为人实施了刑法规定的五种贷款诈骗行之外，还必须证明行为人主观上以非法占有为目的。[1]根据2001年1月21日《全国法院审理金融犯罪案件工作座谈会纪要》的规定，与本案相关的可以推定非法占有目的的基础事实是"使用骗取的资金进行违法犯罪活动的"。但是，被告人的"合同诈骗行为"还在侦查之中，是否"进行违法犯罪活动"还不能确定，能否以该事实来推定非法占有目的的存在呢？法院的裁判理由认为，被告人万某某将贷款用于合同诈骗，违背了贷款合同规定的贷款用途，贷款到期也未归还贷款，主观上有非法占有的故意，客观上实施了欺骗行为，符合贷款诈骗罪的特征。这样的裁判意见也许符合司法实践的需求，但是，从理论上来说，非法占有目的属于构成规则的要素，控诉方应当承担排除合理怀疑的证明责任，在被告人合同诈骗罪还没有确定的情况下，完全可能建立合理的疑点——被告人的行为可能不构成合同诈骗罪，那么，非法占有目的的推定也就没有根据了。

四、小结

在刑法规定的构成规则中，不仅存在纯粹客观的特征和纯粹主观的特征，还出现了客观与主观紧密结合而难以区分的特征。裁判文书一般采用主客观区分的模式来说明构成规则的各种要素。犯罪客体并非构成规则符合性的独立判断对象，但是，法官在许多案件中将责任能力视为犯罪主观方面的认定基础或依据。裁判文书并没有将特殊身份和情节要素确定地归入主观或客观要件。

以罪名为基础归纳客观要件，可能会造成"客观要件位于主观要件判断之后、依赖于主观要件的判断结论"的情形，使主客观区分模式从根本上崩溃。这种现象从根本上来说是对构成规则进行实质判断造成的，而放弃主客观要件的区分又容易出现"一有俱有、一无俱无"的危险局面，恰当的理论思路是，在构成规则内部仍然区分主观要件和客观要件，但是，应当根据构成规则的客观特征和主观特征进行事实的、形式的判断，将价值的、实质的判断置于排除犯罪情形的判断之中。

---

[1] 参见陈兴良：《目的犯的法理探究》，载《法学研究》2004年第3期。

法官并不愿意在裁判文书中讨论像不作为这样的法律没有明确规定的行为的总则问题。在因果关系问题上，主要运用因果关系的条件理论或者其裁判理由符合条件理论的逻辑。司法实践对行为的分则问题给予了更多的解释，但是，在许多裁判文书中，法官的思维过程仍然没有得到完整的展现。法官常见的说理方式是将某种犯罪的行为特征融入事实描述中，人们无法根据单个案件的裁判理由来判断某个特征属于法定的行为特征还是"过剩"的行为特征。在涉及此罪与彼罪争议的裁判文书中，法官往往只说明案件事实符合某个犯罪的行为特征，而不解释排除另一个构成规则的原因，两个犯罪的界限仍然模糊不清。

在主观要件的认定中，特别是在认识错误和放任问题上，理论界的观点并没有对司法实践产生重要影响，对于对象错误与打击错误的区别、违法性认识错误、间接故意与过于自信的过失等问题，法官一般都只说结论不谈理由。裁判文书对于伤害故意与杀人故意的界限给予了较清晰的解释，在许多案件中，被告人犯罪行为后的态度，以及"不能杀人"之类的语言，可以影响故意的判断。法官主要采用推定的方法来认定行为人的非法占有目的。在盗窃、抢劫、抢夺、职务侵占等财产类犯罪中，认定非法占有目的的基础事实通常为实行行为本身，对于诈骗类犯罪，如果仅以实行行为为依据，推定非法占有目的，有过分扩张诈骗类犯罪处罚范围的可能。有疑问的是，以另一还处于侦查阶段的案件事实，作为推定非法占有目的的基础事实，是否违反无罪推定原则。

第三章 Chapter Three
防卫与但书：排除犯罪的例外情形

正当防卫与但书规定是刑法明文规定的、司法实践中常见的两种排除犯罪的例外情形。排除犯罪情形在犯罪构成理论体系中的位置并不清晰，这也在一定程度上限制了正当防卫和但书规定的适用范围。因此，如何安排排除犯罪情形的理论位置值得思考。

一、否定正当防卫的司法路径

正当防卫的规定，赋予人们在遭遇正在进行的不法侵害时，为了保护合法权益、维护法秩序，[1]可以对不法侵害人进行有限度的反击的权利。但是，这种正当防卫权在司法实务中被限制了，具体表现在，防卫（包括正当防卫和防卫过当）的辩护意见在实践中很少被采纳。当然，一种显而易见的解释是，符合正当防卫条件的案件在侦查和提起公诉阶段就被"过滤"了，因此，在对正当防卫的司法状况进行一般性批评之前，首先应当考察法官在实务中如何限制正当防卫权。在样本的207个案件中，辩护方提起了正当防卫的辩护，法官只在2个

---

[1] 一般认为，正当防卫制度是建立在"保护合法权益"和"维护法秩序"两个原则基础之上的。例如，社会主义刑法中的正当防卫，其本质必定是制止不法侵害，保护合法权益，维护社会主义法制这几项任务的有机统一。参见马克昌主编：《犯罪通论》（第3版），武汉大学出版社1999年版，第712页。外国刑法理论也有相似论述，例如，现行的紧急防卫权建立在两个原则基础上：个人保护原则和法保护原则。［德］克劳斯·罗克辛：《德国刑法学总论》（第1卷·犯罪原理的基础构造），王世洲译，法律出版社2005年版，第424页。

案件中部分支持了辩护意见,认定为防卫过当,其余 205 个案件均被否定了行为的防卫性质。

(一) 限制解释"不法侵害"

不法侵害是正当防卫的起因,没有不法侵害也就没有正当防卫可言,不法侵害必须是客观存在的,而不是防卫人主观想象和推测的。但是,法律并没有规定人们在面对何种性质、何种程度的不法侵害时,才可以进行防卫。法院在 9 个案件中正确地认为,找被告人"理论"或者"讨要说法"的行为不属于不法侵害,欲将被告人扭送派出所的行为属合法行为,轻微的"推搡"不属于不法侵害,侵害方"未动手的人"不属于不法侵害人,误以为存在的不法侵害不符合防卫的前提条件等。

但是,在另外 4 个案件中,法院通过对"不法侵害"进行限制性解释,来否定行为人的正当防卫权,其典型表现是,法院的裁判理由表明,不法侵害应当达到一定程度,才允许被侵害人进行防卫。

案例 1:某日晚 7 时许,被害人李某某因被告人周某某写了信给同班女同学陈某某而不满,便邀集同校学生晏某某等十余人将周某某带至一间学生宿舍内,对周某某进行殴打,将周某某打致轻微伤乙级,并威胁周某某今后不准再和女同学陈某某来往,周某某答应后,李才让周某某回教室。被告人周某某离开时后发现眼镜没带出来,又返回宿舍拿眼镜,离开时因瞪了被害人李某某一眼,李某某认为被告人周某某不服气,又冲出房门抓住周某某,踢了周某某一脚,欲将其拖回房内,周某某便使用携带的一把水果刀朝李某某的左胸部刺杀一刀,被害人李某某当即倒地,后经他人送医院抢救无效死亡。

案例 2:被告人陈某某与张某甲因家庭琐事发生矛盾,各自到双方父母家居住。某日晚 7 时许,陈某某独自到张某乙(张某甲之父)家中,与张某甲发生争吵,并抓住张某甲的头发对其进行殴打,后被邻居劝开。在被告人陈某某离开行至院门口时,张某乙对陈某某进行辱骂,陈某某又返回张某乙家,再次与张某甲及其家人发生纠纷。在打斗过程中,被告人陈某甲从身上拿出携带的水果刀朝被害人张某乙、张某甲等人身上乱捅,期间,陈某某也曾被张某甲家人打倒在地。被害人张某乙经抢救无效死亡。

两个案例的被告人都是在遭受多人的不法侵害时，采取了反击行为，并且都提起了防卫过当的辩护，但是，法院均否定了行为的防卫性质。案例1中，法院认为，正当防卫的条件之一是必须有不法侵害行为的发生，而且这种不法侵害应是一种性质严重、侵害强烈、危险较大的侵害行为，而在本案中，被害人李某某将被告人周某某带至一学生宿舍后，周某某虽遭被害人拳脚殴打，后又遭被害人踢了一脚，被害人的这种侵害尚未达到要采取正当防卫的程度，被告人就不宜实行正当防卫。案例2的法官在案情描述中没有突出被告人是在遭受不法侵害时进行反击，但是，裁判理由指出，被害人虽然有围打被告人的行为，但还不是刑法意义上的不法侵害，本院认为，被告人的行为不符合防卫的法律规定。

即使行为人的反击行为没有造成被害人的死亡或者重伤，法院也要求被害人对人身权利的侵害达到一定程度才能进行防卫。

案例 3：上诉人李某甲事前借用李某乙承包的土地，盖一棚屋，经营食杂店和开茶铺。2005年某日，李某乙要李某甲拆除该棚屋，李某甲不肯，为此发生纠纷。当晚8时许，被告人李某甲与被害人李某乙在同村相遇，继而又发生争吵，李某乙打了李某甲一耳光，李某甲即拿出一把菜刀将李某乙砍至轻伤乙级。

法院认为，被害人在与被告人一对一的情况下，首先对被告人实施不法侵害时未使用凶器，属于一般程度的不法侵害，难以确定被告人李某甲持刀防卫的必要性，被告人的行为不符合正当防卫的条件，但被害人对引发本案有一定的过错，依法可从轻处罚。

法院在这些案件中对"不法侵害"进行了限制性解释，但是，这种解释对于"对人身权利的不法侵害"来说显然是不恰当的。一般认为，作为正当防卫前提条件的不法侵害并不限于刑法上的不法侵害，对于违反《治安管理处罚法》的不法侵害，也可以进行正当防卫。[1]显然，3个案件中的被害人

---

〔1〕 参见高铭暄、马克昌主编：《刑法学》（第4版），北京大学出版社、高等教育出版社2010年版，第141页。张明楷：《刑法学》（第2版），法律出版社2003年版，第258页。刘宪权主编：《刑法学》，上海人民出版社2005年版，第175页。

都实施了殴打被告人的行为，理应允许被告人行使防卫权。[1]尽管对于轻微的不法侵害是否允许进行防卫，在理论上的确存在争议，[2]但是，通常认为，只要不法侵害带有一定紧迫性的都可以实行正当防卫，[3]而对人身权利的侵害只要正在进行，就应当认为不法侵害具有紧迫性，不管轻重程度如何——即使其程度相当轻微——也可以立即实施为制止不法侵害的相应的防卫行为，不法侵害的程度仅仅可以用来判断防卫行为是否过当。

从正当防卫的基本思想出发，面对轻微的人身权利侵害进行防卫，对于保护个人权益和维护法秩序来说都是必要的。一方面，在遭遇紧迫的人身侵害时，要求被侵害人进行程度上的判断是过分的，而且，侵害行为完全可能逐渐加重，等到不法侵害非常严重甚至危及被侵害人的生命时，再进行防卫就来不及了，谁也不能保证"在打一巴掌之后，侵害人不会采用更严重的侵害手段"，因此，为了保护自己的人身安全进行反击，即使导致被害人死亡，防卫人也仅仅可能承担防卫过当的刑事责任。另一方面，尽管有的国家刑法理论认为，"人们应当把攻击在刑法上没有保护的法益（例如，占有），看成是轻微的"，[4]但是，这种观点是以刑法能够完整保护人身法益为基础的，轻微的不法侵害通常只限于对财产的侵害范围内。而在中国法律体系中，人身法益是由《刑法》和《治安管理处罚法》等其他法律共同保护的，因此，正当防卫权是否存在不应当以"不法侵害是否违反刑法"为基础，而应当根据不法侵害的性质来判断，对人身权利的任何不法侵害都应当允许进行防卫。

但是，如果防卫人仅仅为了保护轻微的财产权利不受损害而对不法侵害人实施暴力时，情况应当有所不同。

案例4：某日下午5时许，被告人帅某甲在自己食杂店里打牌，被害

---

[1] 依照《治安管理处罚法》第43条的规定，殴打他人的，或者故意伤害他人身体的，处5日以上10日以下拘留，并处200元以上500元以下罚款；情节较轻的，处5日以下拘留或者500元以下罚款。

[2] 参见马克昌主编：《犯罪通论》（第3版），武汉大学出版社1999年版，第720页。

[3] 参见甘雨沛主编：《刑法学专论》，北京大学出版社1989年版，第142页；当然，也有学者认为，十分轻微的不法侵害事实上不能形成侵害的紧迫性。参见彭卫东：《正当防卫论》，武汉大学出版社2001年版，第44页。

[4] [德]克劳斯·罗克辛：《德国刑法学总论》（第1卷·犯罪原理的基础构造），王世洲译，法律出版社2005年版，第450页。

人帅某乙向帅某甲要回欠款人民币 400 元，帅某甲不理睬，帅某乙便将帅某甲店内柜台玻璃打破。于是帅某甲从其店内拿起两把卖肉用的刀（一把尖刀、一把砍刀）与帅某乙对打。帅某甲用尖刀朝帅某乙左腹部猛刺一刀，帅某乙被刺后倒地，当场死亡。

辩护方提出，帅某甲有防卫情节。但是，法院认为，被害人的行为虽然有过错，但仍属于民事纠纷，不属于刑法意义上的不法侵害。被告人帅某甲因为被害人帅某乙打破柜台玻璃后，就拿起卖肉用的砍刀、尖刀冲出来要打帅某乙，并甩开妻子的拦阻，与帅某乙对打起来，不具有防卫情节。法院的裁判意见应当值得肯定，被告人为保护自己的财产权利，未经慎重考虑就直接使用致死的暴力，应当否定行为的防卫性质，因为对于一个社会来说，保护生命永远比保护财产重要，当然，如果被害人的行为已经侵害被告人的人身安全，被告人就有权进行防卫。

在区分正当防卫（self-defense）、防卫他人（defense of another）和防卫财产（defense of property）的国家，对防卫财产的手段有着比防卫人身更严格的限制。正当防卫和防卫他人都是针对人身的不法侵害进行的反击，通常情况下，只有当防卫人相信为了免遭死亡、严重的身体伤害、绑架或者强奸的危险所必需时，才能使用致死的武力（deadly force）进行防卫。[1] 如果正当防卫人在遭遇上述危险之外的其他情况下，采用了致死的武力进行防卫，通常被称为"不完美的正当防卫"（imperfect self-defense），尽管许多司法区域内的法院仍然会对其判处谋杀罪（murder），[2] 但是，越来越多的法院和立法机关采用更人性的观点，认为行为人即便有罪也只能构成过失杀人（manslaughter）。[3] 防卫财产的行为人只能使用为排除危险所必需的武力，如果有条件来要求对方停止侵害（通常是指防卫人能在自己或者他人没有危险的情况下提出有实际效果的要求）或者当时可以寻求警察的帮助，被侵害人甚至不能使用任何的武力，即使当时没有其他办法来防止对财产的侵害而不得不

---

[1] See Model Penal Code § 3.04.
[2] See Hill v. State, 979 So. 2d 1134 (Fla. App. 2008).
[3] See Wilson v. State, 30 A. 3d 955 (Md. 2011); Sanford H. Kadish, Stephen J. Schulhofer, Carol S. Steiker, and Rachel E. Barkow, *Criminal Law and Its Processes*, 9th Ed., Wolters Kluwer Law & Business, New York, 2012, p. 831.

使用武力时，只要侵害人没有试图实施危害人身安全的犯罪（例如，放火、抢劫等行为）或者入室盗窃等其他重罪，就不能使用可以致死的武力，否则通常就会构成谋杀罪。[1]

中国刑法并没有在不法侵害的概念上区分"对人身的不法侵害"和"对财产的不法侵害"，对两者在反击行为在"是否具有防卫性质"的意义上是相同的，只是在"防卫限度"的判断上有所区别。但是，这种状况值得反思，因为防卫人身权利和防卫财产权利无论在个人保护还是法保护的利益上都是存在区别的，因而在防卫的成立条件上——不仅仅是在防卫限度上——应当有所区分，特别是在为保护轻微的财产权利而直接使用致死暴力的案件中，应当考虑行为不仅不属于防卫过当，而是根本不具有防卫性质。

对财产权利轻微的不法侵害，在杀死不法侵害人是保护财产的唯一选择时，就不允许进行防卫。例如，为了保护一个苹果，不得已将不法侵害人杀死，这种案件就不能仅仅作为防卫过当来处理，而是应当考虑行为根本不具有防卫性质，因为在这种情况下，不仅法保护的利益很轻微，而且个人权益保护的必要性也应当让步于对侵害人生命的保护，侵害人利益是一个必须要考虑的相关因素。[2]"一个人只能通过有生命危险的射击来防卫轻微盗窃时，在万不得已的情况下，也必须让这名小偷能够逃跑，并把自己限制在向警察告发的界限之内。"[3]换言之，"在为了维护轻微的法益而有必要作出显失均衡的法益侵害行为的场合，不允许通过正当防卫进行对抗，而应该委诸事后的民事上的救济。"[4]当然，如果可以采用其他比较缓和的手段来制止该不法侵害，正当防卫权就不受任何影响，剩下的问题就是判断防卫是否过当。

（二）形式理解"正在进行"

不法侵害正在进行是成立正当防卫的时间条件，即只有当不法侵害已经

---

[1] See Model Penal Code § 3.06. Wayne R. LaFave, *Criminal Law*, 5th Ed., West Publishing Company, Minnesota, 2010, pp. 585–586.

[2] 参见［美］乔治·P. 弗莱彻：《刑法的基本概念》，王世洲主译与校对，蔡爱惠等译，中国政法大学出版社2004年版，第175页。

[3] ［德］克劳斯·罗克辛：《德国刑法学总论》（第1卷·犯罪原理的基础构造），王世洲译，法律出版社2005年版，第450页。

[4] ［日］山口厚：《刑法总论》（第2版），付立庆译，中国人民大学出版社2011年版，第131~132页。

开始、尚未结束时，被侵害人才能进行防卫，换言之，"当一种攻击处于直接面临、正要发生或者还在继续的时候，这种攻击就是正在进行的。"[1]因此，不法侵害的开始不仅仅限于不法侵害已经着手实施，而应当包括位于未遂之前的预备后阶段。而不法侵害的结束，通常认为有以下四种情况：一是不法侵害者自动中止不法侵害；二是不法侵害者已经被制服；三是不法侵害者已经丧失侵害能力；四是侵害行为已经实施完毕，危害结果已经发生，无法挽回。[2]但是，这些情况的描述对于司法实践来说仅具有方向性意义，具体案件中不法侵害是否结束的判断要复杂、困难得多。典型的"事后防卫"包括"事态本已平息，但被告人持刀返回将被害人刺伤""被告人虽被聂某某刺伤，但其在聂某某转身离开已停止对其不法侵害后，上诉人持刀追赶并刺杀聂某某""在被害人被打伤倒地无力反抗的情况下，仍用螺丝刀对其胸口捅刺一刀"等。

但是，有2个案件的裁判意见应当受到质疑，法官形式地理解"不法侵害的结束"，否定"本应属于正当防卫或者防卫过当的行为"的防卫性质。

案例5：某日凌晨，被告人张某某同王某某等人在本市某迪吧舞池中跳舞时，王某某因为被熊某某踩到脚的事情与熊发生推搡。站在王某某旁边的张某某见状，也加入争吵。熊某某便从身上掏出了一把水果刀刺向张某某，被张某某抓住持刀的手并抢刀。张某某将刀抢到手后，朝熊某某身上乱捅三刀后逃离现场。熊某某被送往医院抢救，后因抢救无效死亡。

辩护人提出，当时有四人围攻他，被告人的行为属防卫过当，应当减轻或者免除处罚。法院认为，张某某将刀夺得后，对方的不法侵害已终止，不再存在防卫之说，其辩护人提出张某某的行为属防卫过当，应减轻或免除处罚的意见于法无据。被害人仅因跳舞中踩脚注意避让之事发生了口角，却先动手拿出刀来，对引发本案亦有一定的过错，可对被告人酌情从轻处罚。被

---

[1] [德] 克劳斯·罗克辛：《德国刑法学总论》（第1卷·犯罪原理的基础构造），王世洲译，法律出版社2005年版，第432页。

[2] 参见高铭暄、马克昌主编：《刑法学》（第2版），北京大学出版社、高等教育出版社2005年版，第144页。

告人张某某因为同伴与人发生纠纷后，持刀将他人杀死，其行为已构成故意杀人罪，判处死刑，缓期二年执行。问题在于，被告人夺得刀后，是否意味着不法侵害已终止？法官在案情描述中没有说明被告人当时面临数人的攻击，但是，根据证人证言，"当时那个拿刀的人旁边的朋友有三四个人冲过来按住张某某，几个人摔在地上按成一团，只看到有几个人在往里面拼命打"，至少可以说明张某某即使将刀抢下，在以一敌多的情况下，危险并没有解除，应当认为不法侵害尚在持续过程之中，[1]法官在此显然从形式上理解了不法侵害"正在进行"，而没有从实质上考察防卫人的人身危险是否仍然存在。

形式理解不法侵害"正在进行"的另一个表现是，割裂防卫行为的整体性，从而将防卫过当行为认定为不具有防卫性质。

案例6：某日晚7时30分左右，被告人李某甲在责任田因为抽水一事与被害人李某乙发生争执。李某乙冲至李某甲责任田中用铁锹打李某甲，李某甲用自己的铁锹抵挡。李某甲的铁锹被打断后，用断铁锹击打李某乙头部数次，然后又将李某乙摔倒在水田里，并骑坐李某乙身上，双手掐住李某乙脖子，将李某乙头部按入泥中，直至李某乙死亡。经法医鉴定，李某乙系被他人徒手按压头部致淤泥堵塞呼吸道造成窒息而死亡。

辩护人提出，被告人李某甲是在遭到不法侵害时所实施的正当防卫行为，把被害人打倒后又将其溺死属于防卫过当。法院认为，当被害人被打倒后就已经丧失了侵害能力，被告人继续对其实施暴力，不符合正当防卫的条件，也不属防卫过当，其行为已构成故意杀人罪，且手段残忍、后果严重，判处死刑。法院的裁判至少有两点疑问：一是被害人被打倒是否意味着丧失侵害能力，从而认为不法侵害已经结束？在打斗的过程中，要求行为人准确判断不法侵害人是否丧失了侵害能力，显然是不合理的。而且，通常情况下，倒地并不能证明丧失了侵害能力，倒地后爬起来继续实施不法侵害的情况也很常见。因此，在被害人倒地后，骑到被害人身上掐住被害人脖子不能当然地

---

[1] 关于不法侵害结束的"排除危险说"，参见陈兴良：《正当防卫论》（第2版），中国人民大学出版社2006年版，第160页。

认为属于"事后防卫"。二是能否将一个整体的防卫行为人为地分割为时间、空间都紧密联系的"不法侵害结束前的防卫"和"不法侵害结束后的事后防卫"？如果不法侵害结束的界限非常明显，例如，不法侵害人在遭到抵抗后转身逃跑，或者已经长时间倒地不起，防卫人再对其进行反击，可以单独成立"事后防卫"。但是，如果对不法侵害的数个反击行为是基于一个意思决定，并且在时间和空间上没有明显的界限，就应当"将防卫过当予以扩张地解释，这一连串的行为能够实质地视为一个行为，就能够认为这一连串行为整体成立防卫过当"。[1]

因此，理解不法侵害的"正在进行"，应当从实质上把握"事后防卫"的成立：存在合理的根据，证明防卫人是在应当认识到危险已经被排除的情况下，基于另一个意思决定，对之前的不法侵害人实施暴力。

(三) 过高要求"防卫意识"

防卫意识是正当防卫成立的主观条件，一般认为，防卫意识是防卫认识与防卫意志的统一，防卫认识是指防卫人认识到不法侵害正在进行；防卫意志，是指防卫人出于保护国家、公共利益、本人或者他人的人身、财产和其他权利免受正在进行的不法侵害的目的。[2]中国刑法理论一般从排除偶然防卫、相互斗殴和防卫挑拨三种情况的防卫性质来说明正当防卫的主观条件。司法实践中，大部分案件都是因为属于相互斗殴而被认定为不具有防卫性质，典型情况是，"双方均有斗殴或者伤害对方的故意，不具备防卫的主观条件"或者"即使被害人先使用凶器，但在双方约好斗殴的情况下，哪一方先动手，并不能改变聚众斗殴的法律性质"等。[3]但是，有些案件的裁判意见过于强

---

〔1〕 参见 [日] 山口厚：《刑法总论》（第2版），付立庆译，中国人民大学出版社2011年版，第134~135页。

〔2〕 陈兴良：《规范刑法学》（上册）（第2版），中国人民大学出版社2008年版，第142~143页。也有观点认为，防卫意识并不是所谓防卫认识与防卫意志的统一，而是只要有防卫认识即可认定为有防卫意识。亦即，行为人认识到自己的行为是与正在进行的不法侵害相对抗时，就应认为具有防卫意识。张明楷：《故意伤害罪司法现状的刑法学分析》，载《清华法学》2013年第1期。一种防卫不是在被攻击者为了防卫的缘故进行行为时才存在，而是在他知道自己防卫的是一种正在进行的违法的攻击时就已经存在了。参见 [德] 克劳斯·罗克辛：《德国刑法学总论》（第1卷·犯罪原理的基础构造），王世洲译，法律出版社2005年版，第463页。

〔3〕 相似论述参见"李明故意伤害案"的裁判理由（二），中华人民共和国最高人民法院刑事审判第一、二、三、四、五庭主办：《刑事审判参考》（总第55集），法律出版社2007年版，第18页。

调"防卫意志",其合理性值得思考。

第一类案件是,用被告人在行为过程中具有伤害对方的故意来否定防卫意识,从而认为行为属于相互斗殴,不具有防卫性质。

案例7:某日下午3时许,被告人黄某在某工地上做事,工地上突然停电了,被告人黄某便到工地的8号楼的楼下查看,发现电线接头被人拔掉,便用螺丝刀接电。此时,被害人高某某也来到此处说黄某拔掉了他的电线,黄某解释没有拔他的电线,但高某某不听,与黄某发生争吵,高某某持螺丝刀捅黄某的腹部,未刺中,黄某便踢了高某某一脚,高某某又冲上来,被告人黄某即持螺丝刀向高某某的脸部刺了一下,尔后高某某倒在地上,后送医院抢救无效,于12月6日晚上死亡。

案例8:某日下午4时许,被告人朱某某在其屋内休息时,听到门外有人用语言调戏其妻吴某某,非常生气。得知该人是肖某某后,朱某某来到肖某某租住处,因肖某某不在,朱某某让肖某某的女朋友转告肖某以后不要这样,否则不客气之类的话。当晚6时许,肖某某得知朱某某找过自己,来到朱某某租住屋内,与吴某某发生争执。朱某某闻讯,从卧室出来,手持木棍驱逐肖某某出门,肖某某与之发生争执。此时,来到朱某某住处的被害人陈某见状,持一木凳击打朱某某,朱某某从卧室拿出一把弹簧刀,刺了陈某左胸和左上臂,同时刺了肖某某左肩一刀。经法医鉴定,陈某系被刺器刺破心脏致急性心包填塞循环功能衰竭死亡。

两个案件的被告人均是在对方首先实施不法侵害时,进行反击并导致对方死亡,辩护人提出了防卫过当的辩护意见。但是,法院在案例7中认为,被告人黄某与被害人高某某因用电被人拔掉电线一事互相发生口角,在打斗过程中明显具有伤害对方的故意,并不是为了制止正在进行的不法侵害,因而不属于防卫过当。案例8的裁判理由认为,被害人陈某到后,与朱某某发生打斗,朱某某在打斗中,持刀刺杀陈某致死,朱某某不仅客观上有伤害他人的行为,且主观上具有伤害他人的故意,其行为符合故意伤害罪的构成要件,不符合正当防卫构成要件。法院对于被告人遭遇不法侵害进行反击的行为,通过说明其主观上具有"伤害的故意",而将整个行为过程描述为相互斗殴,进而否定行为的防卫性质,这种逻辑是值得商榷的。

中国刑法理论一般认为，犯罪构成是成立犯罪的唯一标准，行为一旦满足犯罪构成四个方面的要件，就毫无例外地成立犯罪，"正当防卫、紧急避险等排除犯罪性事由并不符合或者具备犯罪构成的全部要件，只是在客观方面与某些犯罪相类似。"[1]而防卫行为与纯粹的伤害、杀人行为在客观表现上是完全相同的，因此，说明正当防卫不构成犯罪的主要理由是，正当防卫行为不具有犯罪故意，似乎只要说明了被告人的行为具有犯罪故意，就可以排除正当防卫的成立，犯罪故意与防卫意识是相互排斥的。那么，上述两个案件的行为人是否具有"犯罪故意"呢？

正当防卫行为当然包含着"攻击"对方身体的行为和故意（注意：不是犯罪故意），否则根本不需要用正当防卫来排除行为的违法性。但是，这种"故意"不一定构成"犯罪故意"，关键在于对犯罪故意概念中"危害社会的结果"的理解。如果认为"危害社会的结果"是指被害人的身体伤害、死亡等具体结果，那么，几乎所有的防卫行为都具有犯罪故意，[2]这显然是不合理的，而且，也无法解释为什么假想防卫情形可以排除故意的成立，因为假想防卫的行为人同样具有伤害对方身体的"故意"与行为。即使采用构成要件符合性、违法性和罪责三阶段体系，为了说明假想防卫的非故意性，也不得不通过建立一个"不法故意"的概念，从而使得犯罪故意的成立不仅要求行为人对法益侵害的认识，还要求行为人对正当化前提事实的不认识。[3]因此，很难将伤害故意的认识内容限定在"对他人身体造成伤害"上，至少应当包括行为人不知道"自己正在制止一种不法侵害"。[4]因此，如果坚持

---

[1] 马克昌主编：《刑法学》，高等教育出版社2003年版，第120页。

[2] 在某些犯罪论体系中，将违法性判断置于构成要件符合性判断之后，因此，正当防卫行为也符合犯罪故意的要求，只是由于不具有违法性而被排除出犯罪的范围。但是，这种观点是不符合中国犯罪构成理论的。详细论述参见黎宏：《我国犯罪构成体系不必重构》，载《法学研究》2006年第1期。

[3] [德]克劳斯·罗克辛：《德国刑法学总论》（第1卷·犯罪原理的基础构造），王世洲译，法律出版社2005年版，第408页。

[4] 中国刑法犯罪故意的概念走得更远，有的学者认为还应当包括认识到自己行为的违法性。例如，如果行为人确实不知法律禁止而实施行为的，就不能讲他是故意违反刑法，而且，此时他往往同时缺乏对行为及其结果的社会危害性的认识，这种情况下难以认定行为人具有犯罪的故意。参见高铭暄、马克昌主编：《刑法学》，北京大学出版社、高等教育出版社2000年版，第111页。相似论述，参见赵秉志主编：《新刑法教程》，中国人民大学出版社1997年版，第129页；苏惠渔主编：《刑法学》（修订本），中国政法大学出版社1999年版，第158~159页。

"犯罪构成是刑事责任的唯一标准",就应当将"危害社会的结果"理解为一种抽象性结果,即行为的社会危害性,认识到自己的行为侵害了他人的法益只是犯罪故意成立的必要条件,而不是充分条件。如果行为人认为自己只是在面对不法侵害进行反击,因而不具有社会危害性,不会导致"危害社会的结果"的发生,就应当排除犯罪故意的成立,即使行为人在形式上有伤害对方的"故意"和行为。应当注意,防卫过当行为之所以可能成立故意犯罪,[1]并不仅仅因为防卫人具有伤害或者杀死对方的故意,更重要的是因为行为人认识到自己的行为超过了防卫的限度。因此,在裁判理由中简单地以伤害或杀死对方的"故意",来否定被侵害人的防卫意识,是不符合中国刑法理论逻辑的。

即使在某些案件中,防卫人在反击不法侵害的过程中,"夹带"着一些攻击的意思,这种攻击意思也不能简单地否定防卫意识。防卫意思与攻击意思难以精确地区分,防卫人往往在实施反击时基于愤怒可能包含着攻击对方的意思,"若有攻击的意思就否定防卫的意思,那么,可能事实上在大部分场合就会否定作为正当防卫成立要件的防卫意思,这会导致正当防卫这一制度事实上被阉割。"[2]而且,这种"夹带的攻击意思"也可以在防卫过当的判断中得到清算。

第二类案件是,根据被告人事前的语言或者准备行为,而否定其后面对不法侵害进行反击所具有的防卫意识。一般认为,基于事先产生的斗殴意图所实施的反击行为,不能认定为正当防卫。[3]但是,如何认定"事先产生的斗殴意图",是司法实践中的困难问题。

案例9:被告人熊某某的丈夫余某某婚前曾与被害人胡某某恋爱未成,余某某结婚后,胡某某常对余某某的家人进行骚扰,曾发生过纠纷,某日晚8时许,胡某某打电话到熊某某家,两人在电话里对骂后,约好

---

[1] 参见高铭暄、马克昌主编:《刑法学》(最新修订),中国法制出版社2007年版,第160~161页;陈兴良:《正当防卫论》(第2版),中国人民大学出版社2006年版,第177页;张明楷:《刑法学》(第3版),法律出版社2007年版,第186页。

[2] [日]山口厚:《刑法总论》(第2版),付立庆译,中国人民大学出版社2011年版,第124~125页。

[3] 参见陈兴良:《互殴与防卫的界限》,载《法学》2015年第6期。

出去打架，被闻讯赶来的公安民警制止并调解，但胡某某不同意调解。当晚10时许，胡某某翻墙到熊某某家院内，并用砖块砸坏了熊家的玻璃，熊某某等人持拖把棍、木棍等工具，对胡某某进行了殴打，损伤已构成轻伤甲级。

案例 10：被告人张某甲因镇政府征地的事和被害人张某乙发生冲突，双方均扬言要对方好看。某日傍晚，张某甲在田边放牛，张某乙在田里撒化肥，两人一见面就发生口角，张某乙骂其"变猪的，今天要打死你，埋掉你"，接着放下脸盆冲上前将其打倒在田里，张某甲经过挣扎，其翻上身又把张某乙压下去，心里便想着今天不是你死就是我死，然后用拳头乱打，致被害人轻伤甲级。

法院在两个案件的裁判理由中均指出，被告人与被害人之间存有成见，有报复对方的意思，在相互斗殴中，致被害人轻伤，不符合正当防卫的条件。这种意见显然不当，仅仅基于抽象的"报复对方的意思"，而没有证据证明被告人为报复对方而制定任何的计划、进行任何的准备就认为具有斗殴意图，论证过于草率。这主要是因为一些司法人员习惯于认为，只要双方在事前有矛盾、争吵等，后来双方均动手攻击对方的，就是相互斗殴；斗殴行为导致他人轻伤的，都构成故意伤害罪，但是，这种认识是不恰当的。[1]事前的争吵或者伤害对方的意思表示，毕竟还没有实施任何的不法侵害，也没有为实施不法侵害进行实质性的准备，这种情况下，当对方进行不法侵害时进行反击，明显不能认定为相互斗殴，不能成为限制被侵害方行使正当防卫权的根据。

那么，如果因为之前的纠纷，被告人预计到被害人将对自己进行不法侵害，而准备了凶器或者聚集了人员，在被害人实施不法侵害时进行反击，是否可以认为"事先就具有斗殴意图"，从而否定其防卫意识？

案例 11：某日下午1时许，被告人李某甲与被害人李某乙因建房之事产生纠纷。李某甲因围墙被推倒感到不满，从家中拿来一根梭镖、一把鱼叉、一根铁棍放在现场一木棚里，准备对方再来"找事"时使用，

---

[1] 参见张明楷：《故意伤害罪司法现状的刑法学分析》，载《清华法学》2013年第1期。

同时又由李某甲的妻子出面请同村一名叫黄某的人帮助调解未成。被害人李某乙也不服气，并邀请了五名帮手（姓名不详，均在逃），且每人持一把长刀，手臂上扎白毛巾为标志，准备与辩护方斗殴。而后又重新纠集家人并强调自己的人先上，接着率众亲属再次来到现场参与纠纷并斗殴。被告人李某甲见状后持梭镖上前进行打斗。在打斗中，李某乙被李某甲持梭镖刺中上身部位，后经抢救无效死亡。

案例12：被告人支某某因自家鸭子丢失一事，与胡某某发生纠纷。当晚8时许，胡某某等五人来到支某某的堂弟家，要求其堂弟协调解决纠纷。住在隔壁的支某某身藏一把"梭镖"型尖刀来到其堂弟家欲参加调解。胡某某见支某某到来，首先拳击支某某，紧接着，拿起自己坐的木椅欲砸击支某某。支某某被打，逃出其堂弟家，胡某某持木椅紧追其后。胡某某追上支某某后，持木椅朝支某某砸击时，支某某掏出身上携带的"梭镖"型尖刀刺向胡某某，致胡某某头面部三处刺创，其中右眉弓内侧处刺创，深达颅内。胡某某被送往医院抢救无效死亡。

两个案件的辩护人均提出，被告人实施的是反侵害行为，其行为导致被害人受伤害而死亡，属防卫过当。但是，法院在两个案件中都未采纳辩护意见，而是认为，被告人事先准备好凶器，反映其主观上具有伤害他人或者斗殴的故意，在相互斗殴中，持械刺向被害人身体，不属于防卫过当。事先准备好凶器就认为主观上有斗殴的意图，这种推理或者论证的说服力显然不够。

首先，预计自己将遭到不法侵害而准备工具的行为本身并不能说明是为了防卫还是为了斗殴，其目的只能根据相关事实和证据来确定，而不能恣意推测。案例11的被告人尽管准备了凶器，但是由其妻子出面请同村人进行调解，说明其主观上并不希望再次发生斗殴，只是为了预防被不法侵害而作了一些准备，而且，被告人只是在现场被动地等待，而没有任何挑起争端的行为，法院认定其事先具有斗殴的意图并不恰当。

其次，即使现有的证据无法确定被告人准备工具是为了防卫还是斗殴，应当本着有利于被告人的原则，认定为具有防卫意识。案例12的被告人一来到调解现场，即被数人持木凳殴打，无从判断其携带凶器的目的，也无法判断其是否可能主动挑起事端，但是，从现有的证据分析，对"其事先就具有斗殴的意图"的判断是可以合理怀疑的。

最后，对于预期的不法侵害，被告人并没有义务进行回避，因为"肯定了存在这一义务，就意味着必须忍受我们的正当利益受到侵害。"[1]案例11的被告人在自己房子的围墙旁边，案例12的被告人到其堂弟家参与调解，都是出现在具有正当利益的场合，而且，被告人并没有积极的加害意思，因而，应当肯定他们的防卫意识。

当然，如果行为人预计到可能遭到不法侵害而准备工具或者聚集人员，并且主动挑起事端，刺激对方来侵害自己，应当认为事先具有斗殴意图，从而否定行为人的防卫意识。[2]

第三类案件是，法院因为被告人事先的故意挑衅行为，而否定其后的防卫意识，限制被告人的正当防卫权。

案例13：某日下午5时许，被告人王某某与李某甲（女）因赌博发生纠纷，王某某将李某甲手机店的玻璃砸破，随后，李某甲、李某乙、李某丙等十余人手持鱼叉、刀等工具赶往被告人王某某家，被告人王某某见状后取出该手枪藏于身上，后朝冲在前面的李某乙、李某丙下半身各开一枪。经法医鉴定：李某乙被枪击伤构成轻伤乙级，李某丙被枪击伤构成轻伤甲级。

案例14：某日晚8时许，被告人袁某甲之妻余某某因自己家一只鸭子被毒死而责骂被害人袁某乙及其妻邹某。袁某乙及其妻即冲到袁某甲家中，与袁某甲之妻余某某、长子袁某丙发生冲突。双方互扔砖块击打对方，袁某甲见状亦上前参与打斗。后袁某乙被袁某甲扔的砖块打中头部，致轻伤甲级。

这两个案件涉及的问题是，故意挑衅引起对方对自己进行不法侵害时，正当防卫权是否应当受到限制？极端的挑衅行为是防卫挑拨，是指行为人故意挑衅被害人对自己进行不法侵害，以便能在正当防卫过程中对被害人进行反

---

[1]［日］山口厚：《刑法总论》（第2版），付立庆译，中国人民大学出版社2011年版，第120页。
[2] 典型案例"何强等聚众斗殴案"，参见张宽明：《一场被关注的闹剧："菜刀队"PK"砍刀队"——江苏省常熟市聚众斗殴案庭审写真》，载《人民法院报》2012年4月13日，第3版。

击。一般认为，防卫挑拨的行为人由于涉及对正当防卫权的滥用，而不具有防卫意识，[1]但是，这种案件在实践中极少出现，或者至少是无法证明的。[2]更常见的案件是，行为人不是要利用正当防卫权对被害人进行伤害，而是其行为引起了对方对自己进行不法侵害，案例13属于行为人的违法挑衅行为引起对方的不法侵害，但是，在对方进行不法侵害时，违法的挑衅行为已经结束；而案例14的行为人引起对方进行不法侵害的挑衅行为仅仅具有一定的不道德性（日常生活中的争吵甚至责骂，应当认为还不构成具有违法性质的侮辱）。

根据正当防卫的基本思想，违法挑衅的行为人在遭遇不法侵害时，其防卫权应当受到限制，但不会完全丧失防卫权，因为挑衅行为毕竟不是不法侵害，行为人也需要防卫权来抵抗对方违法的攻击。但是，违法挑衅引发的攻击"在人民中唤起的不安更少一些，感受到的危险也更少了，因为这个公民对自己来说，在自己的手上就掌握着能够通过和平和恰当的举止来避免这种情况的手段"，[3]或者说，在这种情况下，法保护的利益显著减少了。[4]因此，违法挑衅的行为人为了保护自己的合法权益，在躲避或求助于他人之后，可以先实行抵御性防卫，再实行攻击性防卫。[5]案例13的辩护人提出，本案是因李某乙、李某丙等人手持鱼叉等凶器冲到家门口，被告人李某甲出于自卫的目的才开枪，应当属正当防卫。但是，法院认为，本案因赌博不法行为而引起，发生纠纷后，其又持砖块砸他人手机店的玻璃，进而引起矛盾的加剧，且在纠纷中持枪连伤两人，该行为构成非法持有枪支罪和故意伤害罪。

---

[1] 有学者认为，挑拨防卫是否影响防卫权的存在，取决于挑拨行为是否会使侵害人避免法益冲突的能力归于消失。尽管挑衅者有挑衅行为在先，但这并不是侵害人实施不法侵害的正当理由；是否采取违法方法引起法益的激烈冲突，其决定权始终牢牢掌握在侵害人而非挑衅者手上。既然侵害人避免引起法益冲突的能力没有任何亏损，那么与一般的正当防卫情形一样，挑衅防卫中侵害人法益的值得保护性也大幅下降，故挑衅者防卫权的存在并不受影响。参见陈璇：《侵害人视角下的正当防卫论》，载《法学研究》2015年第3期。

[2] [德] 克劳斯·罗克辛：《德国刑法学总论》（第1卷·犯罪原理的基础构造），王世洲译，法律出版社2005年版，第445页。

[3] [德] 克劳斯·罗克辛：《德国刑法学总论》（第1卷·犯罪原理的基础构造），王世洲译，法律出版社2005年版，第445页。

[4] 参见 [德] 汉斯·海因里希·耶赛克、托马斯·魏根特：《德国刑法教科书》，徐久生译，中国法制出版社2001年版，第417页。

[5] [德] 克劳斯·罗克辛：《德国最高法院判例·刑法总论》，何庆仁、蔡桂生译，中国人民大学出版社2012年版，第42页。

尽管无法从法院的裁判意见准确得知，防卫性质的否定是因为起因的"不正"（因赌博不法行为而引起）[1]还是"违法挑衅行为"（持砖块砸他人手机店的玻璃），但是，其结论是值得肯定的。被告人的确是在遭到不法侵害的威胁时才进行反击，然而，这种不法侵害是由其违法行为引发的，因此，在没有试图履行任何的回避义务的情况下，主动持枪对被害人进行攻击，应当否定其防卫意识。当然，如果行为人当时无法在没有人身危险的前提下进行回避，就允许其进行积极的防卫，而不需要一直小心地克制。

相反，如果挑衅行为完全合法并且不需要受到社会道德的谴责，例如，行使债权等，那么，当他面临不法侵害时，就应当享有完整的正当防卫权。[2]仍然没有解决的问题是，挑衅行为并不违法，然而可能使对方的一般人格权受到损害因而具有一定的不道德性，挑衅人的防卫权是否受到限制？案例14的裁判理由中指出，本案纠纷是由被告人一方引起的，在被害人基于愤怒而冲到被告人家中发生打斗时，被告人用砖块击打被害人致轻伤甲级，其行为不属正当防卫。这个裁判意见值得商榷，责骂在日常生活中属于很常见的情形，只要还没有违法，人们就应当加以容忍或者采用相同的方式进行反击，而不能首先违法地发动身体攻击。挑衅行为人既没有给法秩序带来明显的损害，也没有允许对方对自己对人身权利的侵害，无论根据个人保护原则还是法保护原则，其正当防卫权都不应当受到限制。

从上述分析可以看出，实务界对防卫意识提出了过高的要求：防卫人没有实施任何不道德或违法的挑衅行为，在预计可能遭受不法侵害时不能准备凶器或聚集人员，防卫行为过程中不能"夹带"攻击意思，甚至遭遇不法侵害前关于"报复对方的意思表示"也可能影响防卫意识的成立，而这些要求大部分都是不应当存在的。

（四）从严掌握"防卫限度"

防卫限度在中国刑法是从两个方面规定的：一是防卫明显超过必要限度造成重大损害的，是防卫过当；二是对正在进行行凶、杀人、抢劫、强奸、绑架以及其他严重危及人身安全的暴力犯罪，可以进行无过当之防卫。两个

---

[1] 参见陈兴良：《聚众斗殴抑或正当防卫：本案定性与界限区分》，载《人民法院报》2012年4月13日，第3版。

[2] 参见陈璇：《克服正当防卫判断中的"道德洁癖"》，载《清华法学》2016年第2期。

方面并非相互排斥的关系，即使不属于无过当之防卫情形，也不一定就属于防卫过当。防卫限度应当从以下三个方面进行考察：侵害的强度、侵害的缓急、侵害的权益。[1]防卫行为只要是为制止不法侵害所必需，防卫行为的性质、手段、强度和损害后果又不是明显超过不法侵害的性质、手段、强度，或者虽然造成的损害明显超过不法侵害，但实际造成的损害不算重大的，均属于正当防卫。[2]其中，重大损害的要求意味着造成一般损害的不成立防卫过当，只有造成不法侵害人死亡、重伤时，才可能属于防卫过当。[3]应当说，我国1997年修订《刑法》放宽了防卫限度条件，但是，司法实践对防卫限度的掌握仍然有过严的嫌疑。

第一种表现是，法院对无过当防卫前提条件的理解，有根据实际损害结果来认定的倾向。

案例15：某日下午5时许，被告人陈某某与被害人张某某因财产问题产生纠纷，并发生争吵。当日下午6时许，张某某、胡某甲、胡某乙等七八人持铁棍冲至陈某某店门口，并朝陈某某打去，陈某某遂拿起门口摆放的铁锅等物品与其对打（打斗中，被告人陈某某被致轻微伤甲级）。陈某某因被人围打，就返回店内手拿双刀冲出朝被害人一方刺杀，其中张某某的胸部、上肢等部位被刺伤经抢救无效死亡，胡某甲腹部、胡某乙左手被刺伤，均为重伤乙级。

法院的裁判理由指出，被害人张某某等人首先持铁棍朝被告人陈某某殴打，并致陈某某轻微伤的行为，不属于我国《刑法》第20条第3款规定的行凶行为，被告人朝被害人等人连续刺杀数刀，刺死、刺伤多人，明显超过必要限度造成重大损害，属防卫过当。显然，法院有根据实际损害结果来判断是否属于"行凶"的嫌疑，但是，法律并未规定无过当之防卫的行为人必须身受重伤、已被抢劫、强奸既遂才可以进行防卫，只要其受伤情形足以表明

---

[1] 陈兴良：《陈兴良刑法学教科书之规范刑法学》，中国政法大学出版社2003年版，第114~118页。

[2] 高铭暄：《中华人民共和国刑法的孕育诞生和发展完善》，北京大学出版社2012年版，第197页。

[3] 张明楷：《刑法学》（第4版），法律出版社2011年版，第202页。

对方侵害的严重暴力性质,就符合法律规定。[1]即使在对防卫限度掌握较严的国家,如果行为人合理地相信不法侵害人打算非法剥夺他的生命或者进行严重的身体伤害,就可以使用致死的武力(包括为预防这样的危险而使用)。[2]以实际损害结果来判断是否"严重危及人身安全",并进而限制使用有生命危险的防卫手段,会极大地损害正当防卫条款的一般预防效果,因为首先违法的不法侵害人知道,在没有造成对方身体重伤或者死亡的情况下,自己不会有生命危险,这无异于鼓励最严重的犯罪。此外,法院也错误地理解了防卫限度两个方面规定之间的关系,在否定了"行凶"之后,还没有从侵害强度、性质、手段等方面论证被告人的行为是否符合限度条件,就直接总结"被告人的行为明显超过必要限度造成重大损害"。

第二种表现是,过于严格地要求防卫人在遭受急迫的不法侵害时,进行防卫手段的选择。

案例 16:被害人王某怀疑其妻与被告人卢某甲有不正当男女关系,于某日凌晨 2 时许,王某持自家菜刀闯入卢某甲家报复,被他人拖开未果。同月 25 日晚 8 时许,王某再次持西瓜刀翻墙进入卢某甲家,举刀朝卢某甲砍,将卢某甲头部砍伤,卢某甲儿子卢某乙随即用竹椅抵抗,王某继续砍杀,将竹椅砍烂。卢某甲见状从侧厢房取出梭镖,用梭镖朝正在行凶的王某胸部连续刺杀二下,王某被刺后倒在客厅门口的走廊处。后王某经送医院抢救无效死亡。

被告人卢某甲及其辩护人提出,被告人卢某甲是在王某持刀翻墙进入其家,并砍伤其头部,又继续持刀砍杀其家人的情况下才用梭镖刺杀王某的,其行为符合正当防卫的构成要件,属于正当防卫,且没有超出必要的限度。法院认为,被害人王某因怀疑被告人卢某甲骚扰其妻,两次持刀到被告人家寻衅。第一次被他人拦住而未造成损害,第二次又持刀翻墙入室,对卢某甲头部砍杀,当即将卢某甲砍伤,卢某乙见状用竹椅抵挡,王某继续砍杀,并

---

[1] 参见《"叶永朝故意杀人案"的"裁判理由"》,载中华人民共和国最高人民法院刑事审判第一庭编:《刑事审判参考》(2000 年第 1 辑·总第 6 辑),法律出版社 2000 年版,第 6~10 页。

[2] See Wayne R. LaFave, *Criminal Law*, 5th Ed., West Publishing Company, Minnesota, 2010, p. 572. State v. Walden, 131 Wash. 2d 469, P. 2d 1237(1997).

将竹椅砍散，卢某甲在王某行凶过程中从厢房拿出一把梭镖，朝王某连续刺杀二下。卢某甲是与其儿子卢某乙二人共同对付王某一人，卢某甲在这种情况下，本应有节制地防卫，但仍持梭镖刺杀王某身体要害部位，致其死亡，故其防卫明显超出了必要的限度，造成重大损害，应属防卫过当。

且不说根据案例15的分析，本案也有成立无过当之防卫的可能，即使认为被害人王某的行为不属于"行凶"，也不能要求被告人在当时的紧急情况下还能够进行清楚的形势判断，然后再选择合适的手段进行"有节制地防卫"。法官在事后确实可以判断采用何种手段进行防卫最符合比例原则，但是，"被攻击人需要在没有风险的情况下进行活动。因此，在人们不能肯定自己是否会受伤时，是不需要与攻击者进行一场拳头战的。"[1] 法官认为被告人可以进行"有节制地防卫"的主要理由是，被告人是与其儿子二人共同对付被害人一人。但是，不要忘了，被告人卢某甲头部已经被砍伤，卢某乙用来抵挡的椅子已经被砍散，侵害方与防卫方的力量对比不能仅仅根据人数来确定，还应当根据手段、工具等进行判断。而且，这种判断应当以客观的和事前的情形加以判断，就是将制止不法侵害作为基本前提所进行的判断。[2] 在当时情况下，行为人在慌乱之中，根本不可能想到还有什么更温和的方法可以使用，因此，现代刑法一般都承认，因迷惘、恐惧或者惊愕而超过正当防卫界限时，对行为人不处罚。[3]

第三种表现是，未考虑重大损害结果的可归责性，并以重大损害结果反推行为明显超过必要限度，这实际上已经不仅仅是"从严掌握"防卫限度的问题，而是错误适用法律的问题。

案例17：某日23时许，被告人樊某某在看管其兄家未竣工的大楼时，发现一黑影（系被害人罗某某），认为是来偷东西的，便上前抓住罗

---

[1] [德]克劳斯·罗克辛：《德国刑法学总论》（第1卷·犯罪原理的基础构造），王世洲译，法律出版社2005年版，第438页。

[2] 参见周光权：《正当防卫成立条件的"情境"判断》，载《法学》2006年第12期。

[3] 参见[德]汉斯·海因里希·耶赛克、托马斯·魏根特：《德国刑法教科书（总论）》，徐久生译，中国法制出版社2001年版，第588页；黄荣坚：《基础刑法学》（上）（第3版），中国人民大学出版社2009年版，第155页。典型案例，参见"吴金艳故意杀人案"，北京市第一中级人民法院（2004）一中刑终字第3051号刑事裁定书。

某某，双方发生扭打，樊某某随手拿起一把泥刀，罗某某则拔出携带的水果刀。二人在争斗中，樊某某夺下罗某某手中的水果刀，朝罗某某胸部刺杀一刀。罗某某被刺后往外跑，樊某某持泥刀追上去朝罗的肩胛部、左上臂砍了三刀后返回工地，即打电话委托其兄报警，公安民警到场后，樊某某将其使用的泥刀和尖刀交给民警。罗某某在跑出约一百米后倒地，经送医院抢救无效死亡。经法医鉴定：罗某某系因遭单刃刺器刺破心脏引起急性心包填塞死亡。

法院认为，虽然死者罗某某深更半夜到他人未竣工的楼房里，在此看守的樊某某有理由认为罗是行窃者，并进行制止，并在争斗中刺中死者罗某某，具有防卫性质，但在死者罗某某往外跑后，樊某某仍持泥刀追杀，其主客观行为明显超出了防卫限度，属防卫过当。根据本文对案例6的分析，当防卫人基于一个意思决定，实施一连串防卫行为，只要在时间和空间上没有明显界限，就可以将这一连串行为视为一个整体来判断防卫行为是否过当。这个规则同样适用于本案，问题在于，是否属于防卫过当仍然要根据"是否明显超过必要限度造成重大损害"来判断。法院裁判理由的基本逻辑是，在争斗中刺中死者，具有防卫性质，而且在这个过程中，被告人并没有过当的行为；过当的行为是指在罗某某逃跑时，被告人追上去持泥刀"砍了三刀"的举止行为，因此，有过当的行为还有死亡结果，应当构成防卫过当。实际上，整个案件中根本不存在过当行为，死亡结果并不是"砍了三刀"这个举止行为导致的，而且也没有证据证明这个举止行为加速了被害人的死亡，一般认为，只有在造成重大损害的情况下，才存在明显超过必要限度的问题，[1]因此，被告人的行为可以成立正当防卫。案例6与本案的区别在于，那个案件被害人的死亡结果，是由被告人在性质和强度上明显超过必要限度的举止行为所造成的。本案的法官显然是在有意或者无意地忽略行为与结果之间的因果关系，也就是重大损害结果的可归责性。

二、适用但书规定的实务考察

犯罪情节显著轻微危害不大，是符合但书规定的实质条件，但是，这个

---

[1] 张明楷：《刑法学》（第4版），法律出版社2011年版，第202页。

规定无疑是模糊的,需要法官在实践过程中进行解释。这种模糊性经常被认为是不可避免的,因为要将但书的内容明确化几乎是不可能的。违法但不犯罪是一个介乎犯罪与合法行为之间的层次,违法达到什么程度算是犯罪,立法者很难给出一个标准,所以只能用模糊的语言来表述。[1]不管但书规定的模糊性出于何种原因,对于法官来说,面对具体案件时都必须对但书规定做出自己的解释。

(一) 但书规定的法官解释

样本26个案件的辩护方提起情节显著轻微危害不大的辩护,涉及抢劫罪、受贿罪、非法拘禁罪、非法侵入住宅罪、故意伤害罪等,法官在3个案件中采纳了辩护意见。

法官认可情节显著轻微危害不大的案件,包括受贿罪、敲诈勒索罪和非法侵入住宅罪,其中,敲诈勒索罪和受贿罪均是因为没有达到刑法规定的数额标准而属于情节显著轻微危害不大。非法侵入住宅罪的构成规则没有定量的要求,法官认定情节显著轻微危害不大的裁判理由为:没有以被告人为首冲入校长的家中,没损坏东西,尽管其未经主人同意,冲入被害人家中的事实是清楚的,但是,情节显著轻微危害不大,不认为是犯罪。

未适用但书规定的裁判理由较为复杂,除了非常明显的、无论从行为还是结果来看都较严重的案件外,大体上有以下几种情形:

第一,根据危害行为的严重性来认定不属于情节显著轻微危害不大,例如,在非法拘禁案件中,法院认为行为人有殴打情节,因而不适用但书规定。

案例18:某日凌晨3时许,被告人刘某伙同黄某等人经事先预谋,由黄某在租乘被害人熊某某的出租车至某村。黄某下车,熊某某即跟下车问黄某车钱,早已在此等候的被告人刘某等人冲上前围住熊某某讲"没钱用",用石头劈打熊某某的背部,被告人刘某在出租车内劫得人民币十余元。辩护人提出被告人刘某劫得财物数额极小,属于情节显著轻微危害不大。

法院认为,刘某伙同他人经事先预谋,采取用砖头劈打被害人背部,劫

---

[1] 参见张永红:《我国刑法第13条但书研究》,法律出版社2004年版,第98页。

取出租车司机钱财十余元的行为,不属于情节显著轻微、危害不大的一般违法行为。尽管抢劫数额极小,但使用了一定的暴力手段,法官因而否认了辩护意见。

第二,用危害结果的严重性来说明行为不属情节显著轻微危害不大,这种情形一般出现在这样的共同犯罪案件中:危害结果已经造成,但行为人对危害结果的形成没有发挥重要作用。

案例19:某日下午,裘某甲(另案处理)与他人为争做工地业务一事发生矛盾,裘某甲认为自己挨打吃了亏,欲对其进行报复。当晚8时许,裘某甲纠集被告人裘某乙、裘某丙等人携带老虎钳、尖刀等凶器,来到被害人家中,与被害人裘某丁发生争执,裘某乙持刀殴打、刺杀裘某丁,并将裘某丁从屋内拖至屋外殴打,致裘某丁肝脏、肺脏、肾脏被单刃刺器刺伤,失血性死亡。

所有的证人证言和被告人供述均证实:被告人裘某丙到被害人家中后,未实施伤害的实行行为。辩护人以此为理由提出,被告人裘某丙的行为情节显著轻微危害不大,不构成犯罪。但是,法院认为,共同造成一人死亡的后果不属于情节显著轻微危害不大,被告人裘某丙的行为构成故意伤害罪。

第三,用罪名的严重性来说明行为不属于情节显著轻微危害不大,这类案件主要涉及抢劫罪。

案例20:某日22时许,被告人郑某、芦某某及熊某、公某某、钟某(均另案处理)在本市某网吧玩时,见被害人邹某、李某、陈某某等五人在玩,便商议抢点钱过生日。待被害人邹某等五人离开网吧时,被告人郑某持砖头追打邹某,并伙同芦某某等人将邹某拖进网吧外的小巷内殴打,被害人李某等四人见状追进小巷,熊某用水泥板块、公某某持啤酒瓶、钟某及芦某某用拳头分别对邹某、李某等五人进行殴打,并要邹某、李某等人拿钱出来。随后,熊某、公某某动手搜身,搜走被害人邹某、李某、陈某某人民币共计250元。另查明:被告人郑某、芦某某犯罪时均未成年。

芦某某的辩护人提出，芦某某尚未成年，在行为过程中只使用了轻微的暴力，劫得财物数额较小，情节显著轻微危害不大，不构成犯罪。法院认为，抢劫罪是一种严重侵犯公民人身权利和财产权利的行为，是一种严重危害社会的行为，因此，芦某某的行为并非情节显著轻微危害不大。

（二）实务观点的理论解读

样本案件中法官对但书规定的解释，可以从理论上进行分析，发展出关于但书规定的刑法解释。

首先，司法实践中，但书规定的"情节"不限于构成规则的情节，前述非法侵入住宅案法官就以"未损坏财物"为由认定情节显著轻微危害不大，显然，"未损坏财物"不属于影响非法侵入住宅的构成要素的事实。司法解释也将构成规则以外的事实纳入"情节"的范围，例如，主体的责任能力状况、被害人谅解、全部退赃都属于适用但书规定的影响因素。但是，理论上对此持不同意见，认为司法实践纳入"情节"的内容过于宽泛，但书规定的"情节"应当解释为影响犯罪构成的情节。[1]但书的实质是将社会危害程度不大的行为排除出犯罪圈，而社会危害性及其程度不仅由犯罪构成要件来说明，而且要由犯罪构成要件以外的事实情况来说明，[2]因此，但书规定的情节应当包含构成规则范围以外的事实。

其次，但书规定是行为与结果两方面的结合，情节显著轻微是关于行为的要求，危害不大是关于结果的要求，两者之间并不是并列或递进的关系，仅仅情节显著轻微（例如，案例19）或者仅仅危害不大（例如，案例18）都不足以适用但书规定。[3]

最后，但书规定能否适用于故意杀人、抢劫这样的严重犯罪？案例20的裁判理由指出：抢劫罪是一种严重犯罪，因此，符合抢劫罪犯罪构成的行为不可能情节显著轻微危害不大。尽管案例20的裁判结论具有合理性，但裁判理由值得思考。刑法分则关于某种犯罪的罪状和法定刑设置是以其典型形态

---

[1] 参见陈兴良：《但书规定的法理考察》，载《法学家》2014年第4期；王华伟：《中国刑法第13条但书实证研究——基于120份判决书的理论反思》，载《法学家》2015年第6期。

[2] 参见储槐植、张永红：《善待社会危害性观念——从我国刑法第13条但书说起》，载《法学研究》2002年第3期。

[3] 参见张永红：《我国刑法第13条但书研究》，法律出版社2004年版，第7~8页。

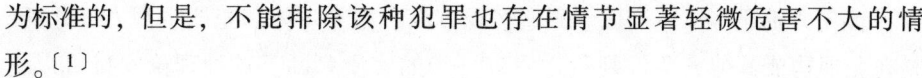

为标准的,但是,不能排除该种犯罪也存在情节显著轻微危害不大的情形。[1]

三、犯罪客体与排除犯罪情形

从正当防卫与但书规定的裁判情况来看,法官往往会用犯罪构成的符合性判断来替代排除犯罪情形的认定,这在一定程度上是由于犯罪构成与排除犯罪情形之间不清晰的关系所致。在中国传统犯罪构成理论中,排除犯罪情形名义上属于犯罪构成的内容,但是,司法实践难以解释排除犯罪情形的理论位置,平行的四要件体系无法说明排除犯罪情形否定了哪个要件。因此,对传统犯罪构成理论的改革势在必行,改革的方向是在犯罪客体和排除犯罪情形之间建立联系。

（一）犯罪客体:排除犯罪情形的"住所"

按照中国传统犯罪构成理论,犯罪客体是犯罪构成的第一要件,犯罪构成的逻辑顺序是犯罪客体—犯罪客观方面—犯罪主体—犯罪主观方面。[2]由于犯罪客体侧重于实质判断、价值判断,因此,将其视为入罪的第一要件,容易产生"实质判断先于形式判断"的情形,有危及罪刑法定的可能。从裁判文书的形式来看,犯罪客体很少在裁判理由中出现,其主要原因在于:犯罪主体、犯罪主观方面和犯罪客观方面三个要件完全可以说明犯罪的类型,犯罪客体传统意义上的功能完全可以由其他三个方面要件来完成。由此产生了犯罪客体的内容过于虚化,在犯罪构成中应当放弃犯罪客体的观点。[3]但是,完全放弃犯罪客体作为犯罪构成的要件同样无法处理排除犯罪情形的理论位置问题,因此,本书认为,应当对犯罪客体进行改造,使其成为排除犯罪情形的"住所"。

---

[1] 例如,在"蒲连升、王明成故意杀人案"中,法官也以情节显著轻微危害不大为理由,不认为是犯罪。参见最高人民法院中国应用法学研究所编:《人民法院案例选》[1992年第2辑(总第4辑)],人民法院出版社1993年版,第7~10页。

[2] 参见高铭暄、马克昌主编:《刑法学》(第5版),北京大学出版社、高等教育出版社2011年版,第52页以下。

[3] 参见张文:《犯罪构成初探》,载《北京大学学报(哲学社会科学版)》1984年第5期;杨兴培:《犯罪构成的反思与重构》(下),载《政法论坛》1999年第2期;张明楷:《刑法学》(第4版),法律出版社2011年版,第102~103页。

首先,犯罪客体应当位于犯罪客观方面、犯罪主体和犯罪主观方面之后,是在犯罪构成其他三要件判断之后进一步的实质判断。这种理论安排可以更好地处理犯罪构成与排除犯罪情形之间的关系,避免以犯罪构成的形式判断来否定排除犯罪情形的存在,更清晰地体现具体犯罪的构成规则与排除犯罪的例外情形之间的"规则—例外"关系。符合犯罪客观方面、犯罪主体和犯罪主观方面要求的行为,还需要经过犯罪客体的检验,才能确认犯罪是否成立,排除犯罪情形同样符合前三个要件的要求,只是因为存在正当防卫、紧急避险等情形而不满足犯罪构成的全部条件。

其次,犯罪客体中进行的价值评判只能在出罪的意义上使用,排除犯罪的例外情形是其部分的评价依据,存在犯罪客体的结论只能在不具备排除犯罪情形时做出。[1]在传统犯罪构成理论中,所有的要件都同时承担着入罪与出罪的理论任务,犯罪客体也不例外。但是,从裁判文书的定罪根据来看,犯罪客体不能单独承担入罪功能,用犯罪客体来说明犯罪构成只能在其他三个要件具备的情况下才有可能出现。因此,以价值评判为核心的犯罪客体,完全有可能也有必要被安排为承担出罪的理论功能。

最后,将犯罪客体设置为排除犯罪情形的"住所",才有可能坚持犯罪构成是刑事责任的唯一根据,因为犯罪客观方面、犯罪主体和犯罪主观方面根本无法合理解释排除犯罪的例外情形。以正当防卫为例,从客观方面来解释正当防卫的非罪性,认为犯罪的客观方面包括肯定与否定两种因素,"肯定的因素"是指犯罪成立必不可少的因素,包括刑法规定的行为、结果和因果关系等;"否定的因素"则是指犯罪成立必不能有的因素,即不存在正当防卫等从客观方面否定犯罪成立的正当事由。[2]但是,正当防卫毕竟包含着主观要素,完全将其视为排除客观方面要件的情形并不合适。认为正当防卫不符合犯罪故意的解释方案同样存在问题,一个行为是否造成"危害社会的结果"是综合各方面要件得出的综合判断,在认定犯罪故意的时候,显然还没有得出"行为是否危害社会"的判断,例如,在查明行为人是否具有防卫意图之前,是不能确定行为是否危害社会的,这种思维方式事实上是将结论放到前提之中。而且,以防卫目的的存在来否定犯罪故意,无法解释防卫过当为什

---

[1] 参见王世洲:《现代刑法学(总论)》,北京大学出版社2011年版,第99页。
[2] 参见陈忠林:《意大利刑法纲要》,中国人民大学出版社1999年版,第156页。

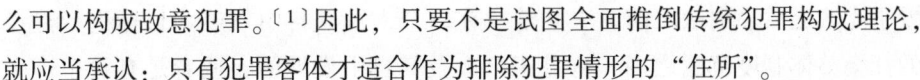

么可以构成故意犯罪。[1]因此,只要不是试图全面推倒传统犯罪构成理论,就应当承认:只有犯罪客体才适合作为排除犯罪情形的"住所"。

(二) 犯罪客体的内容:质与量的统一

传统犯罪构成理论中的犯罪客体,在内容上强调两点:①犯罪客体是一种社会关系;②犯罪客体是刑法所保护的。在中国刑法理论发展过程中,犯罪客体的内容经历了"社会关系—社会利益—法律关系—法益"的演变过程,[2]法益说认为犯罪客体的内容应当是刑法所保护的法益,不宜表述为社会关系。[3]将社会关系作为犯罪客体的上位概念,在具体犯罪构成及具体事案的分析中显然难得要领,可借鉴目前较为流行的源自德日刑法学的提法,改成"法益"。[4]本书也采用法益来界定犯罪客体的内容。

虽然人们基本认同,法益是"法"保护的利益,但是,如何理解法益中的"法",存在诸多争议。"法"是指刑法,还是法的整体(一般是以宪法为代表的);法益是位于"法"之前应当由"法"保护的应然范畴,还是已经在"法"规范保护范围内的实然范畴。这个方向上的争论最终形成法益概念的不同种类,具体来说,根据法益与实定法之间关系的不同,可以将法益概念分为先法性法益概念、宪法性法益概念和后刑法法益概念三大类。

后刑法法益概念认为,法益通过刑法建构的,是刑法规范已经保护的范畴,从刑法规定的构成规则中可以发现法益概念。法益是刑法规范的客体,在任何刑法规范中,均可以找到所需保护的法益,法益是实定刑法保护目标之下的一个附属概念。[5]先法性法益概念强调,法益是一种先法范畴,立法者制定法律之前就有预先给定的法益存在。所有的法益,无论是个人的利益,还是任何的利益,都是生活利益,这些利益的存在并非法制的产物,而是社会本身的产物。法律只能发现它,而不能制造它。[6]宪法性法益概念将法益

---

[1] 参见彭文华:《犯罪客体:曲解、质疑与理性解读——兼论正当事由的体系性定位》,载《法律科学》2014年第1期。

[2] 参见陈兴良:《犯罪客体的去魅:一个学术史的考察》,载《政治与法律》2009年第12期。

[3] 参见张明楷:《法益初论》,中国政法大学出版社2000年版,第181页。

[4] 参见冯亚东:《我国犯罪构成体系的完善性分析》,载《现代法学》2009年第4期。

[5] 参见丁后盾:《刑法法益原理》,中国方正出版社2000年版,第16~17页。

[6] 参见[德]弗兰茨·冯·李斯特、埃贝哈德·施密特:《德国刑法教科书》,徐久生译,法律出版社2000年版,第4、202页。

置于宪法之后、刑法之前。法益是"在以个人及其自由发展为目标进行建设的社会整体制度范围之内,有益于个人及其自由发展的,或者是有益于这个制度本身功能的一种现实或者目标设定"。[1]宪法性法益概念从法治国的基本要求出发,从宪法中寻找法益的内容。法益位于刑法之前,但不是位于宪法之前的,宪法的原则和任务是对刑事立法者评价权力的限制,对利益的规范评价应当在宪法的框架下进行。宪法性法益不是规范主义的概念,不依存于实定刑法,但它是规范性的、动态的,是"在符合宪法的目的设定的范围内,向历史的变化和经验性知识的进步开放的"。[2]

用犯罪客体来说明排除犯罪情形,可以从法益的质与量两个方向上展开。对于法益的"质"来说,作为犯罪客体内容的法益概念应当为宪法性法益概念,区别于作为构成规则基础的后刑法法益概念。刑法明文规定的排除犯罪情形范围过于狭窄,难以合理实现对符合其他三个要件的行为的出罪处理。刑法典中一般只规定正当防卫、紧急避险、被害人同意、正当业务行为等典型的正当化事由,[3]但是,刑法学上所承认的正当化事由并不仅限于这些,司法实践也不可能仅根据刑法中规定的正当化事由进行出罪处理。因此,迄今为止,很少有学者支持将正当化事由的范围限定在刑法典的明文规定,超刑法的正当化事由得到普遍的承认。

超出刑法规定承认正当化事由并不违反罪刑法定原则。"没有刑法就没有犯罪"这个原理仅仅意味着,没有刑法的明文规定不能进行入罪处理,而出罪处理并不受制于"刑法明文规定";换言之,将符合行为构成的行为进行正当化处理并不需要严格遵守"刑法明文规定"这个要求。承认超刑法的正当化事由,只是对刑事可罚性的限制而不是扩大,并不妨碍刑罚法规的保障机能,因而,符合罪刑法定原则的要求。

---

[1] 参见[德]克劳斯·罗克辛:《德国刑法学总论》(第1卷·犯罪原理的基础构造),王世洲译,法律出版社2005年版,第15页。相似论述可参见[德]冈特·施特拉腾韦特、洛塔尔·库伦:《刑法总论I——犯罪论》,杨萌译,法律出版社2006年版,第34~35页;[意]杜里奥·帕多瓦尼:《意大利刑法学原理》,陈忠林译,法律出版社1998年版,第81页以下;张明楷:《法益初论》,中国政法大学出版社2000年版,第167页。

[2] 参见[德]克劳斯·罗克辛:《德国刑法学总论》(第1卷·犯罪原理的基础构造),王世洲译,法律出版社2005年版,第16页。

[3] 中国刑法典规定的正当化事由范围更狭窄,只有正当防卫和紧急避险两种。

因此，剩下的问题就是，是否应当承认超法规的正当化事由？早期的刑法学者对此一般都持肯定观点，"因为合法化事由在成文法中只得到极不全面的探讨，以至于合法判决的做出，在很大程度上不得不借助于在成文法以外来考虑合法和不法的实体内容如何"。[1] 承认超法规的排除犯罪情形，在法律制度尚不发达的国家和时代无可厚非，但是，其缺陷也很明显。超法规的排除犯罪情形缺少规范性界限，其范围是不确定的，用它来进行出罪处理虽然不违反罪刑法定原则，但是，仅基于利益衡量的一般原理来考虑行为的非犯罪化，将使刑法理论体系的严密性受到冲击，可能会危及法安全，甚至导致腐败现象。而且，现代各国的法律涉及社会生活的方方面面，对利益的保护渐趋完整和细致。在这种情况下，人们没有必要继续承认超法规的排除犯罪情形。

总之，从犯罪客体的"质"来说，采用开放的、动态的宪法性法益概念可以在宪法框架内，对刑法没有规定的排除犯罪情形进行合理的出罪处理。但是，这个犯罪客体概念还是应当受到"量"的限制，换言之，犯罪客体中的法益在性质上、种类上可以超出刑法的范围，但在程度上还是要受到刑法的限制，对法益的侵犯可能因为没有达到一定的程度而不符合犯罪构成的要求。

四、小结

正当防卫与但书规定是两种重要的排除犯罪的例外情形，排除犯罪情形在犯罪构成理论体系中的位置并不清晰，这也在一定程度上限制了其适用范围。

正当防卫的辩护意见很难得到法官的支持，一方面是因为法官倾向于从严掌握正当防卫的适用范围，具体来说包括限制解释"不法侵害"、形式理解"正在进行"、过高要求"防卫意识"、从严掌握"防卫限度"；另一方面由于正当防卫的理论位置不够清晰，容易产生"用其他三个方面要件的判断来直接否定正当防卫的存在"的情形。正当防卫的理论发展方向包括在防卫的前提事实中区分防卫人身和防卫财产、事后防卫的实质把握、故意挑衅行为对

---

[1] 参见[德]弗兰茨·冯·李斯特、埃贝哈德·施密特：《德国刑法教科书》，徐久生译，法律出版社2000年版，第202~203页。

防卫权的影响、过当行为的可归责性等。

由于"情节显著轻微危害不大"本身的模糊性，法官对但书规定的解释受到的限制较少，有时会灵活解释犯罪构成与但书规定之间的关系。但书规定的"情节"不限于构成规则的情节；但书规定是行为与结果两方面的结合，情节显著轻微是关于行为的要求，危害不大是关于结果的要求，仅仅情节显著轻微或者仅仅危害不大都不足以适用但书规定。刑法分则关于某种犯罪的罪状和法定刑设置是以其典型形态为标准的，因而，不能排除某种严重的罪名也存在情节显著轻微危害不大的情形。

在犯罪构成是刑事责任的唯一根据这个传统命题之下，将犯罪客体改造为排除犯罪情形的"住所"是可能和必要的。犯罪客体在理论位置上应当被安排在犯罪客观方面、犯罪主体和犯罪主观方面三个要件之后，主要承担根据对符合前三个要件的行为进行实质判断、价值评判来完成排除犯罪的理论任务。作为排除犯罪情形"住所"的犯罪客体，在内容上应当采用宪法性法益概念，但应当受到犯罪概念的限制，体现质与量的统一。

第四章 未遂与共犯：犯罪的两种特殊形态

故意犯罪的未完成形态和共同犯罪是犯罪的两种特殊形态，在未完成形态中，犯罪预备、犯罪中止、犯罪既遂都和犯罪未遂有紧密的联系。因此，本书以犯罪未遂和共同犯罪为中心，观察刑事司法实践在何种情况下援引理论或者拒绝援引理论作为法律条文之外的裁判理由？法官倾向于援引何种理论以及如何通过解释援引理论？

一、犯罪未遂

在样本案件中，涉及犯罪未完成形态的案件有313个。在这些案件的裁判文书中，理论的援引有两种形式：一是明确指出对某种理论的运用，例如，被告人的行为已经使被害人的人身和财产权益遭受现实的紧迫危险，应当认定已经着手实施抢劫。二是未明确指出援引何种理论，但从判决理由中可以明显发现理论的逻辑，例如，两上诉人作案地点不属偏僻或人迹罕至，故当两上诉人着手实施抢劫后，因被害人反抗、呼救而逃离的行为，不具有自动性。

（一）以争议类型为基础的初步概括

由于中国刑法条文对犯罪未完成形态只作了原则性规定，分则各种犯罪的罪状又是以一人犯一个既遂罪为标准的，[1]因此，法官在面对争议案件时，常常需要引用相关理论作为部分裁判理由。考察这 313 个刑事案件中犯罪形态方面的争议状况（不包括由于事实问题导致的犯罪形态争议），大致可以分为两类：一是无实质性争议案件，即控、辩、审三方对犯罪形态的判断是一致的；二是有实质性争议案件，即控、辩、审三方在认定预备、[2]未遂、中止和既遂时存在不同意见，具体包括预备与未遂之间的争议、未遂与既遂之间的争议、未遂与中止之间的争议以及中止与既遂之间的争议。

争议类型	无实质争议	预备与未遂的争议	未遂与既遂的争议	未遂与中止的争议	中止与既遂的争议
总案件数	173	17	82	33	8
援引理论案件数	0	9	68	25	5

总体看来，在大部分案件中，由于控、辩、审三方对于犯罪未完成形态的认定没有实质争议，法官只需要直接引用法律条文就可以解决纠纷，无须援引理论，在 173 件无实质争议的刑事案件中，法官无一例外地在描述案件事实的基础上，直接引用法律条文进行判决。

在有实质性争议的 140 个案件中，法官对 107 个案件援引理论作为法律条文之外的裁判依据，占总案件数的 34.2%，占争议案件数的 76.4%，这说明法官——至少是中级人民法院的法官——在面对犯罪形态方面争议的时候，并不排斥甚至倾向于援引理论作为部分裁判依据。

从案件具体情况来看，引用理论的目的是解决"犯罪既遂标准""中止的自动性"以及"实行的着手"等争议问题。涉及中止与既遂之间的争议，根据中国刑法"既遂后无中止"的基本原理，[3]实际上仍然在于犯罪既遂标准的确定。从案件数量来看，犯罪既遂标准是司法实践中争议最大的问题，也

---

[1] 参见高铭暄主编：《刑法学》（修订本），法律出版社 1984 年版，第 173 页。

[2] 本书所称的犯罪预备或预备犯，仅指《刑法》第 22 条规定的形式预备犯，不包括已经在刑法分则中规定了独立犯罪构成的实质预备犯。

[3] 参见徐逸仁：《故意犯罪阶段形态论》，复旦大学出版社 1992 年版，第 170 页；姜伟：《犯罪形态通论》，法律出版社 1994 年版，第 182 页。

是援引理论次数最多的领域；关于中止自动性的争议，法官援引理论来解决的倾向也很明显；但是，对于着手的认定，司法实践最不愿意援引理论来处理具体案件。

（二）犯罪未遂与犯罪预备

自1810年《法国刑法典》以来，"实行的开始"——着手就成为各国刑法学家绞尽脑汁，却无法达成共识，以至被某些刑法学家悲观地认为是"根本无法解决"的问题。[1]中国刑法理论界关于"着手"认定标准的争论主要在"通说"与"实质的客观说"之间展开。[2]在9个援引理论的案件中，有7个援引的是通说，只有2个案件援引实质的客观说作为裁判理由。

1. 通说的援引

司法实践对"通说"的采纳是最常见的，因为运用通说处理具体案件不太容易受到质疑和批评。中国刑法理论上的通说认为，着手是指已经开始实施刑法分则规定的具体犯罪构成客观方面的行为。[3]着手具备主观和客观两个基本特征：主观上，行为人实行具体犯罪的意志已经直接支配客观实行行为并通过后者开始表现出来；客观上，行为人已开始直接实行具体犯罪构成客观方面的行为，这种行为已经使刑法所保护的具体权益初步受到危害或面临实际存在的危险。[4]应当认为，通说对"着手点"的描述很难受到质疑，因为它具有强大的解释功能，但是，通说也没有为区分预备和未遂提供更精确的规范性标准，[5]司法实践需要对通说作进一步的解释。

从解释结论上看，法官可以着眼于"具体权益受到初步危害"而将着手点推迟至"开始实施符合构成要件的行为"而类似于"形式的客观说"，[6]

---

[1] 参见[意]杜里奥·帕多瓦尼：《意大利刑法学原理》，陈忠林译，法律出版社1998年版，第15页。

[2] 参见赵秉志：《犯罪未遂形态研究》（第2版），中国人民大学出版社2008年版，第83页。

[3] 参见高铭暄主编：《中国刑法学》，中国人民大学出版社1989年版，第173~174页；陈兴良：《教义刑法学》，中国人民大学出版社2010年版，第589页。

[4] 参见高铭暄主编：《刑法学原理》（第2卷），中国人民大学出版社1993年版，第312~313页。

[5] 有学者指出，"着手"的通说只是告诉我们：开始杀人时是杀人罪的着手，开始抢劫时是抢劫罪的着手，开始盗窃时是盗窃罪的着手。问题是，如果判断"开始杀人""开始抢劫""开始盗窃"？通说什么也没有告诉你。张明楷：《刑法学研究的五个关系》，载《法学家》2014年第6期。

[6] 张明楷：《刑法的基本立场》，中国法制出版社2002年版，第213页。

例如，被告人以贩卖为目的而计划购买毒品，与卖方约好某旅馆见面商谈，在商谈过程中被抓获，尚未谈妥价格和数量，现场亦未搜获毒品；法院认为，贩卖毒品包括以贩卖为目的而非法收买毒品的行为，被告人已经着手实行贩卖毒品的客观行为，由于意志以外的原因未得逞，属犯罪未遂。[1]

更大的可能是强调"具体权益面临实际存在的危险"而将着手点提前至"开始实施离具体犯罪目的还很遥远的行为"，例如，上诉人意图强奸，拉拽被害人上车，计划将车开往一偏僻处实施强奸，被害人将其手臂咬伤后逃离而未上车；法院认为，上诉人为了强奸，采用暴力拉拽被害人上车，应当认为已经开始实施强奸罪的客观行为，因意志以外的原因未得逞，系犯罪未遂。事实上，行为人使用暴力只是为实施强奸制造条件，尚未实施强奸的手段行为。[2]即使已经将被害人拽进汽车，还要考虑行为计划，是计划在车内实施强奸，还是计划将被害人带到市区的宾馆之后再实施强奸，再确定是否属于强奸未遂。[3]

绑架罪的"着手点"更是飘忽不定，法官在5个绑架案件中援引通说来处理预备与未遂之间的争议，具体情形如下：①被告人在被害人经常出没的小区旁蹲守，因一直未发现被害人的踪迹而绑架未成；法院认为，被告人的行为处于守候被害人的预备阶段，尚未着手实行刑法规定的绑架行为，属于犯罪预备。②上诉人经策划，意图绑架，致电被害人邀其共进晚餐，因被害人拒绝而绑架未成；法院认为，上诉人未接触绑架对象，尚未着手实行刑法

---

[1] 根据最高人民法院《关于适用〈全国人民代表大会常务委员会关于禁毒的决定〉的若干问题的解释》第2条的规定，贩卖毒品，是指明知是毒品而非法销售或者以贩卖为目的而非法收买毒品的行为。因此，司法实践一般都认为，"以贩卖为目的而收买毒品"本身就是一种"贩卖毒品行为"。以贩卖为目的开始实行"购买毒品行为"就属于开始实施"贩卖毒品行为"。对该司法解释和实践态度的批评，参见张明楷：《简评近年来的司法解释》，载《清华法学》2014年第1期。其他法院的案例也不乏这种情况，例如，被告人姜志敏与李某乙商定以人民币10 000元的价格向李某乙贩卖53克甲基苯丙胺。被告人姜志敏用手机发短信给花某，欲以人民币7000元的价格向花某购买53克冰毒，对方尚未回应，当晚9时许，被告人姜志敏被公安机关即被抓获。法院认为，被告人姜志敏为向李某乙贩卖毒品而着手购买毒品，未能购进即被抓获，系犯罪未遂，江苏省泰州市中级人民法院（2015）泰中刑初字第00012号刑事判决书。

[2] 日本刑法判例认为，出于奸淫目的，若是将被害人拉进汽车里很困难的状况，则不成立强奸未遂。参见［日］山口厚：《刑法总论》（第2版），付立庆译，中国人民大学出版社2011年版，第270页。

[3] 参见［日］西田典之：《日本刑法总论》，刘明祥、王昭武译，中国人民大学出版社2007年版，第249页。

规定的绑架行为，系犯罪预备。③上诉人密谋绑架，用手机拨打被害人手机，以谈项目为由试图将被害人约到指定地点进行绑架，因被害人当天未答应而未成功；法院认为，上诉人拨打被害人的电话，试图将其约到指定地点进行绑架的行为，应认定为已经着手实施绑架犯罪，由于意志以外的原因未得逞，系犯罪未遂。④上诉人携带了作案工具，驾车尾随被害人的车辆准备伺机实施绑架，但因路况不好未能跟住被害人的车辆；法院认为，虽然尚未接触到被害人，但已经对被害人实行跟踪，应视为已经着手实行绑架的客观行为，但由于意志以外的原因而未得逞，属犯罪未遂。⑤被告人密谋绑架按摩小姐，两次电话约出绑架对象，但见面后因对方每次都有四人结伴同行，不易下手而未能成功；法院认为，被告人约出绑架对象并与其见面，就已经着手实行绑架行为，只是由于意志以外的原因而未得逞，系犯罪未遂。

"白宇良、肖益军绑架案"运用通说试图将绑架行为的着手限制在"实施了劫持人质的行为"，劫持的方式一般表现为"使用暴力、胁迫以及其他剥夺自由的手段"。[1]但是，3个被认定为绑架未遂的案件，没有一个采用了该标准，因为如果行为人已经开始采用暴力等手段劫持人质，例如，将被害人拉拽上汽车，或者抱走被害人等，司法实践一般会毫无争议地认定为犯罪未遂。真正存在争议的案件是被告人的行为已经接近构成要件，但还没有开始实施符合构成要件的行为，但是，通说并没有提供更明确的判断标准。"情形①"将"守候被害人的行为"认定为绑架预备，"情形④"将"跟踪、尾随的行为"视为已经着手；[2]"情形②"将"被害人拒绝邀约，被告人未接触绑架对象"认定为未着手，情形③认为"被告人虽未接触被害人，但试图将被害人约到指定地点进行绑架"就已经属于着手实行绑架的客观行为。"情形⑤"的被告人虽然已经与被害人见面，但并未开始实施暴力行为，法院认为仍然构成未遂。

---

[1] 参见最高人民法院刑事审判第一、二、三、四、五庭主编：《刑事审判参考》（2009年第4集·总第69集），法律出版社2009年版，第51页。"情形④"案件的辩护人曾引用该案进行辩护，但法院并未采纳其意见。

[2] 其他法院也有将该情形认定为犯罪预备的案例，例如，被告人任静等三人共同策划绑架他人，勒索财物，物色绑架对象后，在某酒店门口先后跟踪刘某某、吴某某欲行绑架未得逞。法院认为，被告人任静及同案犯已选择犯罪对象，由于意志以外的原因而未能着手实施挟持行为，系犯罪预备。福建省莆田市涵江区人民法院（2015）涵刑初字第682号刑事判决书。

通说试图包罗万象、毫无遗漏地说明各种犯罪的着手标准，这样势必会降低甚至丧失其确定性。法官在具体案件中运用通说，并没有什么实际意义，只是为了给自己的结论或者"预断"寻求一种形式意义上的解释甚至是"借口"。从裁判结论上看，司法实践对通说的解释总体上倾向于将着手点提前，从而扩大未遂犯的处罚范围。

2. 实质客观说的援引

实质的客观说认为，"实行行为只能是具有侵犯法益的紧迫危险性的行为，行为人开始实施这种行为时就是实行的着手；"[1]或者"所谓实行的着手，就是开始实施行为人所追求的、具有引起某种犯罪构成结果的现实危险的行为。"[2]在以下两个案件中法官运用实质的客观说作出判决：①4名被告人意图绑架，驾驶汽车携带作案工具至被害人家附近，敲打被害人家大门，准备诱骗被害人打开大门实施绑架，因被害人夫妇没有开门而未得逞；法院认为，被告人的行为已经对被害人的人身安全造成现实的、直接的威胁，应当认定为已经着手实施犯罪。②某日晚上9时许，3名上诉人准备对停在该路口的一辆汽车内人员劫取财物，一被告人上前拉车门，因车门上锁未能拉开，被害人发觉后开车离开现场，上诉人未能劫取财物；法院认为，上前拉车门的行为，已经使被害人的人身和财产权益遭受现实的紧迫危险，应当认为已经着手实施抢劫。

在具体案件中运用实质的客观说来说明解决预备与未遂之间的争议，是一种值得肯定的现象，说明理论研究正在逐渐地影响司法实践。[3]该理论在面对"接近构成要件的行为"的定性争议上，确实能够为法官提供进一步的判断标准。但是，由于危险概念是程度性的、有弹性的，有可能导致着手实

---

[1] 张明楷：《法益初论》，中国政法大学出版社2000年版，第360页；张明楷：《刑法学》（第2版），法律出版社2003年版，第292页。

[2] 黎宏：《刑法总论问题思考》，中国人民大学出版社2007年版，第430页。

[3] 在"杨永胜销售假冒注册商标的商品案"的"裁判理由"认为，为了非法销售而实施的先行购买行为，是整个非法制售假冒注册商标的商品犯罪的重要环节。一旦实施，即将进入销售阶段，已经构成侵害法益的紧迫危险性，超出了预备犯的范畴。参见最高人民法院刑事审判第一、二、三、四、五庭主办：《刑事审判参考》（2007年第5集·总第58集），法律出版社2008年版，第13页。"谢小华销售假冒注册商标的商品案"裁判文书中直接援引了这个裁判理由。参见福建省泉州市中级人民法院（2015）泉刑终字第442号刑事裁定书。

行的时期变得模糊、暧昧。[1]换言之，实质的客观说也没有或者无法提供客观、明确、可操作的具有实证意义的判断基准，根据实质的客观说认定"实行的着手"也难免有恣意判断之疑。[2]因此，需要更多的案例对该理论进行必要的、经验上的补充和完善。

综上所述，在着手的认定过程中，法官倾向于援引"通说"来处理具体案件中的争议，但是，通说由于其本身缺乏确定性，无法为具体案件的处理提供太大的帮助，并且容易导致"着手点"过于提前，从而不当扩张未遂犯的处罚范围。实质客观说在司法实践中得到一定程度的关注，也确实为认定着手提供了进一步的——尽管还不够明确——的判断标准，但是，由于援引该理论的案例有限，无法对该理论的实践效果进行更细致的考察。

(三) 犯罪未遂与犯罪既遂

犯罪既遂标准是中国刑法理论研究相对成熟的领域，法官在裁判文书中援引各种学术观点已成司法实践的常态。样本中涉及犯罪既遂标准争议的案件 213 件，包括对 225 个行为的既遂判断问题。

1. 犯罪既遂一般标准的援引

援引一般标准来判断犯罪既遂问题，并不是司法实践中最常用的方法，法官只在其中 21 个案件中援引一般标准来说明裁判结果，占案件总数的 9.3%，具体包括聚众斗殴罪 (13 个)、诈骗罪 (2 个)、信用卡诈骗罪 (1 个)、伪造居民身份证罪 (1 个)、运输毒品罪 (2 个)、职务侵占罪 (1 个) 以及贪污罪 (1 个)。

犯罪既遂一般标准的研究，试图从普遍意义上说明行为成立既遂的标准。目的实现说认为，未得逞是没有达到目的，没有满足愿望的意思，那么，达到了目的，满足了愿望，自然应是既遂；[3]结果发生说以危害结果的发生为标准，其中，结果可以被解释为法定结果或者行为性质所决定的逻辑

---

[1] 参见 [日] 山口厚著：《刑法总论》（第 2 版），付立庆译，中国人民大学出版社 2011 年版，第 271 页。

[2] 参见梁根林：《预备犯普遍处罚原则的困境与突围——刑法第 22 条的解读与重构》，载《中国法学》2011 年第 2 期。

[3] 参见侯国云：《对传统犯罪既遂定义的异议》，载《法律科学》1997 年第 3 期；李居全：《关于犯罪既遂与未遂的探讨》，载《法商研究》1997 年第 1 期。

结果;[1]构成要件齐备说认为,确认犯罪是否既遂,应以行为人所实施的行为是否具备了刑法分则所规定的某一犯罪构成的全部要件为标准。[2]

法官在 21 个案件的裁判文书中均援引"构成要件齐备说"作为裁判依据或理由,典型表述为:被告人聚集多人并实施了斗殴的行为,具备法律规定聚众斗殴的全部犯罪构成要件,构成聚众斗殴罪既遂;被告人以不存在的项目骗取被害人的信任,利用转手项目从中牟取非法利益,其行为已经齐备了诈骗罪的全部构成要件,应属犯罪既遂;上诉人为侵吞货款而采取虚构被抢报案的方式,被公安机关及时识破,未完全充足犯罪既遂的全部构成要件,构成职务侵占罪(未遂)。

"目的实现说"在某些案件的辩护理由中偶有出现,但法院以"构成要件齐备说"否定了辩护意见。例如,在一个运输毒品案件中,被告人受他人委托,携带毒品从昆明返回本地,在途中被查获,辩护人提出,被告人帮助他人运输毒品在途中被抓获,没有到达目的地,没有实现犯罪目的,应属未遂;法院认为,行为人客观上已实施了运输毒品的行为,已经齐备了运输毒品罪既遂所需要的构成要件,应当构成犯罪既遂。

"构成要件齐备说"之所以能够成为司法实践援引一般标准的第一选择,是因为其具有强大的解释力,通过对"既遂的构成要件"的解释,可以将"目的"或"结果"解释为"构成要件"或者排除出"构成要件"。"构成要件齐备说"既可能将刑法规定的要素解释为不属于"既遂的构成要件",例如,在认定"勒赎型"绑架罪的既遂时,"以勒索财物为目的"被排除在外;也可能将刑法没有规定的"东西"补充解释为构成要件,例如,"盗窃罪系财产犯罪,根据传统认识、社会一般观念,应当将造成他人财产损失补充解释为该罪的构成要件要素。"[3]那么,司法实践在援引"构成要件齐备说"中如何解释一种行为是否齐备了构成要件呢?

从逻辑上讲,在援引"构成要件齐备说"的案件中,既遂或者未遂结论

---

[1] 参见张明楷:《刑法学》,法律出版社 1997 年版,第 261 页;刘之雄:《犯罪既遂论》,中国人民公安大学出版社 2003 年版,第 3 页。

[2] 参见高铭暄、马克昌主编:《刑法学》,北京大学出版社、高等教育出版社 2000 年版,第 149 页。

[3] 胡云腾等:《〈关于办理盗窃刑事案件适用法律若干问题的解释〉的理解与适用》,载《人民司法》2014 年第 15 期。

的形成应当有三个步骤：说明该罪既遂需要齐备哪些构成要件——判断案件事实是否符合这些要件——得出既遂或者未遂的司法结论。在这21个案件的裁判文书中，这种司法逻辑并没有得到清晰的体现，主要表现在没有关于"既遂的构成要件"的进一步说明。

当然，如果法官认为既遂的构成要件与罪状的描述完全一致时，就没有必要进行进一步的解释，典型例子是聚众斗殴罪。根据《刑法》第292条的规定，尽管人们对于聚众斗殴是"复行为犯"[1]还是"单一行为犯"[2]有不同的看法，但是，对于该罪的既遂需要具备"开始斗殴"这个要件是没有争议的。因此，只实施了聚集多人的行为，但尚未开始斗殴的，只能成立犯罪未遂。例如，被告人谭某与齐某等人为赌楼一事发生纠纷，并约好"杀阵"，当时下午4时许，双方各纠集三四十人手持砍刀、梭镖等凶器准备到某广场进行斗殴，被公安局民警及时制止而未遂。因此，对于只需要对刑法条文进行形式的理解就可以推导出既遂的构成要件的犯罪，这种司法逻辑的运用似乎并没有什么问题。

援引"构成要件齐备说"的真正问题在于，对于一些需要对罪状进行实质地理解，或者"既遂的构成要件"与罪状描述有出入的犯罪中，裁判文书也没有提供进一步的解释，例如，诈骗罪的既遂构成是否包含"获取他人财物"，贪污罪的既遂是否要求实际控制公共财物，运输毒品罪的既遂是否只需要"起运"就可以构成等。在这样的案件中，裁判文书中展现的司法逻辑难以充分地说明结论的合理性，因此，有某些案件中，法官会借助犯罪客体理论来说明既遂或者未遂的裁判结果。

案例1：被告人陈某某为赚取钱财，事先与武汉一毒品贩子约定帮助其携带摇头丸到本市，陈某某在武汉取货后，欲乘坐长途汽车回本市，在武汉长途汽车站被查获，从其身上搜获摇头丸300粒。法院认为，被告人陈某某帮助他人运输毒品，虽然还没有运送到目的地，但已实施了运输毒品的行为，对国家对毒品的管理制度造成实质的侵害，齐备了运

---

[1] 参见高铭暄、马克昌主编：《刑法学》（第4版），北京大学出版社、高等教育出版社2010年版，第606页；王作富主编：《刑法》（第5版），中国人民大学出版社2011年版，第440页；陈兴良：《判例刑法学》（下卷），中国人民大学出版社2009年版，第522页。

[2] 参见张明楷：《刑法学》（第4版），法律出版社2011年版，第933页。

输毒品罪的全部构成要件，成立运输毒品罪既遂。

运输毒品罪在理论上有"起运说""运达目的地说"等多种观点，[1]但是，这个案件的法官并没有说明运输毒品罪的既遂到底需要具备哪些构成要件，而将"是否齐备了运输毒品罪的全部构成要件"的判断交给了"行为是否实质地侵害了国家对毒品的管理制度"。这种司法逻辑显然混淆了犯罪成立与犯罪既遂之间的界限，因为犯罪的成立（包括犯罪未遂）是以侵害了犯罪客体为前提的，是否侵害犯罪客体不能成为既遂与未遂之间的实质界限。

从裁判文书来看，"构成要件齐备说"并不是常见的既遂判断标准，而且，因为"既遂的构成要件"这个概念本身就具有不明确的缺陷，无法为司法判断提供进一步的规范性标准，法官在处理争议较大的案件时，即使援引"构成要件齐备"说，也不是将它作为一种"判断标准"来使用，而只是作为司法结论的一个"注脚"。从这个意义上来说，对"构成要件齐备说"作为犯罪既遂认定标准的"形式主义"[2]和"混淆犯罪成立与犯罪既遂"[3]的批评，也许并不为过。

2. 犯罪既遂类型标准的援引

类型标准的研究是将所有犯罪进行分类，分别描述各类犯罪的既遂标准。在样本52个案件的裁判文书中，法官援引行为犯和危险犯的既遂标准作为裁判的依据或理由，占案件总数的23.1%，涉及的罪名包括拐卖妇女、儿童罪（14个）、非法经营罪（17个）、放火罪（13个）、运输毒品罪（7个）和倒卖伪造的有价票证罪（1个）。

(1) 危险犯。

中国刑法理论关于危险犯的既遂标准，主要有"危险状态说"和"犯罪结果说"两种观点，前者认为，危险犯的既遂标准并非造成物质性的有形的犯罪结果，而是法定的客观危险状态；[4]后者认为，危险犯既遂应当是指发

---

[1] 参见高格：《定罪与量刑》，中国方正出版社1999年版，第325页；赵秉志主编：《毒品犯罪研究》，中国人民大学出版社1993年版，第122页。
[2] 参见刘之雄：《犯罪既遂论》，中国人民公安大学出版社2003年版，第24~25页。
[3] 参见侯国云：《对传统犯罪既遂定义的异议》，载《法律科学》1997年第3期。
[4] 参见高等教育出版社组编：《刑法学通论》，高等教育出版社1993年版，第189页；高铭暄、马克昌主编：《刑法学》，北京大学出版社、高等教育出版社2000年版，第150页。

生了行为人所追求的、行为性质所决定的犯罪结果，或者发生了"并非行为人所追求的、但属于法规范所要求的结果"。[1] 样本中共有 21 个"放火但尚未造成严重后果"的案件，法官在 12 个案件中援引危险犯既遂的"危险状态说"作为裁判依据或理由，在 1 个案件中可以发现有"犯罪结果说"运用的痕迹。

从裁判结果来看，援引放火罪既遂的"危险状态说"，一般都为了说明犯罪既遂的成立，尚未发现援引该标准来解释未遂的构成。

一方面，在这类案件的裁判文书中，犯罪成立和犯罪既遂都以"危害公共安全"作为全部或部分裁判依据或理由，而且，通常都不说明两者之间是否存在区别。

案例 2：某日晚 23 时许，被告人周某来到被害人刘某租住的房间寻找其妻，踢开两个房间的门，见房内无人，遂用打火机将刘某的几件衣服点着扔在房间地面上离开。因刘某及时发现把火熄灭，未造成严重后果。法院认为，被告人为泄私愤而放火焚烧他人物品，虽未造成严重后果，但危及所在建筑及周围建筑内的人身、财产公共安全，其行为构成放火罪。且被告人实施了放火行为，具有危害公共安全的危险，其行为构成既遂，因放火罪属危险犯，并不以造成严重后果为既遂标准。

这是该类案件判决典型的表述方式，"危害公共安全"同时承担着说明犯罪成立和犯罪既遂的理论任务。这种说理形式在结论为既遂的案件中，尚不存在逻辑上的矛盾，但是，如果在结论为未遂的案件中，以"不具有危害公共安全的危险"来说明未遂的构成，就会出现前后矛盾的现象。因此，放火罪（未遂）的判决只用"危害公共安全"来说明放火罪的成立，而不使用"没有危害公共安全的危险"来解释未遂的构成。

案例 3：被告人谭某某因生活琐事欲行报复，在他人房屋周围泼洒汽油并欲用打火机点火，被群众和被害人当场控制未能点燃；法院认为，被告人为报复他人，意图放火焚烧他人房屋，危害公共安全，其行为已

---

[1] 参见刘明祥：《论危险犯的既遂、未遂与中止》，载《中国法学》2005 年第 6 期。

构成放火罪，被告人已经着手实施犯罪，由于意志以外的原因而未得逞，系犯罪未遂。

从两个判决的形式分析可以看出，在犯罪成立的意义上，未遂的放火和既遂的放火都"危及公共安全"，因此，从逻辑上讲，"具有危害公共安全的危险"自然只能用来解释既遂的成立，而这对于一种"判断标准"来说是不够的，因为一种判断标准不仅需要能够从正面说明既遂的成立，而且应当能够从反面解释既遂的不成立。

另一方面，援引"造成公共安全的危险"作为放火罪既遂的判断标准，法官一般只强调从反面将"造成严重后果"排除出既遂的成立条件，但是，对于从正面证明既遂成立的"具有危害公共安全的危险"，却不重视其区别于"犯罪成立条件的危害公共安全"的特征，容易形成"只要有公共危险就构成既遂"的基本观念，从而使得在面对具体案件时倾向于既遂的认定。

序号	放火对象	放火行为	实际损害
1	框架结构房屋	将汽油泼洒在地上点燃	二人被烧至轻伤
2	公共场所内小汽车	将沾上汽油的衣服点燃后扔进车内	被害人左手被烧伤，未达轻微伤
3	砖混结构房屋	泼洒汽油引燃后离开	部分家具被烧毁
4	居民楼附近的木棚	泼洒汽油点燃后离开	棚内财物被烧毁
5	钢筋混凝土房屋	在厨房内倒汽油后点燃	厨房部分物品被烧毁
6	酒店内财物	点燃房间内床单后离开	床单、床垫被烧毁
7	在人口密集的街道自焚	往自己身上倒汽油，刚点燃即被消防人员扑灭	行为人自己被烧伤，无其他损害
8	砖混结构房屋	往木门洒柴油后点燃	火被扑灭木门被烧黑
9	框架结构房屋	将屋内几件衣服点燃后扔在房间地面上离开	几件衣服被烧毁
10	砖混结构房屋	点燃屋内衣物后离开	点燃的衣物被烧
11	砖混结构房屋	在屋内倒食用油后点燃	火被扑灭无实际损害
12	砖混结构房屋	将房门口的杂物点燃	火被扑灭无实际损害

这12个案件，法院均以"造成公共安全的危险"为理由认定为放火罪既遂。在情形1至6的案件中，放火行为尽管未造成法定的严重后果，但是确实给他人的人身或财物造成了物质性的损失，可以认为存在超越了"成立放火罪所要求的危害公共安全的危险"的情节。但是，在情形8至12的案件中，放火行为无实际损害或只造成了极其轻微的物质性损害，充其量只能认为具备了"成立放火罪所要求的危害公共安全的危险"，进一步认定为既遂显然有些牵强。在情形7中，被告人的行为只造成了自身的损害，法院的结论同样值得商榷。

因此，以"具有危害公共安全的危险"这样一个抽象的概念作为放火罪既遂的判断标准是不妥当的，不仅在形式上无法说明犯罪成立与犯罪既遂之间的区别，而且在实质上也容易不当地扩大放火罪既遂的范围。

尽管如此，放火罪既遂的"危险状态说"在当前中国刑法理论界仍然属于通说，法院也倾向于援引该理论作为既遂的判断标准，唯一的例外案件是援引"犯罪结果说"来说明行为不构成犯罪既遂。

案例4：被告人万某自认为被害人李某甲反对其女儿李某乙和他谈恋爱，遂怀恨在心。某日凌晨，被告人来到李某甲家住房后面，用携带的打火机先点燃蜡烛，再用蜡烛将李家住房内的窗帘抽出点燃，后被李某甲夫妻发现并被李某甲及邻居当场抓获后被送交公安机关。法院认为，上诉人万某出于报复心理，深夜故意放火焚烧他人住宅，危害了公共安全，其行为已构成放火罪。万某刚点燃窗帘即被人发现将火扑灭了，由于意志以外的原因尚未造成后果，属未遂。

在此，法院同样承认放火行为已经危害了公共安全，构成放火罪，但是由于没有发生财物被烧毁的"后果"（法院并没有用"严重后果"），应当构成犯罪未遂。法院的这种司法逻辑是值得肯定的：犯罪既遂需要在"成立犯罪所要求的公共危险"之外，援引更进一步、更具体的规范性标准。

（2）行为犯。

在犯罪既遂理论中，行为犯有两种存在方式：一是与结果犯、危险犯和举动犯并列的行为犯，行为犯只有当实行行为达到一定程度时，才能够构成既遂，而举动犯的既遂以着手实行犯罪为标志；[1]二是与结果犯、危险犯并列的行为犯，行为犯又分为过程犯和举动犯，过程犯是以行为实施到一定程度作为既遂标准，而举动犯只要行为人着手实行就构成既遂。[2]司法实践中，法官是在第二种意义上援引行为犯的既遂标准的。

在7个运输毒品案件中，法院认为，运输毒品是行为犯，只要行为人客观上实施了运输毒品的行为，即构成运输毒品罪既遂，至于毒品是否运送到目的地，不影响既遂的构成。但是，在倒卖伪造的有价票证案件中，法院采用的是完全不同的思路。

案例5：被告人李某某以人民币200元的价格，倒卖12张伪造的演唱会门票给任某，随后，公安人员在其住处缴获尚未售出的伪造的演唱会门票2665张，票面价值人民币579 040元。法院认为，上诉人李某某倒卖伪造的演唱会门票，票面数额巨大，已构成倒卖伪造的有价票证罪。其中，票面价值为579 040元的伪造的演唱会门票尚未出售，应属犯罪未遂，因倒卖伪造的有价票证罪属行为犯，应以完成出售行为为既遂标准。

与运输毒品罪的既遂判断一样，法院认为倒卖伪造的有价票证罪也是行为犯，但援引的既遂标准却完全不同，前者事实上被确定为举动犯，而后者属于过程犯。这种情况不仅在不同罪名之间会出现，在同一罪名的既遂判断中，法院也会援引不同的既遂标准。

14个拐卖妇女、儿童案件包括两种情形：①有3个案件的行为人出卖自己的亲生子女，因此，未实施之前的"拐骗、绑架、收买"行为；②11个案件的行为人以出卖为目的，分别实施了拐骗、绑架、收买、贩卖、接送、中转妇女、儿童的一个或数个行为。

在3个"出卖自己的亲生子女，尚未卖出"的案件中，行为人只实施了"出售"行为，法院作出了不同的判决。在2个案件中，法院认为，"被告人将自己亲生子女予以出卖，其行为已构成拐卖儿童罪，但由于意志以外的原

---

[1] 参见马克昌主编：《犯罪通论》，武汉大学出版社1991年版，第473页；高铭暄、马克昌主编：《刑法学》，北京大学出版社、高等教育出版社2000年版，第149~150页。

[2] 参见姜伟：《犯罪形态通论》，法律出版社1994年版，第115~116页。

因，尚未完成犯罪行为，系犯罪未遂"，这是一种过程犯的思路；而在另一起案件中，法院认为，"被告人出卖自己亲生子女的交易虽未成功，但拐卖儿童罪是行为犯，一旦实施该行为，即为既遂"，显然，该案法官认为拐卖儿童罪属于举动犯。

在其余的 11 个案件中，有 7 个拐卖儿童案件的法官认为，拐卖妇女、儿童罪是行为犯，犯罪既遂以实施了拐骗、绑架等行为为标准，被告人以出卖为目的，使幼儿脱离其父母的监护，置于自己的控制之下，已完成了犯罪行为，是否卖出儿童不影响既遂的构成。[1]但是，在其他 4 个案件中，法院认为，拐卖妇女、儿童罪是行为犯，只要行为人以出卖为目的，实施了拐骗、中转、接送等行为，即构成既遂。[2]在形式上同样被视为"行为犯"，但援引的既遂标准却不同。

在非法经营罪的既遂判断中，首先遭遇的问题是，非法经营行为的购买、储存、运输和销售，对于既遂认定是否具有同等意义？一种观点认为，应当将各个环节的行为同等对待；另一种观点认为，非法经营罪应当参照生产、销售伪劣产品罪和销售假冒注册商标的商品罪的未遂标准，将尚未开始销售的行为认定为未遂。[3]在样本 17 个非法经营案件中，只有一个案件采用第二种观点。

案例 6：被告人罗某某伙同被告人张某某驾驶五十铃汽车非法从广东省深圳市购入卷烟 4950 条（价值 618 750 元）后准备回本市销售，在途中被公安机关查获。法院认为，非法经营行为的核心在于销售，如果卷烟尚在运输途中，只是对烟草专卖制度造成潜在的威胁，只有进入销售环节，才对该制度构成实质威胁，才能构成既遂。被告人购进的卷烟在运输过程中被查获并收缴，应当认为系犯罪未遂。

---

〔1〕 刑法理论上多持这种观点，参见陈兴良主编：《罪名指南》（上），中国政法大学出版社 2000 年版，第 686 页；张明楷：《刑法学》（第 4 版），法律出版社 2011 年版，第 799~800 页；王作富主编：《刑法分则实务研究》（中），中国方正出版社 2010 年版，第 890 页。

〔2〕 理论上对这种观点的支持，参见赵秉志主编：《中国特别刑法研究》，中国人民公安大学出版社 1997 年版，第 688~689 页。

〔3〕 具体论述参见张建、俞小海：《涉烟非法经营罪未遂之辨正》，载《法学》2013 年第 2 期。

但是，这种判决并非司法实践的常态，一般情况下，法院认为非法经营行为包括购买、储存、运输、销售等环节，各环节的行为均扰乱了正常的市场秩序，均属于独立的非法经营行为，只要符合行为犯的既遂标准，就构成犯罪既遂。[1]在16个案件中采用第一种观点的非法经营案件中，有15个案件法院以"非法经营罪是行为犯，行为人只要实施为倒卖而购买、储存、运输或出售行为之一的，即构成犯罪既遂"。

案例7：被告人冯某某打电话给被告人李某某，要他准备好钱到吉林省长春市做返销香烟的生意，并答应赚的钱有其一份。李某某表示同意并打电话委托陈某某帮其运输这批香烟。12月27日，李某某、陈某某等人到长春提取了香烟，返回途中即被公安机关抓获，香烟也全部被缴获。法院认为，非法经营罪是行为犯，只要实施了非法经营罪购买、储存、运输等任何一个环节，即属犯罪既遂。被告人已实施了为倒卖香烟购买、运输的行为，均构成非法经营罪既遂。

因此，非法经营罪在司法实践中尽管在形式上被表述为"行为犯"，但实际上在绝大部分案件中倾向于确定为举动犯，并援引举动犯的既遂标准作为裁判的依据或理由，唯一例外的案件把"卖方发货给被告人，货物运输途中被查获"的情形认定为犯罪未遂，裁判理由为：非法经营罪属行为犯，应以行为完成为既遂标准，被告人尚未完成购买和运输行为，系犯罪未遂。

总体看来，援引作为危险犯既遂标准的"危险状态说"进行裁判不仅难以与犯罪成立条件相区分，无法解释未遂的构成，而且容易造成犯罪既遂的不当扩张，而"犯罪结果说"只在极少数案件中被运用。行为犯既遂标准的

---

[1] 以犯罪客体来说明这种观点的合理性，明显是不成立的，混淆了犯罪成立与犯罪既遂的关系，犯罪客体只是证明犯罪成立的一个方面要件，但不是成立犯罪既遂的充分条件。销售伪劣产品罪、销售假冒注册商标的商品罪是可以类比的罪名，以销售为目的而购买伪劣产品或者假冒注册商标的商品同样破坏了正常的市场秩序，但是，司法解释和示范案例都将该种情形认定为未遂。参见2001年《关于办理生产、销售伪劣商品刑事案件具体应用法律若干问题的解释》第2条规定：伪劣产品尚未销售，货值金额达到刑法第一百四十条规定的销售金额的三倍以上的，以生产、销售伪劣产品罪（未遂）定罪处罚。在"杨永胜销售假冒注册商标的商品案"中，法院也将已购买尚未开始销售的行为，认定为犯罪未遂。参见最高人民法院刑事审判第一、二、三、四、五庭主办：《刑事审判参考》（2007年第5集·总第58集），法律出版社2008年版，第13页。

援引，存在着摇摆于"过程犯"和"举动犯"之间的问题，法官可以在形式上援引"行为犯"的既遂标准，而实质上既可以采用"过程犯"也可以采用"举动犯"的观点，使司法结论具有极大的不确定性。在非法经营罪和运输毒品罪中，更倾向于在实质上援引"举动犯"的既遂标准。

3. 犯罪既遂具体标准的援引

具体标准是以某个罪名为基础的既遂标准，例如，盗窃罪的既遂标准包括接触说、转移说、隐匿说、损失说、失控说、控制说和"失控+控制说"等七种观点。[1] 援引具体标准来判断行为是否构成既遂，是司法实践中最常用的方法，在样本142个案件中，法官援引各种具体犯罪的既遂标准进行裁判，占案件总数的63.1%，涉及罪名包括盗窃罪（53个）、抢劫罪（17个）、抢夺罪（21个）、绑架罪（18个）、贩卖毒品罪（26个）、放火罪（5个）、脱逃罪（2个）。

（1）趋于一致的理论选择。

有些犯罪的既遂标准在司法实践中争议不大，法官的选择趋于一致，例如，脱逃罪的既遂标准均采用了"行为人逃脱了监管"。

放火罪的既遂判断，法官除了援引危险犯的类型标准进行裁判外，还在其中5个案件采用了"目的物独立燃烧说"，即只要放火的行为将目的物点燃后，已经达到脱离引燃媒介能够独立燃烧的程度，即使没有造成实际的危害结果，也应视为本罪既遂。[2] 因此，如果目标物没有独立燃烧或者不能独立燃烧，就不构成放火罪既遂。例如，被告人已着手实施放火，但点燃后火势即自动熄灭，无法独立燃烧，法院认为，被告人的行为没有导致目的物达到独立燃烧的程度，系放火罪未遂。但是，司法实践中如何理解"目的物独立燃烧"，仍然是一个问题。

案例8：被告人黄某某因感情纠纷欲对刘某进行报复，某日下午3时许，被告人黄某某溜进刘某家厨房，将厨房用纸和抹布洒上汽油后点燃，并随手扔至煤气灶旁后离开。刘某发现后将火扑灭，未造成财物的实际

---

〔1〕 参见高铭暄主编：《新中国刑法学研究综述（1949—1985）》，河南人民出版社1986年版，第642页。

〔2〕 参见高铭暄、马克昌主编：《刑法学》，北京大学出版社、高等教育出版社2000年版，第485页。

损害。法院认为，被告人为泄私愤，放火焚烧他人房屋，虽未造成严重后果，但危及公共安全，其行为已构成放火罪。案发时，对象物已被点燃，并在靠近煤气管道处独立燃烧，且当时厨房内还有其他易燃物品，足以危及公共安全，应当构成犯罪既遂。

案例9：被告人朱某因生意问题与郑某发生冲突，2009年某日晚，被告人朱某将点燃的布条等物抛进郑某房内，致被害人阳台上的窗帘和部分衣物被点燃，被害人发现后及时将火扑灭。法院认为，被告人放火焚烧他人物品，危及不特定人的生命和财产安全，其行为已构成放火罪。虽然窗帘和部分衣物被点燃并能独立燃烧，但由于周围并没有易燃物，而且火势很快被扑灭，被告人的行为应属犯罪未遂。

从两个案件的判决理由来看，"独立燃烧"不是一个纯事实的概念，也包含着规范评价。中国刑法规定的放火罪是具体危险犯，"是否独立燃烧"不只是一个是否开始燃烧、燃烧本身面积大小问题，而是燃烧状态是否构成了对生命、身体、财产威胁的问题，〔1〕只要火势尚未造成公共危险，就有成立犯罪未遂的余地，而公共安全的危险性，应该体现于发生了"火势蔓延"的危险。〔2〕但是，这样一来就形成一种无意义的循环，危险犯以形成危险状态作为既遂标志，〔3〕而是否形成危险状态以"目的物独立燃烧"为标准，但目标物是否独立燃烧又要根据是否造成公共危险来判断。〔4〕

关于绑架罪的既遂标准，司法实践中一般采用"绑架行为完成说"，即在主观上有勒赎或者其他不法目的之前提下，客观上已实际控制人质、将其置于自己实力支配之下，绑架罪就已经既遂，而不要求相应目的的具体实现。〔5〕这

---

〔1〕 参见张明楷：《未遂犯论》，中国法律出版社、日本成文堂1997年版，第179页。

〔2〕 参见 [日] 山口厚：《刑法各论》，王昭武译，中国人民大学出版社2011年版，第452~453页。

〔3〕 参见高等教育出版社组编：《刑法学通论》，高等教育出版社1993年版，第189页。

〔4〕 "目标物重要部分开始燃烧说"同样存在这个问题，因为目标物重要部分开始燃烧，才能构成放火既遂，而是否重要部分不是从建筑物的效用来判断，而是从公共危险的角度进行判断。参见张明楷：《未遂犯论》，中国法律出版社、日本成文堂1997年版，第169页；[日] 西田典之：《日本刑法各论》（第3版），刘明祥、王昭武译，武汉大学出版社2007年版，第226页。

〔5〕 高铭暄、马克昌主编：《刑法学》（第5版），北京大学出版社、高等教育出版社2011年版，第477页。

种观点在犯罪既遂一般标准上采用"构成要件齐备说",在绑架客观行为上采用"单一行为说",[1]认为"勒赎型"绑架只要以勒索财物为目的,将被害人实际控制,就已经齐备了绑架罪的全部构成要件。样本19个绑架案件中,有18个采用该标准认定犯罪既遂,判决理由也很一致,"只要实施了劫持他人的行为,就侵害了被害人的人身权利,即构成既遂,是否勒索到财物不影响本罪的既遂构成。"而且,绑架罪法定刑的修正并没有对法官的司法选择造成影响。[2]唯一的例外出现在绑架罪中止与既遂的争议案件中。

案例 10:某日凌晨1时许,被告人艾某、魏某、杨某、胡某等人相约在本市某酒店二楼一包厢内玩,因怀疑在此跳舞的王某甲、王某乙兄弟俩是贼,偷了魏某的金项链,遂对两人进行殴打并强行将其从歌舞厅带至本市某大厦223号房,不久被告人罗某也赶到。在房内胡某等五人又对王氏兄弟进行了分开审问和殴打,胡某还持跳刀进行威胁,并要王氏兄弟赔偿28 000元。期间,胡某、罗某等人逼迫王某甲向其朋友陶某某等人打电话要求拿钱赎人,并威胁不拿钱赎人就要王氏两兄弟死。在同日凌晨6时30分许,胡某等人在拿不到赎金的情况下,将王氏兄弟二人当作贼送至公安机关。公安机关经调查,未发现王某甲、王某乙有盗窃嫌疑。王某甲、王某乙两兄弟分别被打伤致轻微伤甲级。

一审法院以绑架罪(中止)分别判处被告人三至五年不等的有期徒刑,检察机关并未提起抗诉,被告人上诉后二审法院以绑架罪(中止)维持原判。如果以该法院一贯的态度,该案的被告人以勒索财物为目的,已经有效地控制了被绑架人,应当毫无疑问地构成绑架罪既遂,但是,法院在未说明裁判理由的情况下作出了犯罪中止的判决。

(2)形式不同但实质一致的选择。

在财产犯罪(包括抢劫罪、盗窃罪和抢夺罪)的既遂判断中,除了抢劫罪中需要考虑人身伤害问题,其他犯罪都只需要确定财物的占有状态。就财

---

[1] 详细论述参见张明楷:《绑架罪的基本问题》,载《法学》2016年第4期。
[2] 关于法定刑对绑架罪认定的制约的相关论述,参见阮齐林:《绑架罪的法定刑对绑架罪认定的制约》,载《法学研究》2002年第2期;付立庆:《绑架罪既遂标准的重新论证——以刑法修正案(七)的相关修改为背景》,载《法学评论》2012年第1期。

物方面而言，司法实践一般采用以"对财物的控制"为基础的观点，包括失控说（被害人失去对财物的控制）、控制说（行为人实际控制了财物）和"失控+控制说"（一方面是被害人对财物失去控制，另一方面是行为人对财物实际控制），[1]但任何一种观点都没有获得普遍的认同。考察样本91个财产犯罪案件的既遂判断，从裁判文书的形式来看，有40个案件采用"失控+控制说"，17个案件采用控制说，34个案件采用失控说，三种观点都得到不同程度的使用。

但是，从实质上看，司法实践偏向失控说。通常情况下，由于控制是一种排他的占有，只要行为人实际控制了财物，就意味着被害人失去了对财物的控制，很难想象有"行为人已经控制财物，而被害人未失去对财物的控制"这种情况。因此，"失控+控制说"实际上就是控制说，法官的选择只存在于失控说与控制说之间。大部分案件采用失控说和控制说在结论上并没有区别，即使在"抢夺行为人夺取财物后，在逃跑过程中被紧追的被害人或其他人抓获"的案件中，争议的问题也不是"应当采用失控说还是控制说"，而是如何理解"控制"和"失控"这两个概念。

失控说与控制说的实质差异，体现在这样的案件中：被害人失去了对财物的控制，而行为人也未实现对财物的有效控制。样本中这样的案件主要有两种情形：

其一，财物在行为当时就被毁坏或丢失，法院采用"失控说"认定为犯罪既遂。例如，被告人张某抢夺被害人孙某戴在脖子上的金项链，项链被扯断后掉入旁边的河中，未能找回；法院认为，被告人的抢夺行为已使财物脱离了被害人的控制，应属犯罪既遂。

---

[1] 杨春洗等主编：《中国刑法论》（第3版），北京大学出版社2005年版，第362页。随着2011年《刑法修正案（八）》将扒窃、入户盗窃、携带凶器盗窃入刑，有人提出这些盗窃罪属于行为犯，一般不存在未遂，参见熊红文：《扒窃型盗窃罪是行为犯一般不存在未遂》，载《检察日报》2015年3月16日，第3版；司法实务中，也有一些法院支持这种观点，例如，"艾某某盗窃案"，江西省南昌市东湖区人民法院（2014）东刑初字第465号刑事判决书；但是，理论与实务界的主流观点仍然认为，这些犯罪与普通盗窃罪一样，适用相同的既遂标准，例如，"刘某盗窃案"，湖北省孝感市中级人民法院（2015）鄂孝感中刑终字第00147号刑事裁定书；参见许文辉等：《扒窃行为如何适用法律》，载《人民检察》2013年第8期；张明楷：《盗窃罪的新课题》，载《政治与法律》2011年第8期。样本案例中的相关案件都认为，这些新型盗窃罪与传统盗窃罪一样，都有既遂与未遂之分，并适用传统盗窃罪的既遂标准。

第四章 未遂与共犯：犯罪的两种特殊形态

其二，被害人失去控制与行为人控制财物存在"时间差"，法院通常也运用"失控说"认定为犯罪既遂。

案例 11：某日晚 10 时许，被告人叶某某、万某某经事先商量，翻墙进入某工厂仓库，盗得不锈钢管三根（价值人民币 1976 元），扔至厂区围墙外，后二被告人在用三轮车前往转移赃物时，在途中被工厂保安人员发现并抓获。法院认为，被告人已使财物脱离了财产所有者的控制，已完成盗窃罪的全部构成要件，应当认定为犯罪既遂。

在类似的案件中，尽管法院最终的结论认定为犯罪未遂，但是，裁判理由也是以"被害人未失去对财物的控制"为基础的。

案例 12：某日凌晨 3 时许，被告人邹某、刘某某盗得价值人民币 7776 元的 9 箱 5 毫升的一次性注射器搬出仓库后，将赃物从锅炉房顶抛出厂区乘面包车返回家中，经商量，被告人邹某、刘某某各骑一辆摩托车前往厂区外欲将赃物运回，由于失主及时发现并在此守候而未能取走赃物。法院认为，将赃物抛出厂区后，二人准备用摩托车运回时，该货物已被受害单位控制，受害单位并没有失去对财物的控制，而被告人也未获得对该批货物的实际控制，应认定为犯罪未遂。

失控说的实质偏向体现了司法实践对刑法的法益保护功能的重视，即使理论上认为，以财物所有者或占有者是否遭受财产损失或是否失去对财物的控制作为既遂标准，在方法论上存在缺陷，[1]也不影响法官的基本态度。

（3）变幻不定的理论选择。

关于贩卖毒品罪的既遂标准，在理论上主要存在契约说（当贩卖毒品的买卖双方意思达到一致，也即双方达成毒品买卖契约的，就应当认为构成既遂）、[2]交易说（贩卖毒品犯罪的既遂与否，应以毒品是否进入交易环节为准）、[3]交付说（如果行为人没有交付毒品，而仅与他人达成协议，不能认

---

[1] 参见刘明祥：《财产罪比较研究》，中国政法大学出版社 2001 年版，第 192 页。
[2] 参见于志刚：《毒品犯罪及相关犯罪认定处理》，中国方正出版社 1999 年版，第 132 页。
[3] 参见蔺剑：《毒品犯罪的定罪与量刑》，人民法院出版社 2000 年版，第 174 页。

为贩卖毒品行为人构成既遂）等观点，[1]而任何一种观点都没有获得压倒性优势。司法实践曾倾向于"交付说"，[2]但近年来，随着毒品犯罪刑事政策的陆续颁布，[3]特别是最高人民法院原副院长张军在讲话中提到，"在毒品犯罪既遂与未遂的认定上，应当以有利于依法严厉惩罚犯罪为原则。具体判定时如产生争议、把握不准的，应按照从严打击犯罪的要求，认定为既遂。就贩卖毒品罪而言，只有在出现极为典型的未遂情形下，才按照犯罪未遂来处理，"[4]贩卖毒品罪的既遂标准逐渐变得变幻不定、难以捉摸。尽管从理论上讲，刑事政策由于其本身具有意向性、灵活性、动态性、开放性等特性，[5]不宜直接作为定罪量刑的依据，但是，在样本26个贩卖毒品案件的裁判文书中，有2个案件直接提到"根据相关刑事政策"，而其他案件从判决理由和结论来看，刑事政策对刑法理论的采纳和司法结论的形成具有明显的导向性作用。

贩卖毒品行为可能涉及三方当事人，毒品卖方、（以贩卖为目的的）毒品买方[6]和中间方（例如，毒品买卖的介绍人、中介等），而中间方的犯罪形态不具有独立的判断标准，通常都是根据毒品卖方或买方的犯罪形态来确定。

如果案件证据表明行为人只实施卖出毒品行为，法院在大部分案件中采用"交易说"的标准，即只要毒品进入实际交易环节，行为人就构成犯罪既遂。司法实践中，只要毒品交易双方就数量、价格等基本事项达成一致意见，毒品即已进入实际交易环节，无论是否交付毒品，是否收取毒资，均构成犯

---

[1] 参见王作富主编：《刑法分则实务研究（下）》（第4版），中国方正出版社2010年版，第1575页。

[2] 参见梁彦军、何荣松：《贩卖毒品罪认定中的几个争议问题》，载《武汉大学学报（哲学社会科学版）》2013年第5期。

[3] 参见2000年最高人民法院《关于审理毒品案件定罪量刑标准有关问题的解释》、2000年《全国法院审理毒品犯罪案件工作座谈会纪要》、2004年12月最高人民法院姜兴长副院长在全国法院刑事审判工作座谈会上的讲话等。

[4] 参见张军：《在全国部分法院审理毒品犯罪案件工作座谈会上的讲话（节录）》，载最高人民法院刑事审判第一、二、三、四、五庭主办：《刑事审判参考》（2009年第2集·总第67集），法律出版社2009年版，第212页。

[5] 参见梁根林：《刑事政策：立场与范畴》，法律出版社2005年版，第21页。

[6] 参见最高人民法院《关于执行〈全国人民代表大会常务委员会关于禁毒的决定〉的若干问题的解释》第2条规定：贩卖毒品，是指明知是毒品而非法销售或者以贩卖为目的而非法收买毒品的行为。

罪既遂。但是，在有些案件中，毒品交易双方并未就交易基本事项达成一致意见，只约定了交易地点，在前往交易地点的途中被抓获，法院就不采用"交易说"，而是认为"贩卖毒品包括买入和卖出两个环节，只要实施其中一个环节即构成既遂，被告人促使毒品成交，其行为应视为既遂"，[1]或者以"为贩卖而非法持有毒品"为既遂标准进行裁判。

案例 13：2007 年某日 15 时，张某某（吸毒人员）发短信给被告人蒋某某，意图购买 500 元的摇头丸，双方约定在本市某鱼头馆见面。被告人蒋某某携带毒品前往交易地点的途中被抓获，从其身上搜获毒品。法院认为，当被告人蒋某某与张某某约定交易地点，携带毒品前去交易，就已构成既遂，因为贩卖毒品罪以"为贩卖而非法持有毒品"为既遂标准。

但是，在另一个案件中，被告人在他人购买毒品后受委托帮助其卖出毒品，刚拿到毒品即被抓获，行为人显然属于"为了贩卖而持有毒品"，但法院认为毒品尚未进入交易环节，系犯罪未遂。

因此，法院并不是真的认为"为贩卖而非法持有毒品"就构成既遂，而是在刑事政策的影响下，进行了（未必合理的）推定。最高人民法院原副院长张军在讲话中明确指出，"毒品交易双方约定交易地点后尚未见面，在路途中即被抓获的，对于卖方，仍应认定为犯罪既遂，因为他是为卖而买到毒品，或者为卖而通过走私、制造获得了毒品。"[2]应当认为，行为人实际上不是因为其"持有毒品"而构成既遂，而是因为持有之前的"购买毒品"或者"走私、制造毒品"（这两种情形另有独立的罪名）而构成既遂，法院在此进行了关于毒品来源的推定，其实质上仍然强调"行为人已经完成了毒品的交易行为"，或者"走私、制造毒品的行为"。但是，案件证据毕竟并没有显示其实

---

〔1〕 案情：被告人吴某某接到"星子"的电话，称有人要去贩卖毒品，让其帮忙看货，成交后由其支付 1000 元好处费，吴某某当即答应。随后胡某某电话告知吴某某在本市"某大酒店"见面，随后两人各自骑摩托车来到火车站旁边的地道口，吴某某在地道口等待二十分钟后，胡某某见旁边无人，将一包麻古塞到吴某某手中，吴某某又将麻古藏摩托车座位下面，后两人开摩托车到本市"某商务宾馆"准备交易，刚进入宾馆即被抓获。此处的分析是针对吴某某犯罪形态的认定问题。

〔2〕 参见张军：《在全国部分法院审理毒品犯罪案件工作座谈会上的讲话（节录）》，载最高人民法院刑事审判第一、二、三、四、五庭主办：《刑事审判参考》（2009 年第 2 集·总第 67 集），法律出版社 2009 年版，第 212 页。

施了购买、走私、制造毒品的行为,这样的推定并不符合"排除合理怀疑"的程序性要求。

如果案件证据表明行为人为贩卖而实施了购买毒品的行为,法院根据相关司法解释,将"以贩卖为目的而购买毒品的行为"视为独立的贩卖毒品行为,并援引相关的既遂标准进行裁判。

其一,法院在行为人已经完成购买的案件中,以"为贩卖而非法持有或者获得毒品"为既遂标准。例如,被告人李某某通过深圳的"福仔"(在逃)得知有摇头丸出卖后,便问张某(另案处理)是否要摇头丸。张某答应要摇头丸。被告人李某某到深圳后,即与"福仔"联系,以23 000元的价钱,从"福仔"处购买了1000余粒摇头丸。李某某拿到摇头丸后打"的士"到一家托运部,在附近买了一箱方便面,把摇头丸用纸盒包装好后放在这箱方便面之中,并办理了托运手续。被告人李某某在提取托运的摇头丸时被公安机关抓获,从其所取的方便面箱中缴获1016粒摇头丸。法院认为,贩卖毒品罪以具有贩卖故意,且已非法获得毒品为既遂标准,不以毒品是否实际卖出为标准,被告人出于贩卖的目的,已从深圳购买摇头丸回本市,其行为应属既遂。这种情形与案例13的区别在于,有证据表明行为人确实实施了购买毒品的行为。

其二,如果行为人与卖方已就交易基本事项达成一致意见,尚未实际获得或者控制毒品的,法院通常援引"交易说"进行裁判,例如,由于贩卖毒品罪是行为犯,应以毒品进入实际交易为既遂标准,只要毒品的卖方和买方就毒品交易的数量、地点、价格、交易方式等达成一致,并进入实际正常交易的,即为进入实际交易环节,买卖双方均构成犯罪既遂。有些案件中,法院偶尔也会采用"契约说"作出判决。

案例14:被告人宗某某、丁某、周某某经过商量,每人各带50 000元到广州联系被告人侯某某购买摇头丸、K粉,被告人侯某某安排他们入住广州某大酒店1006号房。尔后,被告人丁某、宗某某提出看样品,周某某则提出购买K粉500克,侯某某便联系被告人王某某,让王带1000克K粉来,被告人王某某立即携带1000克K粉从珠海来到广州,与被告人侯某某会合一起来到1006号房进行交易,二人一进房,公安机关即当场抓获五名被告人,并缴获含有氯胺酮成分的K粉1000克及毒资

131 224元。法院认为，根据最高人民法院对"贩卖毒品"所做的解释以及司法实践，由于双方就毒品交易种类、数量、价格、时间、地点等基本交易事项达成一致，那么即使交易双方未能实际完成毒品交易而被公安机关当场抓获的，对毒品交易的双方都应按照既遂处理。

实际上，如果毒品买卖双方就交易基本事项达成一致意见，"契约说"与"交易说"的结论是相同的，司法实践中的"交易说"覆盖了"契约说"成立既遂的条件，换言之，"契约说"所强调的"达成买卖契约"，也就意味着毒品进入实际交易阶段。但是，"交易说"比"契约说"的范围更宽，如果行为人为贩卖毒品而购买毒品，在与卖方商谈过程中，尚未就基本事项达到一致意见即被抓获，在现场搜获毒品的，法院也会援引"交易说"认定为犯罪既遂，因为毒品已经进入实际交易环节。总之，采用"交易说"并对买卖双方都以"进入交易环节"作为既遂标准，容易模糊贩卖毒品罪的既遂未遂界限，但对于贯彻"从严打击毒品犯罪"的刑事政策是更有利的。

在绑架罪、放火罪和脱逃罪的既遂判断中，法院一般都援引理论上的"通说"作为裁判理由，只有少数例外的案件。关于财产犯罪的既遂认定，理论上一般以"失控+控制说"为标准，而司法实践中倾向于采用"失控说"。贩卖毒品罪的既遂标准模糊不清，但结论的倾向性非常明显，就是为了贯彻"从严打击毒品犯罪"的刑事政策，原则上对相关行为按照犯罪既遂处理。

4. 理论发展：以实践为基础的展望

在225个涉及既遂判断案件的裁判文书中，法官在其中215个案件援引各种学术观点进行裁判，占案件总数的95.6%，从形式上看，关于犯罪既遂标准的理论研究确实对司法实践产生了重要的影响。对样本案件中犯罪既遂一般标准、类型标准和具体标准的援引状况进行实质考察，可以发现理论对实践的指导作用是很有限的，这其中当然有法官意志和刑事政策的因素，但是，刑法理论本身也存在一些值得反思的地方。当前中国的刑法理论在比较和借鉴国外学术成果的同时，更应当注意从本国审判实践中寻找发展的方向和基础。理论研究者不仅应当关注强势理论的实践运用状况，更应当关注援引弱势理论的案件和排斥理论援引的例外案件。[1]

(1) 区分立法标准与司法标准。

犯罪既遂不同层次的标准应当被赋予不同的理论任务。一般标准试图从普遍意义上说明所有犯罪的既遂条件，但由于犯罪类型多种多样，各种犯罪都有其自身的特点，将一般标准作为司法标准是不合适的，因为它不能为司法判断提供更明确、更具体的规范性规则，司法实践也较少援引一般标准作为裁判理由。例如，"构成要件齐备说"虽然得到司法实践的普遍认可，但"形式主义"的缺陷使得其根本无法成为一种具有实际意义的"司法判断标准"，在实务中往往沦为一种为司法结论服务的"象征性标准"。

但是，一般标准可以被视为立法标准，因为刑法分则是以一人犯一个既遂罪为标准配置法定刑的，[2]因此，需要一个统一的标准来解释刑事立法中的罪状描述。"目的实现说"显然无法解释为什么"勒赎型"绑架罪的既遂不需要勒索财物目的的实现、许多以营利为目的的犯罪既遂不需要行为人实际上已经营利了，其与法律规定、司法实践以及刑法理论格格不入。[3]"结果发生说"的适用范围同样具有很大的局限性，无法解释行为犯和举动犯的既遂问题。[4]"构成要件齐备说"虽然作为司法判断标准具有"形式主义的缺陷"，但是，将其视为立法标准可以更恰当地解释刑法关于各种犯罪的罪状描述。

可能遭遇的批评是，"构成要件齐备说"混淆了犯罪成立与犯罪既遂的界限。如果认为犯罪未遂与既遂的区别在于犯罪客体是否受到侵害，那么，"构成要件齐备说"确实无法区分犯罪成立与犯罪既遂。但是，犯罪未遂事实上并不是某一方面"要件"的缺失，而是犯罪客观方面某个"要素"的缺失。[5]至于哪个客观要素的缺失导致不能成立既遂，是司法判断的问题，需要根据作

---

[1] 有学者认为，在一门学科内，就争论问题所形成的理论，可以分为强势理论与弱势理论。所谓强势理论，大体是通说或者是多数说；弱势理论，则是少数说乃至个别说。参见张明楷：《刑法学研究的五个关系》，载《法学家》2014年第6期。

[2] 参见高铭暄主编：《刑法学》（修订本），法律出版社1984年版，第173页。

[3] 参见赵秉志主编：《犯罪停止形态适用中的疑难问题研究》，吉林人民出版社2001年版，第65页。

[4] 参见高铭暄、马克昌主编：《刑法学》（第3版），北京大学出版社、高等教育出版社2007年版，第161页。

[5] 参见王志祥：《犯罪既遂新论》，北京师范大学出版社2010年版，第121页。

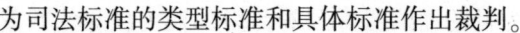

为司法标准的类型标准和具体标准作出裁判。

（2）结果犯、行为犯、举动犯的分类。

在犯罪既遂的司法标准上，应当"去统一化"，将犯罪分为结果犯、行为犯和举动犯，分别设定类型化的既遂标准。

第一，在犯罪既遂判断中，危险犯不宜成为独立的种类，应当分别归属于行为犯或结果犯。"以危险状态的形成"作为危险犯的既遂标准，不仅在形式上不能为犯罪成立与犯罪既遂之间建立界限，不能为犯罪未遂提供合理的解释，而且容易形成"有公共危险的存在就构成既遂"的观念，从而不当地扩大犯罪既遂的范围。即使像放火罪那样以抽象的"目的物独立燃烧说"作为既遂标准，仍然需要以"是否造成公共危险"为依据进行再解释，无法摆脱"公共危险"这个概念给既遂判断带来的不确定性。因此，应当将刑法规定的"危险犯"按照行为类型分为行为犯和结果犯，对其中的行为犯，例如，暴力危及飞行安全罪等，应当以犯罪行为的完成为既遂标准；[1]对于其中的结果犯，例如，放火罪、爆炸罪等，只有造成有形的危害结果才能构成既遂。当然，该类犯罪既遂成立所要求的结果并不是法律规定的"严重后果"，而是超越危险状态的"物质性损害结果"。[2]

第二，应当严格区分行为犯与举动犯。在行为犯既遂标准的援引过程中，实务界有意或者无意地混淆了过程犯与举动犯之间的区别，在不同罪名之间、甚至在同一罪名之间，尽管都使用"行为犯"概念，但判断标准的选择却在"着手实施即既遂"和"行为完成才既遂"之间随意切换。因此，理论上应当坚持区分行为犯和举动犯，行为犯以行为的完成为既遂标准，例如，贩卖毒品罪，拐卖妇女、儿童罪等，而举动犯只要着手实行即构成既遂。对具体犯罪属于行为犯还是举动犯应当明确，因为理论上的一点模糊在司法实践中可能会被无限放大，在非法经营罪既遂判断过程中，对"行为犯"概念的混淆使用便是很好的例证。

第三，结果犯应当以结果的发生为既遂标准，例如，盗窃罪的危害结果体现在被害人失去了财物，因此，犯罪既遂应当以"失控说"为标准。行为犯以行为的完成为既遂标准，对于涉及多环节的行为犯，即使将各环节的行

---

[1] 参见叶高峰主编：《危害公共安全罪的定罪与量刑》，人民法院出版社2000年版，第55页。
[2] 参见刘明祥：《论危险犯的既遂、未遂与中止》，载《中国法学》2005年第6期。

为同等对待,例如,将"以贩卖为目的而购买毒品的行为"视为独立的贩卖毒品行为,[1]将"以出卖为目的,拐骗、绑架妇女、儿童的行为"视为独立的拐卖妇女、儿童行为,将"为贩卖而非法购买、运输货物的行为"视为独立的非法经营行为,也应当以该环节的行为完成为既遂标准,这样可以避免司法实践中该类犯罪既遂未遂界限的模糊不清和随意切换,也可以最大限度地缓解刑事政策造成贩卖毒品罪既遂点不断"前置"(从"卖方交付毒品"一直提前到"买方进入购买的交易环节")带来的消极影响。

(3)具体既遂标准的解释性研究。

在大部分案件中,具体既遂标准确实能够为司法判断提供更明确的规范性标准,但是,有些具体标准本身仍然需要进一步的解释。理论对具体标准进行解释性研究,特别应当注意从司法实践中总结相关规则。例如,从样本案件中财产犯罪的既遂判断,可以归纳出实务界理解"控制"概念的一些规则。

首先,如果行为发生封闭场所内(只有特定人可以自由出入的场所,例如私人住宅、管理严格的工厂等),一般情况下,只要财物没有离开这个场所,都认为被害人没有失去对财物的控制。但是,如果盗窃被害人财物后藏在被害人家中或被害单位某处,被害人或被害单位无法寻获,法院通常认定为既遂。例如,上诉人到某工厂车间行窃,将电脑配件转移至车间某隐蔽处,至案发时被害单位未寻获赃物,法院认为,被害单位未能寻获财物,意味着已失去对被盗财物的控制,应当认定为犯罪既遂。[2]

如果财物已经离开了该封闭场所,通常情况下意味着被害人已失去了对财物的控制,认定为犯罪既遂。即使行为人也未实际控制该财物,也不影响既遂的成立。有争议的问题是,行为人携赃物刚出被害人家门口即被抓获,或者赃物刚离开被害单位就被失主发现,如何认定犯罪形态?

案例15:某日16时许,原审被告人李某见被害人孙某家中二楼窗户

---

[1] 对司法实践这种做法的批评,参见张建、俞小海:《贩卖毒品罪未遂标准的正本清源》,载《法学》2011年第3期;张明楷:《简评近年来的司法解释》,载《清华法学》2014年第1期。

[2] 理论界与实务界支持这种观点的例子,参见张明楷:《盗窃罪的新课题》,载《政治与法律》2011年第8期;不同观点参见"林燕盗窃案",载最高人民法院刑事审判第一、二、三、四、五庭主编:《刑事审判参考》(2009年第3集·总第68集),法律出版社2009年版,第19~25页。

未关,即踩凳翻窗进入孙某家中,窃得一枚戒指和一部手机放于口袋内,刚走出房门即被孙某抓获。法院认为,李某进入孙某家中窃得形状、体积较小的财物放于口袋内走出房门,就应当认为被害人失去了对被盗财物的控制,构成犯罪既遂。

将该案与案例 12 进行比较可以发现,被害人对封闭场所的控制范围,在特定情况下可以延伸至场所外。如果被盗财物体积小、容易携带,行为人携带赃物逃脱的可能性较大,那么,离开该场所通常意味着被害人失去对财物的控制;反之,如果被盗财物体积大、难以转移,失主及时发现后,对赃物的控制力较大,可以认定为犯罪未遂。

其次,如果行为发生在开放场所内(他人可自由出入的场所,例如,银行、酒店、商店、公共交通工具等等),行为类型对于判断犯罪是否既遂,具有重要的意义。对于抢劫、抢夺行为而言,由于能够快速锁定行为人,通常以行为人携带赃物离开该场所,作为"被害人失去对财物的控制"的标准。例如,尽管被告人朱某被被害人及群众抓获,但是其持抢来的钻石戒指逃离了钻石店铺,钻石戒指已在其控制之下,即被害人已经失去了对被抢夺财物的控制,应属抢夺既遂,被害人的追赶不影响既遂的构成。如果行为人尚未离开该场所就被抓获,一般认定为犯罪未遂。[1]

盗窃的情况并不相同,由于盗窃行为当时被害人难以察觉,因此,法院通常不会以行为人是否携带赃物离开该场所为既遂标准,而是认为只要行为人窃取财物时未被发现,就认为被害人失去了对财物的控制,不管行为人是否离开了该场所,也不管行为人实际控制财物的时间长短。在样本案件中,行为人在公共交通工具上扒窃、在酒店大堂盗窃、在商场内盗窃、在 KTV 包房内行窃、在化妆品店内盗窃,尽管行为人在未出该场所即被抓获或者赃物未出该场所,法院仍然认为,虽然行为人很快归还财物,或者很快被控制,或者赃物被寻获,但行为人在窃得财物时,被害人就已经失去了对财物的控制,应当构成犯罪既遂。

最后,如果行为发生在室外公共场所,对于体积大、不易转移的财物,

---

[1] 持该观点的案件,参见"曾贤勇抢劫案",载最高人民法院刑事审判第一庭、第二庭编:《刑事审判参考》(2002 年第 4 辑·总第 27 辑),法律出版社 2002 年版,第 20~26 页。

例如，汽车、摩托车、耕牛等，通常认为只要财物离开作案地点，就脱离了被害人的控制。例如，上诉人盗窃小汽车，推至20米远处的转角处，失主发现被盗后，在附近找到并抓获上诉人，法院认为，上诉人将小汽车推离现场，致使车主失去对财物的控制，系犯罪既遂。但是，如果被盗财物体积小、易携带，例如，现金、手机、手提包等，一般以离开被害人的身体控制为既遂标志，失去控制时间的长短不影响既遂的成立。

行为人窃取财物后，被害人马上发现并追赶，或者行为人抢得财物后，被害人追赶——有时，其他人也加入追赶——将行为人抓获，法院一般认定为既遂，具体判决理由大致包括：上诉人盗窃后逃跑过程中被抓获，但其已盗得财物，被害人在上诉人盗得财物时已失去对财物的控制；上诉人盗窃他人电动车车篮内一钱包，逃离现场几米即被抓获，法院认为被害人已对被盗财物失去控制，上诉人已控制被盗财物；抢走手提包逃离现场时，被害人已失去对财物的控制；抢夺行为发生在公共场合，且被抢财物体积小，上诉人将财物抢夺到手即取得实际控制，被害人已然失去了对财物的控制。但是，在有些案件中，法院采用"目击控制"的概念，认为由于被害人的追赶，财物始终在被害人视线范围内，被害人没有真正失去对财物的控制，行为人虽然暂时控制该财物，但由于行为尚在持续过程中，行为人未确定地控制该财物，被害人最终亦追回了财物，应属犯罪未遂。[1]

（4）理论援引例外案件的关注。

理论发展还可以从理论援引的例外案件中寻找方向和基础。司法实践中有时会例外地援引弱势理论进行裁判，有时甚至不援引理论进行裁判。尽管法官在这类案件中通常都不详细地说明理论援引或者排斥理论的理由，但是，这些案件确实能够促使理论研究者反思当前理论的缺陷和空白。例如，按照"既遂后无中止"的一般原理，只要行为达到既遂，便无中止的可能，但是，司法实践中有些案件，法官为了合理量刑或者其他目的，不援引相关既遂标准，而是在不说明裁判理由的情况下，直接作出成立犯罪中止的裁判，同样

---

[1] 关于目击控制的论述，参见黄祥青：《刑法适用要点解析》，人民法院出版社2011年版，第244~251页。以该理由裁判的案件为犯罪未遂的案件，参见"刘某某抢夺案"，上海市第一中级人民法院（2013）沪一中刑终字第394号刑事判决书；但该案经过上海市高级人民法院再审，认定为抢夺既遂，上海市高级人民法院（2013）沪高刑再终字第6号刑事裁定书。

的情况还发生在抢劫案件中。

案例 16：某日晚上 10 时许，被告人王某等四人（均为女性）在本市一偏僻小巷内，采用胁迫手段，劫得被害人熊某（女）的手机（价值人民币 1600 元）及文曲星（价值人民币 120 元）各 1 台，在逃离现场时因被害人苦苦哀求，又将所劫赃物归还。

抢劫罪中"是否已经劫取财物"通常根据被害人是否失去对财物的控制来判断。从案例 16 的案发地点（晚上 10 时的偏僻小巷，路上几乎没有其他行人）和双方力量对比（四人对一人，均为女性）分析，行为人显然已经取得了对财物的有效控制，而被害人实际上已经失去对财物的控制，因此，应当属于犯罪既遂，"当场主动归还财物"只能是既遂后的一种酌定量刑情节。

但是，这两个案件均以"被告人实施犯罪行为后，有效地防止了犯罪结果的发生，属犯罪中止"这样的理由进行判决。尽管法院未说明具体裁判理由，但是，从判决结果来看，法院显然已经在这两个案件，或者排斥"既遂后无中止"的一般原理，或者否定绑架罪和抢劫既遂标准的主流观点。[1]

在《刑法修正案（七）》生效之前，对于绑架过程中主动释放被绑架人的情形，司法实践有三种处理方案：犯罪既遂并在法定刑幅度内处罚（或以其他原因，例如自首等，减轻处罚）、犯罪既遂并提请最高人民法院决定减轻处罚、[2]犯罪中止并减轻处罚。第一种方案最常见，但容易导致量刑过重；第二种方案运用《刑法》第 63 条第 2 款的规定，在大部分案件中可以实现合理量刑，但由于启动该条款须经各级法院层层上报，最后报到最高人民法院，程序较烦琐，时限也不确定，许多法院并不愿意采用该种方案；因此，法院基于合理量刑的考虑，有时会选择将"绑架后主动释放被绑架人"的情形认定为犯罪中止。

---

〔1〕 抢劫罪的类似案件，参见"张某抢劫案"，福建省晋江市人民法院（2014）晋刑初字第 566 号刑事判决书；"殷学峰抢劫案"，黑龙江省齐齐哈尔中级人民法院（2013）齐刑二初字第 21 号刑事判决书。

〔2〕 例如，"俞志刚绑架案"，载最高人民法院刑事审判第一、二、三、四、五庭主办：《刑事审判参考》（2008 年第 4 集·总第 63 集），法律出版社 2008 年版，第 10~16 页。

《刑法修正案（七）》将绑架罪的法定最低刑调为 5 年有期徒刑后，能否根据刑法基本原理实现合理定罪量刑的目的呢？样本案件在《刑法修正案（七）》生效后没有"主动释放被绑架人"的情形，其他法院有的将这种行为认定为"情节较轻的情形"，[1]但是，5 年有期徒刑对于有些案件的行为人来说，仍然过高。在"沈伟绑架案"中，2006 年 12 月 5 日下午被告人沈伟利用其在上海市李康家中做保姆的机会，擅自将李康之子李昱麟（2006 年 5 月出生）带至本市其外甥女婿马兰山的暂住处，意欲以此向李康勒索钱财。次日，被告人沈伟在其家属的规劝下，放弃了以婴儿勒索雇主钱财的想法，并于当日中午将李昱麟送回家中。法院以绑架罪（中止）判处被告人拘役 5 个月。[2]即使该案发生在《刑法修正案（七）》生效之后，要达到这样的量刑，如果不以犯罪中止判决，就仍然需要启动《刑法》第 63 条第 2 款规定的特别减轻程序。因此，在《刑法修正案（七）》生效之后，对于行为人主动释放被绑架人的案件，仍然有法院以犯罪中止进行判决，并在 5 年有期徒刑以下量刑。[3]

解决这种问题的关键不在于相关犯罪的既遂标准，而在于是否应当对"既遂后无中止"的一般原理提出质疑，[4]或者建立"事后自动恢复制度"，[5]实现对行为人的合理量刑，当然这已经超出了本文的研究范围。

总之，犯罪既遂标准的发展，应当在区分立法标准与司法标准的基础上，将"构成要件齐备说"作为立法标准，将犯罪区分为结果犯、行为犯和举动犯，分别确定其司法标准，在具体既遂标准上应当注重以审判实践为基础、

---

[1] 例如，"王崴峰绑架案"，参见山西省大同市南郊区人民法院（2014）南刑初字第 60 号刑事判决书。理论界也有学者提出，绑架后主动释放被绑架人的，应当属于"情节较轻的情形"。参见付立庆：《论绑架罪的修正构成的解释与适用——兼评修正案对绑架罪的修改》，载《法学家》2009 年第 3 期。

[2] 参见"沈伟绑架案"，载《人民法院报》2007 年 5 月 29 日，第 6 版。

[3] 例如，"齐某绑架案"，参见山东省济宁市任城区人民法院（2014）任刑初字第 623 号刑事判决书；"叶某甲绑架案"，浙江省泰顺县人民法院（2015）温泰刑初字第 289 号刑事判决书。

[4] 事实上，中国刑法学界对于"危险犯既遂后，是否可能成立实害犯中止？"这样的问题，已经展开大量的研究。参见马克昌主编：《犯罪通论》（第 3 版），武汉大学出版社 1999 年版，第 466 页；张明楷：《刑法学》（第 3 版），法律出版社 2007 年版，第 518 页；刘明祥：《论危险犯的既遂、未遂与中止》，载《中国法学》2005 年第 6 期；刘宪权：《故意犯罪停止形态相关理论辨正》，载《中国法学》2010 年第 1 期。

[5] 参见储槐植：《出罪应注重合理性》，载《检察日报》2013 年 9 月 24 日，第 3 版。

采用经验归纳的方法进行解释性研究，同时注意理论援引的例外案件为理论发展提供的经验性知识。

（四）犯罪未遂与犯罪中止

犯罪未遂与犯罪中止的区别主要在于是否自动放弃犯罪，犯罪未遂要求行为人是由于意志以外的原因而未得逞，而犯罪中止要求行为人在既遂之前自动放弃犯罪。

1. 裁判文书中展现的司法逻辑

样本 4376 个案件中，有 74 个涉及犯罪中止自动性的认定问题。关于"自动性"的判断标准，理论界主要存在主观说、限定主观说、客观说、规范性理论等多种观点，[1]而实务界在裁判文书中也展现了自己的司法逻辑。

（1）以行为人心理为基础的裁判。

放弃犯罪终究是行为人自己的选择，因此，以行为人内心的变化为基础进行裁判，是中止自动性认定的典型方式。

第一，在行为过程中，没有发生外部情况的变化，或者行为人没有认识到外部情况的变化，但基于内心的同情、不忍、悔悟或者害怕日后会受到刑事惩罚（不是刑罚风险的增加）而选择停止自己的行为，属于自动放弃犯罪。根据一般预防原理，行为人在决定实行行为时，就应当认识到刑罚的可能性，因此，抽象的刑罚风险并不构成外部情况的变化。

这类案件在司法实践中主要有两种情形：其一，行为人纯粹因为自己的态度变化而选择放弃犯罪。例如，上诉人对被害人实施掐颈行为，意图致被害人死亡，但其在被害人尚有呼吸的情况下，心生悔悟放弃犯罪，属犯罪中止。[2]其二，行为人在被害人或他人的哀求、规劝下，心生怜悯，或者最初的愤怒消散，从而放弃犯罪。例如，上诉人陶某怀疑自己和妻子与被害人有不正当关系，持鱼叉赶到被害人家里，在与被害人对质的过程中，经被害人解释意识到自己犯了错误，放弃继续实施杀人行为，法院肯定了犯罪中止的成立；放火案中的行为人将被害人控制在房间里，欲用打火机点燃液化气，

---

〔1〕 参见［德］克劳斯·罗克辛：《德国刑法学总论》（第 2 卷·犯罪行为的特别表现形式），王世洲主译与校订，王锴等译，法律出版社 2013 年版，第 444~446 页；张明楷：《未遂犯论》，中国法律出版社、日本成文堂 1997 年版，第 376~377 页。

〔2〕 类似案件参见"朱高伟强奸、故意杀人案"，载最高人民法院刑事审判第一、二、三、四、五庭主办：《刑事审判参考》（2010 年第 1 集·总第 72 集），法律出版社 2010 年版，第 32~37 页。

经公安民警劝说后主动打开房门，法院认为属于自动放弃犯罪。

第二，行为人认识到外部情况发生了变化，但仍然基于内心的怜悯、嫌恶或者害怕犯罪结果的发生而放弃犯罪，肯定犯罪中止的成立。例如，上诉人在实施抢劫过程中，因被害人的反抗持刀划破被害人的脸部，在被害人停止反抗后，上诉人见被害人满脸是血而心生害怕，遂停止暴力行为，并将被害人带至卫生间清洗血迹，后离开现场；法院认为，上诉人因害怕犯罪结果的发生而主动放弃犯罪，系犯罪中止。

第三，裁判文书中明确指出，行为人认为犯罪行为已经不能得逞，因而放弃犯罪的，不具有自动性。例如，在强奸案件中，上诉人认为被害人不愿意，反抗激烈，强奸行为已不能得逞，或者被害人呼吸急促并自称心脏病发作，被告人认为被害人的心脏病发作导致其已不能实施强奸，其放弃行为是犯罪未遂。在这类案件中，法院一般不会在裁判文书中说明"这些外部情况的改变能否对犯罪行为的完成形成强制性阻碍"，法官裁判的基础仍然是行为人的心理状态。

（2）以客观情况为基础的裁判。

如果根据现有的证据难以确定行为人当时的心理状态——事实上，许多案件的行为人并不能确定行为能否继续完成，事后的供述也很难真实地反映行为人当时的主观想法——法院往往会根据客观情况对"自动性"作出裁判，而不对行为人的心理进行直接的评价。

第一，法院根据当时的客观情况，认为外部情况的改变已使犯罪行为无法完成，行为人这时放弃犯罪的，不属于自动放弃。这种阻止犯罪完成的实质既可能来自被害人，也可能来自于第三人。例如，在强奸案件中，被害人喊叫、语言威吓被告人时双方争吵惊动了他人，迫于外界因素，被告人的犯罪行为无法继续实施；在实施抢劫的过程中，因被害人的竭力反抗及围观群众的增多，上诉人被迫停止犯罪。

第二，法院根据当时的客观情况，认为外部障碍不足以阻止行为人的犯罪，行为人有能力、有条件继续完成犯罪，这时放弃犯罪是自动的。例如，在相对封闭的空间里，根据当时的环境，被告人有条件、也有能力采取措施，使强奸行为得以继续而不让外界知晓；上诉人持刀胁持出租车司机，欲对其实施强奸行为，虽因路上行人较多，没有合适地点而放弃，但被告人完全能够继续寻找作案地点；在被告人实施杀人过程中，虽然遇到了被害人的反抗，但作案凶器始终在被告人手中，仍有继续实施犯罪结果发生的实现条件，被害人的行为不足以阻止被告人继续实施杀人行为。

第三，外部情况的改变尽管未必能够阻止犯罪达到既遂，但给行为人带来巨大的心理压力，行为人被迫停止犯罪，不成立自动放弃。这种心理压力通常来源于行为人对被抓获、被定罪的高风险。例如，强奸案件中，被害人借助手机屏幕的亮光认出了被告人是邻居，并喊出被告人的名字，被告人遂停止继续实施侵害行为，并非自动放弃，而是因为害怕日后被告发，被迫停止犯罪；被告人在抢劫过程中见被害人欲打电话报警，因心生恐惧停止了犯罪，其停止行为系由于意志以外的原因，非自动放弃犯罪。在这些案件中，行为人担心的事情——日后被告发或者被当场抓捕——仅仅停留在自己的想象中，离现场还很远，无法对当时犯罪的完成造成实质性阻碍，但法院仍然作出了未遂的裁决。

（3）排斥自动性理论的裁判。

如果外部情况的改变不足以阻止行为人继续实行犯罪直至完成，也难以判断它给行为人带来多大的心理压力，法院如何认定行为人的停止是否属于自动放弃犯罪？

第一，用犯罪中止的"彻底性"判断取代"自动性"判断，样本案件中主要是这样的情形：被害人提出合法替代行为，行为人停止侵害。中止犯理论中的合法替代行为，是指行为人实施犯罪后，发现可以通过合法的替代行为实现收益，因而放弃犯罪的情况。[1]即使合法替代行为只是被害人为了摆脱行为人的谎言，也不影响自动性的判断。

案例17：某日晚 8 时许，被告人付某强行将被害人带至某油库施工工地，用巴掌打被害人，并对被害人进行语言威胁，欲对被害人实施强奸，被害人反抗未果，便称"外面太脏，愿意跟你回家"，被告人信以为真暂时停止侵害，在二人回家的路上，被害人向路人求救，被告人未得逞。辩护人提出，被告人当时完成有条件、有能力继续实施强奸行为，

---

[1] 参见庄劲：《犯罪中止自动性之判断——基于积极一般预防的规范性标准》，载《政法论坛》2015 年第 4 期。

被告人的放弃是自动的。法院认为,被告人因为被害人的谎言而暂时停止了奸淫行为,但仍然控制着被害人的人身自由,并不是彻底放弃要与被害人发生性关系的想法,不属符合犯罪中止的特征。

行为人在作案地点的停止犯罪,显然不是被迫的,是否足以构成自动放弃?法院的裁判理由回避了自动性的判断,而是用中止的彻底性特征来否定犯罪中止的成立。[1]

第二,直接引用法律条文作出裁判,这种情形在样本中多出现在案情简单、争议不大的案件里,但是,法官在少数案件中,援引现有理论无法得出自己期望的结果,或者难以对行为人心理和客观情况进行准确的判断,直接引用条文作出判决。例如,被告人欲盗窃汽车,用石头敲开车窗玻璃后,发现车子太旧,就往车里扔了些垃圾后离开,法院认为行为人并非自动放弃犯罪,而是由于意志以外的原因未得逞。应当注意的是,这并不必然意味着法官违反法律进行判决,很可能是法官根据自己的司法经验对法律条文进行一种现有理论之外的解释。[2]

案例 18:某日晚 8 时 30 分许,被告人章某某携带一根电棍和一把跳刀,在本市沿江路伺机抢劫,拦截了过路的行人何某,持跳刀面向何某,要求对方交出钱财,在得知何某是来本市打工的老乡后(两个并不认识),放何某离开。被告人章某在继续寻找作案机会的时候被抓获。辩护人认为被告人抢劫何某的行为应当属于犯罪中止,法院直接以"被告人的行为由于意志以外的原因未得逞"为理由否定了中止的成立。

应当认为,行为人对被害人的抢劫行为当时完全可以继续进行直至完成,得知对方是自己老乡也不会显著地提高行为人被抓获的风险,那么,法官基于什么考虑否定中止的成立,值得我们思考。

---

[1] 根据中国刑法理论,自动性与彻底性是犯罪中止的两个不同特征。参见高铭暄、马克昌主编:《刑法学》(第5版),北京大学出版社、高等教育出版社2011年版,第157~158页。

[2] 这种对疑难案件或者难办案件的解释,受制度制约,可能引出坏的法律。参见苏力:《法条主义、民意与难办案件》,载《中外法学》2009年第1期。

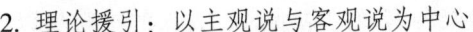

第四章　未遂与共犯：犯罪的两种特殊形态

2. 理论援引：以主观说与客观说为中心

司法实践通常不会在裁判文书中对自己运用的理论进行"标签化"，但是，在法官的司法逻辑中仍然可以发现理论运用的踪迹。从案件的判决结果来看，同情、怜悯等因素可能成为成立自动放弃的根据，但尚未发现法官运用限定主观说来否定行为人犯罪中止的成立，其主要原因在于刑法并未要求犯罪中止必须基于行为人"广义的后悔"，限定主观说人为地缩小了中止犯的成立范围。规范性理论的研究在中国尚处初始阶段，[1]因此，可以认为，司法实践中判断犯罪中止的自动性，主要运用主观说与客观说的理论思路。

（1）主观说与客观说的基本思路。

我国刑法理论的通说以主观说为基本思路，认为"犯罪中止的自动性，是指行为人出于自己的意志而放弃了自认为当时本可继续实施和完成的犯罪。"[2]如果行为过程中没有外部情况的改变，或者行为人不知道外部情况发生了变化，行为人停止犯罪就是自动的；如果行为人所认识到的（或者误以为存在的）外部情况的变化不足以对行为人的心理形成强制，行为人认为犯罪本可以继续进行甚至完成，放弃犯罪仍然是自动的；只有当行为人意识到外部情况的变化足以使其不能完成犯罪时，行为人才处在心理受到强制的情形中，停止犯罪才是被迫的。[3]主观说对"行为人是否受到心理强制"，通常只进行"物理意义上"的判断，只考察行为人是否意识到这个"事情"已经不能完成了，"如果这个实行人是……担心既遂会被阻碍……那么，他的中止就是非自愿的。但是，如果被察觉仅仅是因为他预见到会受到检举以及受到惩罚才促使他中止，那么，他的中止就会保持是自愿的。"甚至"一种很强烈的心理压力作为中止的动机，也不应当损害这种自愿性。"[4]

客观说同样承认判断自动性的关键在于"外部情况的改变是否对行为人

---

〔1〕参见周光权：《论中止自动性的规范主观说》，载《法学家》2015 年第 5 期；庄劲：《犯罪中止自动性之判断——基于积极一般预防的规范性标准》，载《政法论坛》2015 年第 4 期。

〔2〕高铭暄、马克昌主编：《刑法学》（第 5 版），北京大学出版社、高等教育出版社 2011 年版，第 157 页。

〔3〕类似论述参见陈兴良：《本体刑法学》（第 2 版），中国人民大学出版社 2011 年版，第 414 页；阮齐林主编：《刑法学》（第 3 版），中国政法大学出版社 2011 年版，第 160 页。

〔4〕[德] 克劳斯·罗克辛：《德国刑法学总论》（第 2 卷·犯罪行为的特别表现形式），王世洲主译与校订，王锴等译，法律出版社 2013 年版，第 464 页

的心理形成强制",只是试图通过某种客观的基准对行为人的主观加以评价,例如,要以"行为人所认识的情况在社会经验上一般是否会成为犯罪行为的障碍"为基准。[1]如果按照一般的社会常识,认为这种情况也将会导致行为无法继续而选择放弃,行为人的停止就是被迫的。但是,以行为人的情况还是以社会的一般经验为基准对自动性进行判断,并不是客观说与主观说的根本区别,因为客观说所依赖的"社会一般经验"概念本身不够明确,且可能根据判断者的主观意识而出现不同的判断,[2]因此,判断基准可能既不是行为人的,也不是社会一般人的,而是法官的个人观念。

客观说区别于主观说的实质在于,客观说不仅根据社会一般经验对犯罪行为能否继续进行"物理意义上"的判断,还对行为人放弃犯罪进行"心理意义上"的考察。例如,甲已经近距离地将枪对准了乙的头部,正欲扣扳机时,警察在100米外喊"住手",甲便逃走。事实上,甲在当时的情况下,完全可能在警察抓获自己之前将乙打死,他也意识到这一点,但不想被警察当场抓获而逃走。[3]根据主观说,行为人应当可以意识到"在警察抓获自己之前能够完成犯罪",因此,放弃犯罪是自动的;但是,根据客观说,行为人必须算计到很快被捕以及被证明有罪,他实际上处在一种心理受到强制的情形之中,除了中止之外,没有别的选择。[4]这种区别也发生在"担心犯罪行为被发觉而撤掉了放火的媒介物"的案件中,由于担心犯罪行为被发现"在一般经验上是足以妨碍犯罪实施的事情",从而否定了成立中止犯。[5]因此,传统主观说与客观说的根本区别在于,前者只考虑外部障碍的"物理作用",后者还要考察外部情况的改变给行为人带来的"心理影响"。

(2)主观说的援引。

主观说是当前司法实践中最常援引的自动性判断标准,"以描述行为人心

---

[1] [日]山口厚:《刑法总论》(第2版),付立庆译,中国人民大学出版社2011年版,第289页。
[2] [韩]金日秀、徐辅鹤:《韩国刑法总论》(第11版),郑军男译,武汉大学出版社2008年版,第516页。
[3] 参见张明楷:《刑法学》(第4版),法律出版社2011年版,第341页。
[4] 参见[德]克劳斯·罗克辛:《德国刑法学总论》(第2卷·犯罪行为的特别表现形式),王世洲主译与校订,王锴等译,法律出版社2013年版,第444页。
[5] 参见[日]山口厚:《刑法总论》(第2版),付立庆译,中国人民大学出版社2011年版,第289页。

理为基础的案件"是最典型的例子。在外部情况没有改变的案件中，行为人放弃犯罪明显是"因自己的意思"所为，作为犯罪的中止是没有问题的。[1] 在行为人已经知道外部情况改变的案件中，如果能够查明行为人对"该外部障碍是否足以阻止犯罪的完成"的判断，那么，援引主观说作为判决理由是最优先考虑的。

案例19：上诉人张某某与被害人通过QQ网聊相识。2011年某日晚，张某某约被害人到某宾馆207房间见面，张某某强行压在被害人的身上，意图实施强奸，被害人反抗未果，称自己处于月经期，张某某发现情况属实，便停止了侵害，后压在被害人身上睡着。上诉人供述称，见被害人在月经期，觉得无法发生性关系。辩护人认为，被害人虽在月经期，但并不足以阻止上诉人继续实施强奸行为，上诉人自动放弃继续实行强奸行为，应当认定为犯罪中止。法院认为，上诉人觉得在生理期内不能发生性关系，并非自动放弃犯罪，应属犯罪未遂。[2]

尽管辩护人提出了"上诉人能继续实施犯罪而放弃"的辩护意见，但是，法官并没有对该意见进行评判，而是直接根据行为人的心理状态——认为不能完成而放弃——作出判决。因此，在主观说看来，如果能够查明行为人当时的心理状态，那么，这种心理判断是优先于对当时情况的客观判断的。

但是，这种司法逻辑很容易遭受"自动性判断完全依赖口供"的批评，[3] 事实上这种情况也完全可能出现。

案例20：2007年某日凌晨1时许，上诉人许某见被害人家中二楼窗户开着，便翻窗进入被害人房间，意图实施强奸，扯掉被害人短裤后发现被害人正处在生理期，遂放弃了犯罪。被害人陈述称，上诉人见她来了月经，就没有再为难她；上诉人供述称，其看见被害人确实来了月经，

---

[1] 参见 [日] 野村稔：《刑法总论》，全理其、何力译，邓又天审校，法律出版社2001年版，第365页。

[2] 类似案件参见"李华明强奸案"，海南省儋州市人民法院（2014）儋刑初字第51号刑事判决书；"李某强奸案"，浙江省杭州市中级人民法院（2015）浙杭刑初字第349号刑事裁定书。

[3] 这是基于功利主义考虑的、依赖于被告人说法的纯主观说的当然结论。参见 [日] 西田典之：《日本刑法总论》（第2版），王昭武、刘明祥译，法律出版社2013年版，第287页。

觉得太脏了，就不想再继续了。法院认为，上诉人在强奸犯罪中，见被害人处于生理期，心生嫌恶放弃犯罪，属于强奸中止。[1]

案例19和案例20同属"被告人发现被害人处于月经期，停止犯罪"的案件，法院既可以认为"被告人心生嫌恶而放弃，属于犯罪中止"，也可以认为"行为人觉得不能发生性关系而停止，属犯罪未遂"，主要区别就在于行为人的供述，前者认为"这个时候做这种事情，太脏了"，后者认为"月经期不能发生性关系"。

为了最大限度地避免"口供决定司法结论"情况的出现，司法实践在援引主观说的时候，经常根据当时的具体情况对"能否完成犯罪"进行客观的判断，能够继续完成而放弃的，属犯罪中止；不能继续完成而放弃的，属犯罪未遂。（前述"以客观情况为基础的裁判"中的第一、第二种情形）。客观判断并不意味着法官在援引客观说，因为客观判断并不是客观说的特有方法，主观说同样强调客观情况与内心动机的关系，"如果认定中止自动性仅观察特定行为人的内心动机，不平衡外部障碍和内心动机的关系，不是对主观说的完整理解。"[2]

案例21：某日凌晨3时许，被告人徐某进入某玉器店行窃，不小心触碰了报警器，这时店主听到警铃正从里屋赶出，被告人遂离开现场。辩护人认为，被告人已经进入玉器店，虽然警报器响起，但行为人仍然能够轻易地拿走财物，但被告人放弃犯罪，属于犯罪中止。法院认为，被告人停止犯罪是因为警铃响起，吵醒了被害人等客观原因所致，不属自动放弃，属"欲达目的而不能"的犯罪未遂。

辩护人与法官的不同意见都是从客观上对"能"与"不能"进行判断的，行为人的心理状态不再是裁判的主要依据，也许行为人当时自己也无法判断是否能够完成犯罪，也许司法机关根本就不想关注行为人的所思所想，

---

[1] 在其他法院的案例中，也有类似的司法逻辑，例如，"刘佳桂盗窃、强奸案"，湖南省长沙市中级人民法院（2015）长中刑二终字第00470号刑事判决书；"张德金故意伤害、强奸案"，山东省青岛市李沧区人民法院（2015）李刑初字第422号刑事附带民事判决书。

[2] 周光权：《论中止自动性的规范主观说》，载《法学家》2015年第5期。

但法官最终援引的理论是主观说的代表性观点,通常被表述为"欲达目的而不能,是犯罪未遂;能达目的而不欲,是犯罪中止"的"弗兰克公式"。

(3)客观说的援引。

客观说的援引只有在例外的时候才会出现,尽管有些案件的结论可以通过客观说得到解释,但是,法官仍然倾向于援引主观说作为裁判理由。

案例22:某日下午4时许,被告人胡某某将被害人刘某约到本市某大厦一办公室上网。当晚8时许,被告人胡某某要求与被害人发生性关系,遭到拒绝后,胡将刘按倒在地,并强行将刘的内裤扯下至膝盖处,被害人极力反抗,并说"要死给你看",被告人因为心中害怕遂停止犯罪。法院认为,在强奸过程中,被害人进行了反抗,但根据当时的情况,被害人的反抗行为并不足以阻止上诉人的犯罪,当被害人说要死给他看时,上诉人就自动放弃奸淫被害人的行为,属犯罪中止。[1]

这个案件根据客观说完全可以得出相同的结论,被害人的反抗确实给行为人的行为造成一些障碍,但按照社会一般观念,这种障碍是行为人决定实施行为时就可以预料的,而且,被害人的反抗和语言给行为人造成的心理压力不大,这时放弃犯罪就是自动的。但是,对于这种行为人的心理压力不大的案件,完全可以通过"能而不欲为中止"的主观说得到很好的说明。因此,客观说的援引就主要出现在这样的案件中:客观上不存在阻止犯罪完成的"物理性阻碍",但行为人面临巨大的心理压力而停止犯罪(前述"以客观情况为基础的裁判"中的第三种情形)。司法实践中援引客观说一般都是为了说明"行为人并非自动放弃犯罪,只能成立犯罪未遂"。

案例23:某日晚7时许,被告人熊某某在某小区外的停车场内,趁被害人陈某(女)打开车门上车之机,打开车门坐到副驾驶座上,锁上车门并持刀威胁被害人,欲对其进行抢劫。被害人大声呼救,熊某某心中害怕而逃离现场。辩护人认为,被告人已将车门锁上,完全有条件继

---

[1] 类似情形,不同结论的案件,参见"贾某某强奸案",内蒙古自治区巴林右旗人民法院(2014)右刑初字第75号刑事判决书。

续抢劫直至完成,但被告人选择放弃犯罪,离开现场,应属犯罪中止。法院认为,晚上8时的小区外停车场不属偏僻,被告人在抢劫过程中,因被害人大声呼救而心中害怕逃离现场,并非自动放弃犯罪,而是由于意志以外的原因未得逞,系犯罪未遂。

法院回避了辩护意见的核心观点,即被告人有条件继续实施犯罪而放弃,而强调被告人是因为巨大的心理压力而被迫停止,这是司法实务针对此类案件的一种重要说理方法。尽管裁判文书不会明确指出"根据社会一般观念",但是,这种结论为未遂的案件似乎只有通过客观说才能得到说明,根据社会一般经验,当面临被抓获的高风险时,一般人都选择放弃犯罪,因此,行为人的放弃就不是自动的。[1]

应当注意的是,不仅某种外部事实是否会给行为人带来巨大的心理影响,会因为行为类型的不同而不同。例如,担心被害人日后告发,在蒙面强奸的行为人身份被被害人识破的案件中,会给行为人的心理造成巨大的压力,但是,对于一开始就不打算隐瞒身份的强奸行为人来说(例如,案例19),就不会构成能够否定中止成立的心理影响;而且,某种外部事实到底属于"物理障碍"还是"心理影响",也不可一概而论。例如,当场被抓获的风险在盗窃案件中就是一种物理障碍,因为当场被抓获就意味着犯罪行为不能既遂,而对于故意杀人而言,也许在被抓获之前其目的已经达到,只能认为它给行为人带来的是一种心理压力。

总体看来,司法实践在说明"自动性"的裁判理由时,以主观说为主,客观说为补充。两者之间的关系既不是"行为人没有受到外部情形影响时以主观说为标准,行为受到外部情形影响时,以客观说为补充",[2]也不是"当主观说得出不合理的结论时,可以客观说为补充",[3]而是一般情况下援引主观说,只有当"客观上不存在阻止犯罪完成的物理障碍,行为人面临巨大的心理压力停止犯罪"时,客观说的理论逻辑才会在裁判文书中得到体现。

---

〔1〕参见[日]川端博:《刑法总论二十五讲》,甘添贵监译、余振华译,中国政法大学出版社2003年版,第322页。

〔2〕参见黎宏:《刑法学》,法律出版社2012年版,第253页。

〔3〕参见张明楷:《刑法学》(第4版),法律出版社2011年版,第339页。

3. 理论发展：以排斥自动性理论的案件为基础

理论的援引体现了刑法研究对司法实践的影响，而司法实践可以为理论的发展提供经验性基础。在排斥自动性理论的案件中，运用主观说与客观说都难以得出最后的结论，尽管法官也许还没有自觉地运用规范性理论来判断自动性，但是，规范限制的基本思想已经蕴含在这些案件的司法结论中。[1]

（1）自动性判断的心理性标准与规范性理论。

主观说与客观说都强调对行为人的心理判断，自动性的成立要求行为人既不是受制于外部的"物理障碍"，也不是由于内心巨大的"心理压力"而选择停止犯罪。但是，行为人心理受到强制对于判断自动性是否已经足够，仍然是一个问题。在前述"排斥自动性理论的案件"中，主观说与客观说都难以得出最终的司法结论，虽然法院的裁判未必全部正确，但是，当理论逻辑与实践结果发生冲突的时候，谨慎的研究者应当首先反思理论的合理性和实用性。近年来中国刑法对中止自动性的规范性理论的研究，正是对传统心理性理论反思的结果。

规范性理论认为心理性标准不仅与中止特权的原理不一致，而且实际上也无法贯彻。在中止自动性的判断中，起关键作用的不仅是心理检验结果，而且是一种对中止动机的评价：只有在作为"逆转"，作为一种已经变化态度的表现，以及在"对合法性的回归"的范围中得到表现时，行为人的放弃才会作为"自愿的"评价。当然，自愿性并不要求道德高尚的中止动机。[2]规范性理论可以解释实践中"排斥自动性理论的案件"，例如，在"被害人提出合法替代行为、行为人暂时停止侵害"的案件中，尽管行为人不是被迫进行等待，但是根据规范性理论也不能认定为自动中止，因为这里"不存在逆转，没有态度的改变，而仅仅是这种情节：这个性违法者走了一条更舒适的道路来达到其目标，而这条道路是在其暴力的未遂行为的基础上为其打开的。"[3]

---

〔1〕 有学者认为，"李官容抢劫、故意杀人案"［载最高人民法院刑事审判第一至五庭主办：《刑事审判参考》（2010年第2集·总第73集），法律出版社2010年版，第17~24页］的法官显然在主观说之外考虑了规范性限制。周光权：《论中止自动性的规范主观说》，载《法学家》2015年第5期。

〔2〕［德］克劳斯·罗克辛：《德国刑法学总论》（第2卷·犯罪行为的特别表现形式），王世洲主译与校订，王锴等译，法律出版社2013年版，第444、450页。

〔3〕［德］克劳斯·罗克辛：《德国刑法学总论》（第2卷·犯罪行为的特别表现形式），王世洲主译与校订，王锴等译，法律出版社2013年版，第445页。

其次,在行为人对犯罪收益不感兴趣而放弃的案件中,行为基于理性的成本核算,认为继续实施犯罪不值得,因而只能成立未遂。[1]

中止犯减免处罚的根据一方面是由于罪责程度的减少,另一方面来自于预防必要性的降低或者丧失。[2]主观说所主张的"能达目的而不欲"体现了行为人罪责程度的减少,规范性理论强调自动性概念是规范的,要从刑罚目的理论的角度来解释。[3]在客观说发挥作用的案件中——不存在物理阻碍,行为人面临巨大心理压力放弃犯罪——根据规范性理论同样可以得出相同的结论:在强大的心理压力下放弃犯罪,并没有体现合法性的回归,"因为这个中止依据的不是实行人已经变化的态度,而仅仅是一种把犯罪的恰当性与这种情形之间加以调整,因此是不值得免除刑罚的。"[4]更重要的是,作为客观说核心概念的"社会一般观念"非常模糊,司法实践也极少使用这样的概念,而且,根据社会一般常识或一般人标准来确定行为人的心理,是方法论的错误。[5]因此,对自动性的判断应当放弃客观说,建立主观说与规范性理论的双层机制,即先根据主观说进行事实判断,再对自动性的成立进行规范上的限制。

(2)以特殊预防为中心的规范限制。

规范限制更进一步的探讨,集中在以消极的一般预防、积极的一般预防还是特殊预防为中心。对此,演绎性的研究是必要的,但是,以司法实践的审判经验为基础进行归纳,也是一种有益的尝试。一般预防的效果目前还没有得到实证研究的支持,法官在处理具体案件时也难以说明"判决结果是为了预防社会上其他人犯罪,或者是为了维护规范的有效性",因为"社会上其他人"或者"规范的有效性"过于模糊、难以捉摸,法官能做的仅仅是面对具体的行为人时,对其是否会再次犯罪进行概率上的判断,进而决定是否对

---

[1] 参见庄劲:《犯罪中止自动性之判断——基于积极一般预防的规范性标准》,载《政法论坛》2015年第4期。

[2] 张明楷:《中止犯减免处罚的根据》,载《中外法学》2015年第5期;周光权:《论中止自动性的规范主观说》,载《法学家》2015年第5期。

[3] [德]克劳斯·罗克辛:《刑事政策与刑法体系》(第2版),蔡桂生译,中国人民大学出版社2011年版,第45页。

[4] [德]克劳斯·罗克辛:《德国刑法学总论》(第2卷·犯罪行为的特别表现形式),王世洲主译与校订,王锴等译,法律出版社2013年版,第444页。

[5] 张明楷:《未遂犯论》,中国法律出版社、日本成文堂1997年版,第371页。

其减轻或者免除处罚。

法官在自动性判断上考虑特殊预防必要性，可以从法官在裁判文书中对"行为人停止犯罪后，在时间和空间上紧密联系的后续行为"的说明中发现。法院通常会在行为人供述之外，借助行为人停止后的行为作为辅助性证据来判断放弃犯罪的自动性。例如，有些裁判文书明确提到，在被害人表示不同意与其发生性关系之后，被告人在无其他外力介入的情况下，有主动从床上爬起，拿起被害人的衣服，让其穿上的行为，可以认为其放弃犯罪行为具有自动性；被告人在停止杀人行为后，应被害人的要求倒水给被害人喝，可以证明其主动放弃了继续行为。

在案例17中，行为人因为相信了被害人"外面太脏，愿意跟你回家"的谎言，而暂时停止实施强奸行为，但是，法院的裁判理由明确指出，行为人仍然控制着被害人的人身自由，对被害人的威胁并没有解除，行为人停止后的行为表明其特殊预防的必要性。从两个"发现被害人处于生理期，而停止犯罪"的案件的细节来看（案例19和案例20），行为人不只是在口供上存在区别，还有一个差异就是，案例19的行为人在停止后继续压在被害人身上睡着了，而根据被害人的陈述，案例20的行为人在发现其处在生理期，就没有再为难她了，两相比较，明显案例19中的行为人具有更大的特殊预防必要性。

法官对特殊预防的考虑还体现在"行为人继续实施行为计划"的案件中。在案例18中，行为人在得知被害人是老乡后（两人并不认识）停止抢劫，放被害人离开，他既不是因为物理性阻碍，也不是因为被抓捕风险的显然提高，而放弃犯罪，因此，只能从刑罚目的出发解释法官的未遂判断，因为行为人并没有放弃自己的行为计划，从而具有较高的特殊预防必要性。

案例24：某日晚9时许，被告人袁某某窜至某公路上，将下班回家经过此地的被害人拖下自行车，用手臂夹住颈部，胁迫到路边菜地，欲对被害人实施奸淫。被害人为摆脱被告人，便谎称愿意做他的情妇、第二天晚上来约会，被告人遂将被害人放走。次日晚9时许，袁某某到案发地附近等候被害人时，被其丈夫等人当场抓获。法院认为，被告人并非彻底地放弃犯罪，根据被告人的供述，如果被害人在第二天晚上不同意和其发生性关系,其便会再次对被害人实施强奸行为,因此,被告人的行为不属犯罪中止。[1]

该案与案例 17 的显著区别是,第二天的"合法行为"并不是建立在第一天的暴力行为基础之上的,因为行为人有足够的时间和条件来避免第二天可能的暴力侵害,因此,特殊预防的必要性不是从其紧接的后续行为中发现,而是来自于整体犯罪计划的继续进行。法官在裁判理由明确指出"第二天晚上实行强奸的可能性仍然存在",而且行为人也确实在第二天晚上在案发地点守候被害人,强奸计划并没有被放弃,特殊预防的必要性仍然存在。

二、共同犯罪

样本中共有 1067 个共同犯罪案件,涉及被告人 4043 人。在共同犯罪案件的裁判过程中,法官需要就两个问题作出判断:一是哪些人需要对符合犯罪构成的行为承担刑事责任?二是是否以及如何对共同犯罪人进行分类,来确定合适的刑罚?

(一) 共同犯罪的整体认定方式

一般认为,共同犯罪的成立条件有三个:①行为人为二人以上,而且必须是两个以上达到刑事责任年龄、具有刑事责任能力的人或单位;②共同的犯罪行为,即各行为人的行为都指向同一犯罪,互相联系,互相配合,形成一个统一的犯罪活动;③共同的犯罪故意,即各共同犯罪人认识他们的共同犯罪行为和行为会发生的危害结果,并有希望或者放任这个结果发生的心理

---

[1] 类似案件参见"米某甲故意杀人案",浙江省台州市中级人民法院(2015)浙台刑一终字第 67 号刑事判决书。基本案情:2014 年 11 月 21 日下午 3 时许,被告人米某甲因妻子瞿某某患尿毒症、小儿子米某丙天生残疾、家庭经济窘迫,与家人发生争吵后产生厌世情绪,欲带小儿子米某丙一起自杀。被告人米某甲先将米某丙从台州市路桥区路南街道竞争村 2 区菜棚(项浦清泉官南边)抱至旁边的池塘,将米某丙的双脚浸入水中,准备将米某丙淹死后自杀,因其岳母米某乙在一旁劝阻且水较浅而放弃,后又将米某丙抱至项浦清泉官东侧的涵洞内,欲将米某丙用手捂死后自杀,因米某丙哭叫不忍下手。民警赶至现场后对被告人米某甲进行劝说,并与米某乙一起将米某丙从米某甲怀中抱出。法院认为,根据证人米某乙的证言以及抓获经过,民警与米某乙赶到涵洞内后,强行将被害人米某丙从上诉人米某甲怀中夺回,米某甲在侦查期间亦供述到若民警未赶到其还会继续实施杀死米某丙并自尽的行为,故上诉人米某甲的行为不符合犯罪中止的自动性、彻底性条件,不能认定为犯罪中止。

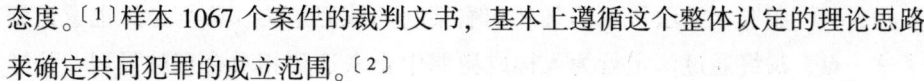

态度。[1] 样本 1067 个案件的裁判文书,基本上遵循这个整体认定的理论思路来确定共同犯罪的成立范围。[2]

1. 责任能力问题

共同犯罪的整体认定方式将共同犯罪人作为一个整体来看待,要求具备犯罪构成四个方面的要件,将责任能力视为共同犯罪的成立条件,即共同犯罪人必须具备刑事责任能力,没有责任能力的人不能与有责任能力的人构成共同犯罪,这个主体条件尽管在司法实践中得到了坚持,但是,有时会导致裁判结论不合理,法官不得不通过另外的途径来寻求合适的解决方案。

案例 25:某日晚 11 时许,被告人胡某某、喻某某和涂某某(未到追究刑事责任年龄)等人在某酒吧遇见被害人周某某和其朋友等人时,涂某某以周某某曾伙同他人对其殴打为由,逼周某某赔偿 2000 元,并与胡某某、喻某某一起将其带至某旅社 207 房。周某某被逼,电话联系其姐夫刘某某拿钱,在等待赎金期间,涂某某持铁棍殴打周某某,致轻微伤乙级。胡某某、喻某某一直劝说涂某某放了周某某,不要把事情闹大。次日凌晨 4 时许,被告人在未获得赎金的情况下,将周某某放走。

法院认为,胡某某、喻某某受同案人涂某某纠集,伙同涂某某以被害人周某某曾参与殴打为由,绑架周某某,勒索周某某亲属钱财,其行为符合绑架罪特征。但被告人胡某某、喻某某在实施犯罪行为后,有效防止了犯罪结果的发生,属于犯罪中止,应当减轻处罚。这是运用共同犯罪传统认定方式的典型例子,涂某某由于不具备责任能力不构成共同犯罪,胡某某和喻某某构成共同绑架罪。

问题在于,胡某某和喻某某无法区分主从犯,只能全部按照主犯的规定量刑,对于一直处于从属地位、并劝说涂某某放人的他们来说,显然过重了(按照审判时的法律,绑架罪的法定刑起点为十年有期徒刑),但是,涂某某

---

[1] 参见高铭暄、马克昌主编:《刑法学》(第 5 版),北京大学出版社、高等教育出版社 2011 年版,第 163~165 页。

[2] 相似论述,参见张明楷:《共同犯罪的认定方法》,载《法学研究》2014 年第 3 期。

不构成共同犯罪，无法认定胡某某和喻某某的从犯地位。法官显然也意识到了这一点，最终通过认定行为人构成犯罪中止来达到相对合理的量刑。从样本的其他绑架案件来看，法官一般都认为"只要以勒索财物为目的，有效控制了被害人，就构成绑架既遂"，因此，有理由认为本案的法官并不是真的认为被告人的行为属于犯罪中止，而是在具体案件中为了寻求合理量刑的权宜之计。样本案件给刑法理论提出的问题是：能否在共同犯罪的认定中取消责任能力条件？

在区分不法与罪责的体系中，共犯的处罚根据经历了从"罪责共犯论"到"违法共犯论"的发展过程，责任能力属于罪责要素，因而，在共同犯罪的成立条件中，责任能力也经历了一个从"需要"到"不需要"的转变过程。根据传统的罪责共犯论，共犯之所以受处罚，是因为他使得正犯有罪责和受处罚，此外他还共同实施犯罪行为。[1]但是，这个理论在德国"仅仅还具有历史与法政策上的意义，因为现行法律明确拒绝了这个理论"。[2]因此，只要不应当认定间接实行人，在不可避免的禁止性错误中，在无罪责能力中，在免除处罚的中止中，在紧急防卫过限中，以及在免除罪责的紧急状态中，尽管实行人无刑事可罚性，参加人也可能是具有刑事可罚性的。[3]责任共犯论在日本几乎找不出支持者，[4]无论采用违法共犯论、还是因果共犯论（内部可以分为纯粹惹起说、混合惹起说和修正惹起说），都没有将责任要素纳入共同犯罪中。[5]

中国传统刑法理论并没有区分不法与罪责，而是将犯罪成立条件分为犯

---

[1] 参见〔德〕汉斯·海因里希·耶赛克、托马斯·魏根特：《德国刑法教科书（总论）》，徐久生译，中国法制出版社2001年版，第829页。日本刑法称为责任共犯论，即共犯的处罚根据在于使得他人陷入了刑罚与责任之中。参见〔日〕西田典之：《日本刑法总论》，刘明祥、王昭武译，中国人民大学出版社2007年版，第275页。

[2] 参见〔德〕克劳斯·罗克辛：《德国刑法学总论》（第2卷·犯罪行为的特别表现形式），王世洲主译与校订，王锴等译，法律出版社2013年版，第102页。《德国刑法典》第29条规定：对每一个参加者，都不考虑他人的责任而根据其责任予以处罚。

[3] 参见〔德〕克劳斯·罗克辛：《德国刑法学总论》（第2卷·犯罪行为的特别表现形式），王世洲主译与校订，王锴等译，法律出版社2013年版，第177页。

[4] 参见〔日〕山口厚：《刑法总论》（第2版），付立庆译，中国人民大学出版社2011年版，第297页。

[5] 参见张明楷：《共同犯罪的认定方法》，载《法学研究》2014年第3期；〔日〕西田典之：《日本刑法总论》，刘明祥、王昭武译，中国人民大学出版社2007年版，第275~278页。

罪客体、犯罪客观方面、犯罪主体和犯罪主观方面四个要件，在解释共同犯罪定义中"犯罪"的含义时，要求共同犯罪人的行为都必须具备这四个要件。但是，在共同犯罪的成立条件中包含行为人的责任能力，不仅会出现量刑上不合理的情形，还会导致以下几个问题：

第一，在主行为人不具备责任能力时，无法合理地说明从属行为人的刑事责任问题。例如，不具备责任能力的甲欲入户盗窃，具备责任能力的乙知道后给甲提供了工具，甲使用该工具实施了入户盗窃行为。按照中国传统共同犯罪的认定方式，甲乙二人不成立共同犯罪，甲由于不具备责任能力而不构成犯罪，乙的行为难以认定，既不可能构成直接正犯，也不可能构成间接正犯，[1]只能得出乙不构成犯罪的责任，显然并不符合刑事政策的要求，因为乙的行为已经表现出具有预防的必要性。

第二，直接造成损害结果的人不具备责任能力时，难以要求其他人对结果承担刑事责任。例如，13 周岁的甲与 15 周岁的乙以杀人的故意共同对丙实施暴力，甲的行为导致了丙的死亡。按照中国传统共同犯罪理论，甲乙二人不构成共同犯罪，在乙不属于间接正犯的情况下，乙只对自己的行为结果负责，只能构成故意杀人未遂。这种理论思路在明确知道损害结果是由共同实行行为造成的情况下，却不能要求任何人对损害结果承担责任，显然不利于法益的保护。[2]

因此，从保护法益和合理认定共同犯罪的要求出发，可以考虑将责任能力排除出共同犯罪的成立条件中。事实上，在区分不法与罪责的理论体系中，二人——不管其有没有达到刑事责任年龄，是否具有刑事责任能力——以上共同实施危害行为的话，就可以成立共犯；但是最终受到刑罚处罚的，只限于行为人达到刑事责任年龄、具有刑事责任能力且出于故意的场合。[3]这种理论思路可能遭遇的质疑是，无法解释共同犯罪定义中的"犯罪"，因为缺少责任能力要求的行为还不能称之为犯罪，因此，在共同犯罪的成立条件中取消责任能力，将不具备责任能力的人与具备责任能力的人的共同行为，认定

---

〔1〕参见张明楷：《共同犯罪的认定方法》，载《法学研究》2014 年第 3 期。
〔2〕参见钱叶六：《我国犯罪构成体系的阶层化及共同犯罪的认定》，载《法商研究》2015 年第 2 期。
〔3〕参见黎宏：《共同犯罪行为共同说的合理性及其应用》，载《法学》2012 年第 11 期。

为共同犯罪的做法,[1]虽然有利于保护法益、准确分配共同行为人的刑事责任,但不可否认的是,仍然存在着规范上的障碍。[2]

2. 共同故意问题

共同犯罪的传统认定方式将二人以上的行为作为一个整体,通过"共同故意"的整体判断来确定共同犯罪的成立范围,即不区分各行为人不同的故意表现形式,整体地认定行为人存在共同故意。在样本1067个共同犯罪案件中,只有16个案件的裁判理由中使用了"帮助故意"的概念,其余共同犯罪的认定均采用了"共同故意"这样的整体认定方式。

这种整体认定方式一方面容易不当地缩小共同犯罪的成立范围,例如,在目的犯中,帮助犯实际上往往并不具备直接的犯罪目的,如果从整体上要求各共同犯罪人都具备完整的、抽象的犯罪故意和目的,容易得出帮助行为人无共同故意的结论。

案例26:被告人陈某某、吴某某、钱某某三人经商量,决定将放在某变压器有限责任公司一车间的铁板偷出去变卖,三人进行了分工,先后于2004年10月一个星期天的中午及同年10月17日中午,两次均由被告人陈某某事先联系好销赃地点,并在外面租一小型箱式货车,车开到一车间门口,由被告人钱某某(钱有一车间大门钥匙)打开一车间大门,三被告人自己动手将铁板装上车,二次共盗得铁板4吨,价值人民币17 000元,因担心门卫检查,就由被告人陈某某出面,对被告人王某某谎称车子进厂修理,出厂时带了一些家里有用的东西,让其放行,并暗示不会亏待他,被告人王某某两次均未检查将车放行,放行后的第二天,由被告人陈某某分两次共计给了被告人王某某人民币1000元。

本案的被告人王某某明知同案犯正在实施犯罪行为,并且通过自己的行为为同案犯完成犯罪提供了便利。但是,法院认为,被告人王某某身为门卫

---

[1] 例如,"陆晓华盗窃案",参见张捷、姚军:《伙同未达到刑事责任年龄人作案可构成共同犯罪》,载《人民司法(案例)》2013年第8期。

[2] 《德国刑法典》第26条规定,故意地确定了他人达于其故意实施了的违法行为者,作为教唆者与行为人同样处罚。应当注意,德国的刑法条文规定的是"行为人的违法行为",而不是犯罪行为,因此,将共同犯罪解释为"违法的共同"而不是"责任的共同",不存在规范上的障碍。

不认真履行门卫职责，对盗窃车辆不予检查而放行，并收受了被告人陈某某等人的人民币1000元，其对其他三被告人盗窃行为虽在客观上起了帮助作用，但其与其他三被告人没有形成共同的犯罪故意（盗窃），故其不构成盗窃罪的共犯。如果在共同故意的认定中区分实行故意与帮助故意，那么，王某某的行为显然已经表现出帮助他人盗窃的故意了，而共同故意的整体认定方式容易使法官对"共同故意"产生错误的理解：共同犯罪人都应当具备相同的故意表现形式。

另一方面，共同故意的整体认定方式更有可能不当地扩张共同犯罪的惩罚范围。在样本案件中，对于未实施实行行为的被告人，其共同故意的认定根据包括"提起犯意""组织策划""参与共谋（或事先预谋）""参与（共同）商量""对犯意予以同意""明知犯罪予以帮助"等。扩张共同犯罪成立范围主要表现在将商量时在场的所有人都作为一个整体认定具有共同故意。

案例27：由于生意纠纷，被告人熊某、黄某、李某某提议对某商场进行报复，在场的王某某等10余人未表示异议。某日下午1时30分左右，熊某、黄某等人按计划进入某商场。熊某等人携带砍刀等器械与对方保安打斗。在打斗过程中，熊某持刀先朝被害人余某某腿部刺去，后又朝颈部刺了一刀。被害人余某某经抢救无效死亡。黄某等人持跳刀、李某某持铁棍与商场保安打斗，先后将13名商场保安杀伤。在打斗过程，商场大门玻璃被砸碎，二楼睛彩眼镜橱窗玻璃及部分产品、模特儿、对讲机等物品被损坏，经价格认证中心鉴定，被损财物价值人民币23 812元。王某某未参与打斗。

王某某的辩护人提出，王某某没有共同犯罪的故意与行为，应当不构成犯罪。法院认为，被告人熊某持刀故意杀人，致一人死亡，其行为已构成故意杀人罪。被告人黄某、李某某等10余人肆意滋事，在公共场所随意殴打他人，情节恶劣，其行为均已构成寻衅滋事罪。被告人王某某在寻衅滋事犯罪中对被告人熊某、黄某的提议予以同意，表明其具有共同的故意与行为，但没有组织实施、纠集人员、准备作案工具、参与打斗的行为，可从轻判处。这是不当扩张共同犯罪成立范围的典型例子，王某某的行为对犯意的形成、法益侵害的结果没有造成任何实质性影响，但是，整体认定共同犯罪的思维方式将所有在场的人作为一个整体，认定所有人都存在共同的犯罪故意。

在一个具体的共同犯罪中，组织人的组织故意、教唆人的教唆故意、帮助人的帮助故意、实行人的实行故意，有着各自不同的特点，因此不能要求每一名共同犯罪人都单独具备了实施具体犯罪的共同故意的全部内容。[1]但是，在共同实行犯中，仍然可以要求各实行行为人具有相同的故意内容，故意内容不同的不属于共同犯罪。[2]那么，如何理解样本中有些罪名不相同的共同犯罪案件呢？首先应当排除的案件是：虽然各被告人实施了相互配合的行为，但刑法已将其中的帮助行为规定为独立的犯罪，例如，帮助贩卖毒品的行为人运输毒品的，法院通常认定为运输毒品罪，而不认定构成贩卖毒品的共同犯罪；[3]协助组织卖淫的行为通常不认定为组织卖淫的共同犯罪等等。剩余的案件的罪名及裁判情况如下表：

罪名一	绑架罪	故意杀人罪	故意杀人罪	故意伤害罪	故意伤害罪
罪名二	非法拘禁罪	故意伤害罪	聚众斗殴罪	聚众斗殴罪	刑讯逼供罪
是否共同犯罪	是	是	是	是	是
案件数	1	23	12	11	1
总　计	48					

从上表可以看出，在以下两种情形，法官认定成立共同犯罪：

第一，在共同犯罪中，各被告人持不同的故意共同实施犯罪行为，当不同的故意之间存在重合时，法官认定在重合的限度内成立共同犯罪，这类案件共有17个，包括绑架罪与非法拘禁罪的重合、故意杀人罪与故意伤害罪的重合。

案例28：某日晚11时许，被告人涂某某、胡某某、喻某某等人在某酒吧遇见被害人周某某和其朋友等人时，涂某某以周某某曾欠他钱为由，

---

[1] 参见王世洲：《现代刑法学（总论）》，北京大学出版社2011年版，第247页。

[2] 参见高铭暄、马克昌主编：《刑法学》（第5版），北京大学出版社、高等教育出版社2011年版，第165~166页。

[3] 当然，也有学者认为，如果行为人单纯为获取一定的报酬而帮助贩毒分子运输毒品的，无法构成贩卖毒品罪的共同犯罪。参见林亚刚：《运输毒品罪的若干问题研究》，载《法学评论》2011年第3期。

逼周某某还钱，胡某某即持敲破的酒瓶威胁周某某还钱，随后将周某某带至某宾馆。周某某被逼，电话联系其姐夫刘某某拿钱。涂某某接到2000元钱后于次日凌晨4时许，将周某某放走。

辩护方提出辩护意见认为，被告人胡某某、喻某某以为涂某某只是索取债务，主观上没有绑架勒索财物的目的，不构成绑架罪，只构成非法拘禁罪。法院采纳了辩护意见，认为被告人涂某某以绑架勒索为目的，实施绑架他人的行为，构成绑架罪，而胡某某、喻某某构成非法拘禁罪，在共同犯罪中，涂某某是主犯，胡某某、喻某某为从犯。绑架罪与非法拘禁罪虽然在故意的内容上存在差异，但两者之间存在一般法与特别法的关系，即绑架罪是非法拘禁罪的特别法，绑架故意中包含着非法拘禁的故意，因此，本案三个被告人在非法拘禁的限度内成立共同犯罪。

案例29：某日晚9时30分，被告人程某某等四人到某镇"金生大舞厅"跳舞，在此遇到同乡梅某甲、梅某乙相互打了招呼，程某某告诉他们自己被别人借故索要500元钱的事，并要求他们帮忙，随后各自散开跳舞。不久，在舞厅程某某又遇到多次要向其索要500元钱的被害人余某某，余某某再次向程某某索要500元钱，程某某不肯，双方即发生口角，被舞厅保安劝阻，余某某见程某某身边的人多便往舞厅外走，程某某即追出舞厅。程某某在舞厅门口先抓住余某某，梅某甲、梅某乙同其他人围住余某某拳打脚踢，程某某随即拿出随身携带的水果刀朝余某某的胸部、腰部、臀部、腿部等处乱捅十五刀，致其死亡。

法院认定被告人程某某构成故意杀人罪，而梅某甲、梅某乙构成故意伤害罪。尽管裁判理由没有明确说明三人构成共同犯罪，但是，裁判文书中适用了"刑法第232条"和"刑法第234条第2款"，意味着梅某甲和梅某乙都需要对被害人的死亡结果负责，而这应当以共同犯罪的成立为前提。因此，法官在此同样认可了"杀人故意包含了伤害故意"，各被告人在伤害故意的限度内成立共同犯罪。

第二，在部分行为人实行过限的情况下，法官认定各被告人在基本犯罪的限度内成立共同犯罪，过限部分不成立共同犯罪，其根据在于：共同的刑法责任只及于共同的犯罪决意所包含的范围，具体的参与人超越共同的犯罪决意所实施的行为，只能被视为单独的行为。[1]这类案件共有 31 个，涉及部分实行人超出伤害故意实施杀人行为，以及在聚众斗殴、刑讯逼供转化为故意杀人罪、故意伤害罪两种情形。

对于第一类案件，即部分实行人超出伤害故意实施故意杀人行为，法官一般运用"可预见性标准"来说明杀人行为已经超出伤害的共同故意范围，但过限行为的结果仍然要求未过限的行为人负责。

案例 30：某日晚 8 时许，被告人魏某某伙同万某、何某某、胡某某（均已判刑）等 9 人到某舞厅玩，被害人张某某、王某某（女）等 6 人也来到该舞厅跳舞。期间，万某与张某某发生口角，并首先揪住张某某发生打斗，被告人魏某某伙同何某某、胡某某等人见状过来帮忙，被告人魏某某与万某围住张某某殴打，万某掏出随身携带的水果刀刺伤张某某身体多处，张某某倒地后被他人叫离舞厅至门外，万某又持刀再刺张某某致其当场死亡。

法院认为，魏某某对万某故意杀人的犯意事先无法预见，不构成故意杀人的共同犯罪，但上诉人魏某某参与共同伤害的是被万某杀死的被害人张某某，主观上有与万某共同伤害的故意，应对造成张某某死亡的结果负责。从裁判理由来看，显然，法官区分了行为过限与结果过限两个概念。

对于行为过限，法官在此运用了"对杀人的犯意事先无法预见"为理由来说明共同犯罪不成立。[2]如果杀人行为是在其他人可预见范围之外，杀人就属于实行过限行为，反之，其他人就构成故意杀人的共同犯罪。因此，关键问题在于如何判断"可预见"。

首先，如果教唆人在教唆时已经明确表示共同故意的范围，超出该范围

---

[1] 参见 [德] 汉斯·海因里希·耶赛克、托马斯·魏根特：《德国刑法教科书（总论）》，徐久生译，中国法制出版社 2001 年版，第 820~821 页。

[2] 在 Pinkerton 案中，法院认为，如果那些另外的犯罪属于共谋犯罪的可预见的后果（foreseeable consequences），那么，参与共谋的所有人都应当对超出的犯罪行为负责。See Pinkerton v. United States, 328 U.S. 640 (S. Ct. 1946). 此后，美国大部分法院都适用该规则来判断实行过限问题。See Sanford H. Kadish, Stephen J. Schulhofer, Carol S. Steiker, and Rachel E. Barkow, *Criminal Law and Its Processes*, 9th ed., Wolters Kluwer Law & Business, New York, 2012, p. 686.

的行为被认为是"不可预见"。例如,被告人史某某纠集他人时要求"不要杀死人,往脚上杀",显然其对死亡结果既没有希望也没有放任的主观故意,其他被告人的杀人行为是史某某不可预见的,所以不应当构成故意杀人罪的共同犯罪。但是,如果在部分行为人实施杀人行为后,教唆人通过自己的行为对此表示认可时,教唆人构成故意杀人的共同犯罪。

案例 31:2008 年 7 月中旬,被告人杨某某与被害人熊某某同乘班车下班回家,途中因调节座位上方的空调冷气出风口而发生纠纷。同月 31 日 18 时许,被告人杨某某先后打电话给徐某某、谭某某,叫二人到预定地点等,杨某某尾随熊某某下车,缠住熊某某要求解决先前的纠纷。两人在争吵打斗时,徐某某、谭某某赶来追打熊某某。杨某某、谭某某对熊某某拳打脚踢,徐某某持匕首在熊某某背部连刺两刀,将熊某某刺倒在地。杨某某、谭某某见被害人倒地,仍然上去踢打。熊某某被他人送往医院,经抢救无效死亡。

被告人杨某某提出,他只是希望教训被害人,并不想杀死他,徐某某的行为不应当由他负责。法院认为,被告人杨某某纠集徐某某、谭某某教训被害人,其对教训后果是一种放任态度,徐某某持刀朝被害人要害部位连续刺杀两刀,徐某某杀人的主观故意明显,而被告人杨某某等人在被害人被刺倒后仍然对被害人实施加害,对徐某某的杀人行为表示认可,应构成故意杀人罪的共同犯罪。

其次,在共同实施伤害的犯罪过程中,部分行为人在其他人无法预料的情况下突然升级暴力程度,法官认为属于实行过限。

案例 32:某日 24 时许,被告人秦某、吕某某、韩某、王某某、闫某、尹某某等人在某烧烤店内吃夜宵,席间,秦某、韩某二人上完厕所返回店时,与附带民事诉讼原告人王某相撞,双方互相瞪视,后被人劝回座位。当王某和同学即被害人谢某、杨某某、吴某及魏某等五人准备离店时,秦某见有人对其指指点点,即冲向王某、谢某等人,被王某等人打倒在地。秦某从包内拿出一把跳刀朝王某、谢某等人乱刺。吕某某、韩某、王某某、闫某、尹某某等人见状,先后冲出店参与打斗,在打斗中，吕某某持跳刀刺杀杨某某、吴某，韩某、尹某某用拳头殴打他人。秦某见女友王某某被谢某用凳子砸伤头部，即持刀追杀谢某，朝谢某的身体连刺数刀。谢某被刺倒在地后，王某某、闫某用脚踢谢某。作案后，被告人逃离现场。经鉴定：谢某系他人用单刃锐器刺破左右肺，胸腔大量积血，大出血休克死亡；王某、杨某某为轻伤甲级，吴某为轻微伤乙级。

法院认为，被告人秦某在与被害人王某等人因碰撞发生纠纷，在被人劝开后，携刀冲向王某等人，引发与王某等人打斗，并超出共同伤害犯意，持刀杀死一人，并造成二人轻伤、一人轻微伤的后果，其行为已构成故意杀人罪。被告人吕某某、韩某、王某某、闫某、尹某某参与打斗，共同实施故意伤害他人行为，造成一人死亡、二人轻伤、一人轻微伤的后果，其行为均已分别构成故意伤害罪。但是，如果因为被害人反抗使部分实行人被迫升级暴力程度，样本案件的裁判理由指出，这种情形下不属于"不可预见"，应当构成故意杀人的共同犯罪。〔1〕

最后，部分行为人携带凶器实施杀人行为，其他人在知道同案人携带凶器的情况下，参与共同实施暴力，法官认定为"可以预见"。

案例33：某日上午10时30分，因熊某某的外甥拍打被告人李某某停放的汽车致发生报警响声，李某某便与熊某某发生口角，熊某某则向被告人李某某示意有事下来。此时李某某便纠集在一起玩扑克牌的李某甲等五人下楼一同去找对方，李某某持水果刀、李某甲携哑铃、其他人也分别持菜刀等凶器从三楼冲至楼下。李某某持水果刀刺熊某某胸部，李某甲用哑铃击打熊某某头、胸部，其他人也手持凶器参与打斗。死者熊某某系他人用单刃锐器直接刺入左胸腔造成心肌破裂，急性大出血休克死亡。

辩护方提出，被害人的死亡是李某某单独行为所致，其他人应当定故意

---

〔1〕 美国一些制定法中也采用类似的立场，例如，如果A劝说或者帮助B对C进行入室盗窃或抢劫，B遭遇C的反抗并枪杀C时，A也是谋杀的共谋人。See Wayne R. LaFave, *Criminal Law*, 5th ed., Minnesota: West Publishing Company, 2010, p. 726.

伤害罪。但法院认为，被告人李某某等五人虽出于教训的共同故意下楼，但各被告人明知共同行为人携带的水果刀、菜刀等凶器可能导致他人死亡的结果，仍共同实施侵害行为，主观上有放任他人死亡的故意，客观上造成了他人死亡的结果，应当构成故意杀人的共同犯罪。

因此，对于行为过限的判断，法官基本上采用了"可预见性"的主观标准，但是，对于结果是否过限，即未过限行为人是否应当对过限行为造成的结果负责，法官没有说明具体的标准，从结论上来看，除实施杀人的行为人之外，其他人也要对过限行为造成的死亡结果承担刑事责任，即使这个死亡结果已经超出了其他人的意向。[1]法院的理由基本上是：被告人应当知道共同的伤害行为可能造成被害人的死亡结果，因此，死亡结果应当在被告人的"可预见"范围之内。当然，如果过限行为属于性质完全不同的犯罪，其他人无须对过限行为造成的结果负责，例如，共谋盗窃，部分实行人超出盗窃的共同故意实施强奸行为，其他人无需对强奸罪承担任何责任。

第二类案件是转化犯，即指行为人在实施某一较轻的犯罪时，由于连带的行为又触犯了另一较重的犯罪，因而法律规定以较重的犯罪论处的情形。[2]转化犯本质上是一种实行过限，其结构由三个方面的要素构成，即作为转化前提的基本犯罪行为、作为转化原因的行为过限以及作为转化结果的转化之罪。[3]因此，转化犯的成立是以行为已经符合转化前的基本犯罪的犯罪构成为前提的，在转化犯的认定中，尽管最终认定的罪名不同，但是，法官承认各被告人在转化前的基本犯罪的限度内成立共同犯罪。在样本聚众斗殴、刑讯逼供转化为故意杀人罪、故意伤害罪的案件中，法官无一例外地承认各被告人在聚众斗殴罪和刑讯逼供罪的限度内成立共同犯罪。

案例34：某日16时许，在某建筑工地21层楼面，被告人江某某与吴某某因争用塔吊一事发生争执，江某某即纠集工地上的被告人张某某、徐某某等十余人手持方木料与吴某某、李某某等人发生对峙，对峙中徐

---

〔1〕 中国示范性案例也采用了这种立场，参见"陈卫国、余建华故意杀人案"，载最高人民法院刑事审判第一、二、三、四、五庭主办：《刑事审判参考》（2006年第5集·总第52集），法律出版社2007年版，第1~4页。

〔2〕 参见陈兴良：《转化犯与包容犯：两种立法例之比较》，载《中国法学》1993年第4期。

〔3〕 参见肖本山、赵永红：《转化犯基本问题研究》，载《法学评论》2012年第4期。

某某持方木料击打吴某某,引发双方械斗。在械斗中,张某某伙同江某某、徐某某持木料击打吴某某,又伙同他人持方木料击打李某某,其中张某某持方木料猛击李某某头部一下,致李某某死亡。另吴某某、江某某等人均被打伤。

法院在裁判理由中指出,被告人江某某因争抢塔吊一事与他人发生争执,并纠集被告人张某某、徐某某等众人结伙持械与他人打斗,造成一人死亡、多人受伤的后果。在聚众斗殴中,张某某系故意伤害致死一人的直接行为人,江某某系直接责任人,张某某、江某某的行为均已构成故意伤害罪。徐某某的行为已构成聚众斗殴罪。作为聚众斗殴共同犯罪的共犯,应对共同犯罪造成的后果承担共同的刑事和民事法律责任,故张某某、江某某、徐某某均应对本案致死一人,致伤五人的后果承担共同的刑事和民事法律责任。

这是转化犯裁判理由的典型例子,从中可以得出以下两条规则:一是转化犯的范围包括直接行为人和直接责任人,前者是直接造成过限结果的人,后者是聚众斗殴的组织者或首要分子;二是所有参与人都构成聚众斗殴罪的共同犯罪,并对转化犯的行为结果承担共同责任。

综上所述,从样本案件的裁判文书来看,尽管没有明确地采用部分犯罪共同说,但是,在结论上明显符合这种理论。部分犯罪共同说认为,二人以上虽然共同实施了不同的犯罪,但当这些不同的犯罪之间具有重合的性质时,则在重合的限度内成立共同犯罪。[1]按照部分犯罪共同说,各被告人最终确定的罪名可能并不一致,但成立共同犯罪仍然应当有共同的故意——在重合的限度内仍然是共同的。与(部分)犯罪共同说相对的,是行为共同说,即共同犯罪是指数人共同实施了行为,而不是共同实施特定的犯罪。[2]只要行为在具体犯罪构成的实行行为范围内共同,不管各行为人主观上是否一致,都能成立共同犯罪。[3]

---

[1] 参见张明楷:《刑法学》(第4版),法律出版社2011年版,第358页。陈兴良:《陈兴良刑法教科书之规范刑法学》,中国政法大学出版社2003年版,第319页。周光权:《刑法总论》(第2版),中国人民大学出版社2011年版,第209页。

[2] 参见张明楷:《刑法学》(第4版),法律出版社2011年版,第358页。

[3] 参见黎宏:《刑法总论问题思考》,中国人民大学出版社2007年版,第477页。

应当注意，采用"共同犯罪是违法的共同"这种观点不一定支持行为共同说，关键在于是否将故意视为违法要素。在故意属于构成要件要素的体系中，作为"违法的共同"的共同犯罪，仍然以主观要素的判断为前提。[1]但是，在故意属于责任要素的体系中，共同犯罪的"共同"仅仅表现为各参与人实施的作用于法益侵害的违法行为或者因果关系的共同，而非同时包括主观责任的共同。只要二人以上共同实施违法行为、导致法益被侵害的危害或者结果，就应从客观违法层面考察其是否成立共同犯罪，并将该结果归责于各个参与人。换言之，共同犯罪的参与人除了要对自己的行为及其造成的结果负责外，还应对其他共犯人的行为及其结果负责。至于责任年龄、责任能力、故意内容等情况并非违法要素，仅仅属于判断行为人主观责任的有无及其程度之要素，需要因人而异地加以判断（责任的个别性）。[2]

样本中没有明确支持行为共同说的案件，事实上，按照中国当前四要件的犯罪构成理论以及刑法关于共同犯罪的规定，行为共同说割裂了共同犯罪的共犯关系，共同犯罪本质是数人实现了由同一个构成规则架构的构成事实，共同正犯之间具有行为的依存性，这种依存关系只有在同一犯罪之内才具有意义，超出了同一犯罪的范围，不同犯罪之间的依存性，在犯罪构成理论上是难以成立的。就量刑而言，共同正犯是数人分担一个犯罪的责任。只有在同一犯罪之内，各个共犯的责任才是可以比较的，主犯与从犯的划分才是可能的。[3]而且，采用部分犯罪共同说同样可以满足实践的需求，因此，完全没有必要也不能够在共同犯罪的成立条件中取消共同故意要件。

3. 共同行为问题

共同犯罪的整体认定方式，使得法官在具体案件中往往不区分实行行为、教唆行为、组织行为和帮助行为，而是从整体上认定共同行为的存在。在司法实践中运用这种理论思路很少将未完整实施全部行为的人排除出共同犯罪，更容易将仅仅"同行""在场"的情形认定为"共同的犯罪行为"。

---

[1] 参见［德］克劳斯·罗克辛：《德国刑法学总论》（第2卷·犯罪行为的特别表现形式），王世洲主译与校订，王锴等译，法律出版社2013年版，第106~108页。

[2] 参见张明楷：《以违法与责任为支柱构建犯罪论体系》，载《现代法学》2009年第6期；钱叶六：《我国犯罪构成体系的阶层化及共同犯罪的认定》，载《法商研究》2015年第2期。

[3] 参见陈兴良：《判例刑法学》（上卷），中国人民大学出版社2009年版，第412~413页。

案例 35：某日晚，韩某为购买毒品到本市贩卖，邀集被告人万某某同行，两人坐汽车到达广州市南方医院附近。韩某避免被告人万某某得知其购买毒品的数量，叫万某某到附近溜达，韩某便与广州的毒贩"杨老板"联系后，在南方医院附近的同心宾馆327房，以260元每克的价格向"杨老板"购得海洛因400余克。次日凌晨4时，韩某与万某某乘坐汽车返回时被抓获。当场从韩某身上查获4块可疑块状物和16小包可疑粉末状物。经鉴定，可疑物均检出海洛因成分，总重量计478.0032克。其中4大块海洛因的含量分别为：23.6%、23.79%、23.86%、23.66%。

本案被告人韩某构成贩卖毒品罪，没有争议，问题在于万某某是否构成贩卖毒品罪的共犯？法院认为，被告人万某某明知韩某到广州是去购买毒品来贩卖，仍然陪同前往，可见万某某与韩某有共同贩卖毒品的故意和行为。但是，事实上韩某购买毒品的全部实质性过程，万某某均未参与，对韩某购买毒品的行为没有任何实质性影响。

案例 36：某日，邓某某（已判刑）约网友赵某与姜某会面。晚上8时许，被告人陈某某伙同邓某某、陈某甲、万某某（已判刑）分骑三辆摩托车将被害人赵某、姜某带至某公园玩。晚上10时许，被告人陈某某及同案犯邓某某、万某某和陈某甲提出要与两被害人发生性行为遭拒绝，万某某等人采取用皮带抽打、打耳光的手段殴打、威胁两被害人，由邓某某、陈某甲轮流奸淫姜某，万某某奸淫被害人赵某。

陈某某的辩护人提出，陈某某在提出与被害人发生性行为遭拒绝后，未采用暴力、胁迫等手段，其只是在场而未实施奸淫行为，不构成共同犯罪。法院认为，被告人陈某某未对被害人实施暴力行为，也未与被害人发生关系，但不能否认其实施了共同犯罪行为，只是在共同犯罪过程中起了次要作用，系从犯。应当认为，陈某某开始将被害人带至某公园玩，并不是强奸的帮助行为，因为当时还没有证据证明已经具有强奸意图。两小时后，在提出与被害人发生性关系被拒绝后，陈某某便没有进一步的行为，对其他人实施强奸同样没有实质性影响。

在共同犯罪中，组织行为、教唆行为引起实行犯的犯罪决意和实行行为，

第四章 未遂与共犯：犯罪的两种特殊形态

帮助行为加强实行犯的犯罪决意和利于实行犯的犯罪行为，实行行为直接导致危害结果的发生。〔1〕共同犯罪的整体认定方式没有严格区分实行行为、组织行为、教唆行为与帮助行为，抽象地认定共同行为的存在，往往容易忽视共同犯罪行为与法益侵害结果之间的因果性问题，有时甚至出现"结果在行为之前"的情形。

案例37：2006年5月初，上诉人姜某某、史某某、熊某某、喻某商量合伙贩卖毒品麻古牟利，由熊某某、史某某夫妇出资10 000元，喻某出资5500元作为毒资，姜某某负责购买、销售麻古。所得利润分成四份，史、熊夫妇得二份，姜、喻各得一份。2006年6月7日下午，史某某乘坐熊某某驾驶的摩托车到史某某娘家借得人民币10 000元后按约定交给姜某某。当晚7时许，姜某某用该10 000元钱在本市某旅社一女子（姓名、年龄不详，在逃）手中购得麻古500粒。交易时，姜某某因购买麻古资金不足，便打电话给喻某，让其送800元到本市上海路与解放路交叉路口，当喻某、熊某某将800元送到时，毒品交易已完毕。

喻某的辩护人提出，喻某没有实施贩卖毒品的行为，不构成贩卖毒品罪的共犯。法院认为，喻某与姜某某、熊某某、史某某事先商量共同贩卖毒品赚钱，主观方面均有共同贩卖毒品的故意；客观方面在姜某某买毒品缺钱时，喻某和熊某某一起将800元钱送去约定地点，虽交易已完成，但喻某的行为仍属贩卖毒品的帮助行为，构成贩卖毒品罪的共同犯罪。喻某将800元送到约定地点时，毒品交易已完成，这意味着喻某的行为不可能对已完成的购毒产生任何实质性影响。从因果性的角度来说，认定存在帮助行为事实上就是承认"结果可以出现在原因之前"。〔2〕

如果采用实行行为、组织行为、教唆行为与帮助行为的区分模式，显然，案例35的万某某、案例36的陈某某的行为不属于组织行为、教唆行为，实行行为也未参与，所以只有可能成立帮助行为。那么，他们的行为是否属于

---

〔1〕 参见高铭暄、马克昌主编：《刑法学》（第5版），北京大学出版社、高等教育出版社2011年版，第164页。

〔2〕 事实上，本案完全可以考虑从共谋的角度来说明帮助犯的成立。

帮助行为呢？这涉及帮助行为的因果性问题。因果性是共同犯罪成立的基础，如果一个人的行为与法益侵害结果之间没有任何因果关系，该行为人就不可能构成共同犯罪。

帮助行为的因果性包括物理的因果性和心理的因果性，物理的因果性体现在强化实行犯的犯罪决意，或者使实行行为更加便利；而心理的因果性主要体现在强化犯罪的决意上。[1]物理因果性相对容易确定，主要表现为如下情形：①没有帮助行为，就不可能发生正犯结果；②帮助行为使正犯结果的范围扩大；③帮助行为使正犯结果的程度加重；④帮助行为使正犯结果提前；⑤帮助行为使正犯结果的危险性增大（使结果发生更为容易）。[2]而心理的因果性的认定标准确实很模糊。

从案例35和36这两个案件的情况来看，被告人的帮助行为的因果性体现在心理的因果性上，因为被告人并没有从有形的、物质的角度给实行行为提供任何实质的物理性帮助。德国联邦最高法院曾经把在抢劫中单纯的旁观者视为精神上的支持而作为帮助加以惩罚，只要其给予了主实行人更好的安全感，但是，新的司法判决认为，对正在发生的犯罪行为已经知悉并且加以赞同的，还不能构成帮助的基础，甚至在实行人自己认为，在场者不会出场他也不会给他制造任何麻烦，因而感觉到继续自己的犯罪活动受到了激发时，这个在场但没有任何行动的旁观者也还不是一种具有刑事可罚性的帮助。[3]因此，行为人仅仅"在场"或与实行人"同行"并不足以构成帮助行为，关键在于该行为是否为实行人提供了额外的动机，或者使实行人放弃了现有的疑虑。[4]尽管这个标准仍然是不清晰的，并且很难得到证明，但是，完全放弃因果性的追求明显是不合适的，案例35的万某某、案例36的陈某某应当被视为与实行行为没有因果性而不构成犯罪。

---

[1] 参见[日]西田典之：《日本刑法总论》，刘明祥、王昭武译，中国人民大学出版社2007年版，第283页；冯军、肖中华主编：《刑法总论》（第2版），中国人民大学出版社2011年版，第369页。

[2] 参见张明楷：《共同犯罪的认定方法》，载《法学研究》2014年第3期。

[3] 参见[德]克劳斯·罗克辛：《德国刑法学总论》（第2卷·犯罪行为的特别表现形式），王世洲主译与校订，王锴等译，法律出版社2013年版，第151页。

[4] 参见[德]克劳斯·罗克辛：《德国刑法学总论》（第2卷·犯罪行为的特别表现形式），王世洲主译与校订，王锴等译，法律出版社2013年版，第150页。

因此，中国传统共同犯罪的整体认定方式确实存在一些值得反思的地方，思考的方向有两个：一是在共同犯罪的成立条件中考虑取消责任能力的要求；[1]二是在共同犯罪的认定中，应当区分不同形式的故意与行为，建立以因果性为中心的共同犯罪认定模式。

(二) 主从犯区分的经验概括

在数人参与犯罪的案件中，区分主从犯[2]是我国刑法确立的一项重要的量刑原则。[3]但是，除了"组织、领导犯罪集团进行犯罪活动的首要分子，肯定是主犯"外，"主要作用"和"次要或辅助作用"的立法描述，对于区分主从犯这样重大复杂的实践性问题，明显存在不够明确的缺陷，而强调从总体上观察主从关系诸多影响要素的司法解释[4]和指导意见，[5]也并未从根本上改善这种状况，甚至产生了放弃"主、从关系"参与犯处罚原则的观点。[6]

司法实践往往也不追求一定要区分主从犯，在样本1067个共同犯罪案件中，有574个案件未区分主从犯，占全部案件的53.8%，在剩下493个案件中，法官区分了主从犯，占全部案件的46.2%。在《刑事审判参考》2004年至2013年刊登的292个共同犯罪案件中，未区分主从犯的案件有141个，占全部案件的48.29%，区分主从犯的案件有151个，占全部案件的51.71%。

---

[1] 当然，在现有刑法规定的情况下，取消责任能力条件是否违反罪刑法定原则，仍然有探讨的余地。

[2] 一般认为，胁从犯是与主犯、从犯并列的共犯人类型，其在共同犯罪中的作用应当次于从犯。参见马克昌主编：《刑法学》，高等教育出版社2003年版，第174页；陈兴良：《共同犯罪论》(第2版)，中国人民大学出版社2006年版，第210页；张明楷：《刑法学》(第4版)，法律出版社2011年版，第409页。但是，也有学者认为，"被胁迫"揭示的是行为参加犯罪的被动性和主观上的非自愿性，并不必然表明行为人在共同犯罪中所起的作用大小，被胁迫参加犯罪的人既可能是主犯，亦可能是从犯。参见钱叶六：《双层区分制下正犯与共犯的区分》，载《法学研究》2012年第1期。无论如何，相对于主犯而言，胁从犯都可以被视为一种特殊的从犯，即被胁迫参加犯罪并起更次要作用的从犯。

[3] 特别是在可能判处死刑的案件中，从犯是否判处死刑最重要的影响因素。参见白建军：《论法的确定性与公正的可检验性》，载《中国法学》2008年第2期。

[4] 例如，最高人民法院、最高人民检察院、公安部、司法部2010年《关于依法惩治拐卖妇女儿童犯罪的意见》第23条。

[5] 例如，最高人民法院2008年《全国部分法院审理毒品犯罪案件工作座谈会纪要》。

[6] 参见王志远：《共犯制度的根基与拓展——从"主体间"到"单方化"》，法律出版社2011年版，第106页以下。

两组案件的情况大致相当，法官在一半左右的共同犯罪案件中不区分主从犯。按照中国刑法的规定，不区分主从犯在司法意义上就相当于所有共同犯罪人都按照主犯处理，依基准刑处罚，[1]对被告人来说是不利的。不区分主从犯固然可能因为有些案件确实不宜区分主从犯，但是，从样本案件的情况来看，法官往往因为主从犯区分标准过于模糊，或者从犯事实无法证实而不区分主从犯，因此，确定主从犯的区分标准对于准确适用刑罚，具有重要的意义。

1. 初步观察：以实行犯、组织犯、教唆犯和帮助犯为坐标

实行犯，是指实施或分担了刑法分则具体犯罪的全部或一部分构成行为，直接引起法益侵害结果的共同犯罪人。而组织、领导、指挥他人实施构成行为，唆使他人实施构成行为，以及通过为实行犯提供帮助，又间接对法益侵害结果作出贡献的共同犯罪人，分别为组织犯、教唆犯和帮助犯。按照我国刑法的规定，有以下几点需要明确：

第一，我国刑法中的组织犯包括组织、领导犯罪集团进行犯罪活动的组织犯和普通犯罪中组织、领导、指挥共同犯罪活动的组织犯，[2]但不包括刑法分则中规定的"组织犯"。立法者在刑法分则中，将一部分组织行为确立为独立的犯罪，例如，组织越狱罪、组织卖淫罪、聚众冲击国家机关等。实施这类已经"实行行为化的组织行为"的行为人应当属于实行犯，而不是组织犯。

第二，我国刑法并未明确规定帮助犯，[3]从理论上来说，帮助行为为他人实行犯罪提供便利或条件，或者强化实行犯的犯罪决意，与法益侵害结果应当具有因果性。对原本就有犯罪意图的实行人提出犯意，且未参与实施构

---

[1] 参见刘明祥：《论中国特色的犯罪参与体系》，载《中国法学》2013年第6期。

[2] 我国《刑法》第26条第4款规定，"对于第3款规定以外的主犯，应按照其所参与的或者组织、指挥的全部犯罪处罚"，这可以理解为对普通犯罪中的组织犯所做的规定，参见赵辉：《组织犯及其相关问题研究》，法律出版社2007年版，第565页。司法实践中大量的临时纠集的团伙犯罪，如果纠集者组织、指挥整个犯罪活动，也应认定为组织犯。参见马克昌主编：《犯罪通论》，武汉大学出版社1991年版，第516页。

[3] 虽然有学者将《刑法》第27条第1款规定的"起辅助作用的从犯"解释为帮助犯，参见高铭暄、马克昌主编：《刑法学》（第5版），北京大学出版社、高等教育出版社2011年版，第188页；张明楷：《刑法学》（第4版），法律出版社2011年版，第405页；周光权：《"被教唆的人没有犯被教唆的罪"之理解——兼与刘明祥教授商榷》，载《法学研究》2013年第4期；但是，笔者认为，刑法关于从犯的规定是以"作用"为标准进行的分类，而不是以犯罪参与类型为基础的，而且，从司法实践的认定来看，"起辅助作用的从犯"与"帮助犯"的范围也不完全相同，帮助犯可以成为主犯，"起次要或辅助作用的从犯"既可能是帮助犯，也可能是实行犯或教唆犯，后文将有详述。

成行为的共同犯罪人,属于帮助犯,但是犯罪集团的首要分子或有组织犯罪中的组织犯除外。

第三,仅仅参与共谋的共同犯罪人不属于实行犯,应当按照其与实行人的关系,共谋行为对实行行为的影响,将其分别认定为组织犯、教唆犯或帮助犯。[1]

第四,如果行为人既实施了构成行为,同时又有组织行为、教唆行为或帮助行为时,应以其直接造成法益侵害结果的行为为基础,将该共同犯罪人认定为实行犯,同时考虑其间接造成结果的行为。

尽管我国刑法并未明确按照犯罪参与类型将共同犯罪人区分为实行犯、组织犯、教唆犯和帮助犯,但是,在司法实践中,法官们往往借助形式上的分工标准及参与类型来确定共同犯罪人的主从关系。例如,"被告人与他人假借有多名小孩需要入托,骗得被害人的信任,为次日同案犯骗得被害人的财物实施了帮助行为,系从犯。""三被告人事先经商量,两人实施盗窃,一人望风。实施盗窃行为的人为主犯,望风人属帮助犯,为从犯。""被告人胡某组织、指挥、策划其余被告人进行盗窃活动,在共同犯罪中起了组织、策划作用,是本案主犯。""张某帮助他人贩卖毒品,系从犯。""被告人李某教唆他人实施杀人行为,系本案主犯。"因此,对主从犯区分的初步观察,可以限制行为人概念为基础,以实行犯、组织犯、教唆犯和帮助犯为坐标展开。

样本1067个共同犯罪案件中,涉及被告人4043人,具体类型及主从犯认定情况如下表:

犯罪人类型	案件数/人数	未区分主从犯案件数/人数	区分主从犯		
			案件数/人数	主犯人数	从犯人数
组织犯	100/113	23/25	77/88	88	0

---

[1] 尽管近年来有一些学者支持共谋共同正犯理论,例如,刘艳红:《共谋共同正犯论》,载《中国法学》2012年第6期;但是,我国刑法传统理论与实践只讨论"共谋共同犯罪"概念,而且,共谋共同正犯的概念是多余的,因为类似于日本某些在共同犯罪中幕后起重大作用的指挥者、策划者在中国本来就是主犯,我国的主犯概念充分保证了对起主要作用的犯罪人的严惩。参见李洁:《中日共犯问题比较研究概说》,载《现代法学》2005年第3期;陈家林:《析共同正犯的几个问题》,载《法律科学》2006年第1期;陈毅坚:《"共谋共同正犯"——一个多余的法范畴》,载《北大法律评论》2010年第1期。

续表

犯罪人类型	案件数/人数	未区分主从犯案件数/人数	区分主从犯		
			案件数/人数	主犯人数	从犯人数
教唆犯	78/90	24/25	54/65	64	1
实行犯	1484/3620	1119/2463	365/1157	537	620
帮助犯	194/220	44/51	152/169	0	169

对上述数据的初步观察，结合《刑事审判参考》2004年至2013年刊登的292个共同犯罪案件的情况（以下简称示范性案例），可以得出以下结论：

第一，无论是否区分主从犯，组织犯在司法实践都被认定为主犯，适用基准刑处罚，示范性案例中的54个组织犯也都被认定为主犯。[1]

第二，教唆犯一般都是主犯，但有例外情况。[2]示范性案件中的17个教唆犯均被认定为主犯，而样本案件中有一个案件的教唆犯被认定为从犯。

案例38： 某日下午3时许，被害人夏某某与罗某某、黄某某一行三人到某按摩店按摩，被告人毛某某与罗某某因嫖娼发生争执，被夏某某打了一巴掌，遂打电话给被告人熊某某要他带人来报复。熊某某告诉被告人陈某某可能要打架，便与他一起乘出租车赶到该按摩店。毛某某指认其中中间那个长头发的是打她的人，熊某某欲下车，但毛某某拖住熊某某，并和陈某某一起劝他不要去。熊某某称只是去让夏某某过来赔个礼，道个歉，随后即持刀下车冲向夏某某朝其身上猛刺过去，但被夏某某抓住了手柄没刺到。夏某某等三人围住熊某某，罗某某从地上捡起一块石头朝熊某某头上砸了一下。熊某某朝夏某某左胸猛刺几下，夏某某从后面抱住熊某某。陈某某见熊某某被打，也下车冲向夏某某等人。夏某某身中五刀，经送医院抢救无效死亡。毛某某看见熊某某伤到了人，没有下车，乘车到熊某某家躲藏。

---

[1] 因此，有学者提出，应当在立法中规定"组织、领导共同犯罪活动的人，是主犯。"参见刘明祥：《论中国特色的犯罪参与体系》，载《中国法学》2013年第6期。

[2] 在修订刑法典的过程中，曾有多个草案对教唆犯明文规定按主犯处罚，但学者们普遍认为，从实践中看，教唆犯不一定都是主犯，一律按照主犯处罚，是不合理的。参见高铭暄：《中华人民共和国刑法的孕育诞生和发展完善》，北京大学出版社2012年版，第209页。

第四章 未遂与共犯：犯罪的两种特殊形态

法院在本案中区分了主从犯，被告人毛某某被认定为从犯，裁判理由是：毛某某在与夏某某发生争执后，打电话叫来熊某某、陈某某，并指认夏某某就是殴打她的人，导致熊某某持刀将夏某某杀死，其行为已构成故意杀人的共犯，但她曾劝阻熊某某不要下车，并且自己没有下车伤害夏某某，在共同犯罪中起次要作用，系从犯。应当认为，毛某某是挑起熊某某实施犯罪的教唆犯。通常情况下，教唆犯都会被认定为主犯，因为教唆犯是主导犯罪行为的人，是推动实行人实施犯罪的人。[1]但是，本案的被告人毛某某曾劝阻熊某某不要下车，已经从推动犯罪转变为阻止犯罪，因而，犯罪的实施已经不是由教唆犯主导了，教唆犯可以成立从犯。当然，由于将教唆犯认定为从犯的案例过少，规则的可推论是有限的。

第三，实行犯与帮助犯的分类，对主从犯的认定没有显著性意义，有620个实行犯被认定为从犯，占全部实行犯的17.1%，而帮助犯认定为主犯的概率更高，有51个帮助犯被认定为主犯，占全部帮助犯的23.2%。示范性案例的实行犯有750人，法官将其中143人认定为从犯，占全部实行犯的19.1%，同样地，帮助犯被认定为主犯的比例更高，在41个帮助犯中，有13人被认定为主犯，占全部帮助犯的31.7%。两组案例的数据大致相当，大量的帮助犯被认定为主犯，同时，有相当数量的实行犯被认定为从犯，实行犯、帮助犯的认定对于主从犯的确定并不具有决定性意义。

通过对上述数据的初步观察，中国刑法主从犯的区分与以限制正犯概念为基础的正犯、共犯区分制并不相同。限制正犯概念对构成要件做自然意义的解读，教唆犯、帮助犯不符合基本的构成要件，其可罚性必须结合刑法总则关于共同犯罪的规定才能予以说明，即"适用有关共同犯罪的法律规定，必须以处罚单个主体的法律规定为前提，并以这种规范为基础来'扩张'它所规定的典型行为。"[2]换言之，完全或一部分实现犯罪类型构成要件之人，即为正犯；其他参与者，皆为共犯。也就是凡对犯罪构成要件所规定之行为加以实现者，即为正犯，如所实施者为构成要件以外之行为，而对于该犯罪

---

[1] 参见[德]克劳斯·罗克辛：《德国刑法学总论》（第2卷·犯罪行为的特别表现形式），王世洲主译与校订，王锴等译，法律出版社2013年版，第117页。

[2] 参见[意]杜里奥·帕多瓦尼：《意大利刑法学原理》（注评版），陈忠林译评，中国人民大学出版社2004年版，第329页。

行为之发生具有直接或间接之作用者，仅成立共犯。[1]因此，以限制正犯概念为基础，实行犯是正犯，而教唆犯、帮助犯为共犯。[2]显然，主犯不等于正犯，从犯也不等于共犯，两组概念之间并无一一对应的关系。

即使强调从事实支配的角度来理解正犯概念，也无法将主犯、从犯与正犯、共犯两组概念等同起来。基于实现刑事处罚的合理性的需要，在正犯和共犯的判断上，德、日刑法学界及实务界逐渐突破实行行为的传统边界而加以实质的解释——纵使没有参与构成要件行为的实行，但如果对共同犯罪的不法事实具有支配力或者发挥了重要作用，亦能成为正犯。[3]因此，正犯是在实现符合构成要件的行为实施过程中的核心人物，共犯只是一个配角，是通过要求而引发正犯的构成行为的，或者通过提供帮助对其作出贡献的。[4]但是，这种解释方法实质上只是扩张了正犯的范围，实施实行行为（即构成要件行为）的人是正犯，某些虽未直接实施构成行为，但对事件发挥决定性影响的共同犯罪人（例如，正犯后的正犯、共谋共同正犯等）认定为实行人（正犯）。[5]换言之，实行犯一定是正犯，组织犯和教唆犯也有可能是正犯。用事实支配理论为基础的区分制来观察主从犯的区分标准，[6]能够解释组织犯、教唆犯可以成为主犯，但是，仍然无法解释相当数量的实行犯为什么可以为从犯，而大量的帮助犯被认定为主犯。

综上，用正犯与共犯的区分制来解释主从犯的区分标准，目前看来，很难得到司法实践的认同，当然，由于在区分制下，教唆犯虽然可能是共犯，

---

[1] 参见柯耀程：《变动中的刑法思想》，中国政法大学出版社2003年版，第159页。

[2] 组织犯是否属于间接正犯，尚存争议。参见[德]克劳斯·罗克辛：《德国刑法学总论》（第2卷·犯罪行为的特别表现形式），王世洲主译与校订，王锴等译，法律出版社2013年版，第37页以下。

[3] 参见钱叶六：《双层区分制下正犯与共犯的区分》，载《法学研究》2012年第1期。

[4] 参见[德]克劳斯·罗克辛：《德国刑法学总论》（第2卷·犯罪行为的特别表现形式），王世洲主译与校订，王锴等译，法律出版社2013年版，第10页。

[5] 参见[德]汉斯·海因里希·耶赛克、托马斯·魏根特：《德国刑法教科书（总论）》，徐久生译，中国法制出版社2001年版，第789页。[日]山口厚：《刑法总论》（第2版），付立庆译，中国人民大学出版社2011年版，第324页。[法]卡斯东·斯特法尼等：《法国刑法总论精义》，罗结珍译，中国政法大学出版社1998年版，第312页。

[6] 参见张明楷：《刑法学》（第4版），法律出版社2011年版，第405页；陈家林：《共同正犯研究》，武汉大学出版社2004年版，第24~25页；金光旭：《日本刑法中的实行行为》，载《中外法学》2008年第2期；周光权：《"被教唆的人没有犯被教唆的罪"之理解——兼与刘明祥教授商榷》，载《法学研究》2013年第4期。

但刑法规定一般都要求与正犯同等处罚,因此,从量刑原则来看,正犯、共犯的区分制与中国刑法的主从犯分类,主要的差异在于大量的帮助犯被认定为主犯,而部分的实行犯被认定为从犯。当然,如果在归责意义上——而不是自然意义上——来理解正犯与共犯的概念,完全不考虑共同犯罪人的行为与构成要件之间的关系,将正犯解释为在归责意义上共同犯罪的核心人物,共犯为边缘人物,那么,的确可以将正犯、共犯与主犯、从犯相对应,但是,这种观点只是强调我国刑法关于共同犯罪的规定采用了归责意义上的区分制而已,[1]对于确定主从犯的区分标准来说还是不够的。因此,对于实行犯、帮助犯的主从犯认定,还需要进一步的观察。

2. 进一步分析:以共同犯罪人之间的关系为中心

样本中共有194个共同犯罪案件涉及帮助犯问题,法官在147个案件的裁判文书中使用了"帮助作用"的概念,但其目的在于说明行为人构成共同犯罪,而不是说明主从犯的区分根据,认定从犯的根据仍然是"起次要或辅助作用",而且通常不强调区分"次要作用"和"辅助作用"。[2]样本案件的帮助犯共有220人,有44个案件的51个帮助犯被认定为主犯(未区分主从犯),涉及的罪名包括抢劫罪、盗窃罪、合同诈骗罪、强奸罪、绑架罪、故意伤害罪和贩卖毒品罪。

首先,被认定为主犯的帮助犯均参与了实行前的共同预谋,被组织、被教唆参与犯罪的帮助犯均被认定为从犯。样本中有54个案件的帮助犯参与犯罪的原因是同案犯的组织、教唆、纠集或指使,这些帮助犯无论在其后的实行过程中提供何种帮助,均被认定为从犯。即使帮助行为对实行行为来说不可或缺,法官也将帮助犯认定为从犯。例如,贩卖毒品案中借给实行犯毒资、故意伤害案中将被害人骗出、强奸案中将被害人带至指定地点、抢劫案中开车接应、诈骗案中骗得被害人信任为次日同案犯实施诈骗提供便利等。因此,

---

[1] 参见何庆仁:《归责视野下共同犯罪的区分制与单一制》,载《法学研究》2016年第3期。

[2] 中国刑法理论一般认为,"次要作用"是指次要的实行犯,"辅助作用"是指帮助犯,两者之间是有区别的。参见高铭暄、马克昌主编:《刑法学》(第5版),北京大学出版社、高等教育出版社2011年版,第49~51页。但有学者指出,"次要作用"或"辅助作用"的规定都是用来说明帮助犯这一对象的,是无意义的重复。参见周光权:《"被教唆的人没有犯被教唆的罪"之理解——兼与刘明祥教授商榷》,载《法学研究》2013年第4期。从样本案件的裁判理由看,实行犯可能起辅助作用、帮助犯也可能起次要作用,还有一些案件法官干脆一并使用"次要或辅助作用"。

从样本案件来看，参与实行前共谋是帮助犯被认定为主犯的必要条件，但不是充分条件，如果没有进一步的行为，通常会被认定为从犯。

其次，对于参与实行前共谋的帮助犯，如果帮助行为对于实行行为的完成或危害结果的形成不可或缺，一般会被认定为主犯。从帮助犯的因果性来看，帮助对于结果并不需要是等值条件意义上的因果关系，只要这个贡献对于那个结果来说，在其完全具体的形态中，在包括导向那个结果的全部中间因素的情况下发挥了影响，这就足够了。[1] 但是，如果帮助对于结果来说具有等值意义上的因果关系，就足以被认定为主犯。例如，为合同诈骗行为提供资金、为贩毒分子购买毒品积极联系卖家、按照分工在绑架案中负责开车进行必要的接应、提供抢劫的目标和入户方法等。换言之，实行犯对于帮助犯具有依赖性时，帮助犯被认定为主犯的概率更高。

最后，对于参与财产犯罪实行前共谋的帮助犯来说，事后支配赃物、多分赃物或均分赃物是认定主犯的重要因素。共同犯罪是一种秘密的联合行动，一般来说，内部人员能够更清楚地知道每个人在共同犯罪中的作用，因此，如何支配或分配赃物能够间接地反映帮助犯在共同犯罪中的作用。

案例39：某日凌晨，被告人万某某伙同周某某、舒某、熊某某、吴某某等人，经事先商量分工，由周某某、舒某、熊某某爬上装有生铁的火车，当火车行驶至某村附近时，便将火车上的生铁抛下，被告人万某某和吴某某用农用车将生铁运走，赃物变卖后均分赃款，各得赃款1280元。

辩护人提出被告人万某某应属从犯，法院认为，万某某伙同周某某等人经事先商量，并进行了分工，由周某某等人爬上装有生铁的火车将生铁抛下，万某某和吴某某在约定的地点将抛下的生铁运离现场，所盗的该赃物共同占有，共同犯罪中的主从作用不明显。

因此，帮助犯认定为主犯应当以参与实行前预谋为前提，并且其帮助行

---

[1] 例如，一个为入室小偷扶住梯子的人，是提供了帮助，然而即使没有这种帮助，实行人也会以其他方式固定住梯子，无论如何都会成功地进入房间的。但是，如果没有这个帮助人，入室的方式与方法就会不同，这就足够了。参见［德］克劳斯·罗克辛：《德国刑法学总论》（第2卷·犯罪行为的特别表现形式），王世洲主译与校订，王锴等译，法律出版社2013年版，第145~146页。

为对于实行行为来就不可或缺,或者在财产犯罪后支配赃物、多分赃物或均分赃物。与大量帮助犯被认定为主犯相反,样本案件中有相当数量的实行犯被认定为从犯,在365个区分主从犯的案件中,有620个实行犯被认定为从犯。

实行犯在共同犯罪中的作用,可以从实行犯与其他犯罪人的类型关系进行分析。在观察被认定为从犯的实行犯时,大体上可以将实行犯与其他犯罪人的关系分为组织犯-实行犯、教唆犯-实行犯、共同实行犯三种情况。[1]在共同实行犯中,由于有的实行犯可能在共同犯罪中同时起组织、指挥或者教唆作用,因此,又可以细分为组织并实行犯-被组织实行犯、教唆并实行犯-被教唆实行犯、狭义的共同实行犯。被认定为从犯的实行犯案件基本情况如下表:

实行犯与其他共同犯罪人关系类型	案件数/实行犯人数[2]	均为从犯案件数/人数	部分为从犯案件数/人数
实行犯-组织犯	100/417	34/83	28/65
实行犯-教唆犯	78/152	21/45	4/6
被组织实行犯-组织并实行犯	91/279	61/153	13/19
被教唆实行犯-教唆并实行犯	40/65	18/25	6/7
狭义的共同实行犯	728/2535	0/0	180/217

第一,处于"被组织实行犯-组织并实行犯"关系中的"被组织实行犯"被认定为从犯的概率最高,在279个被组织实行犯中,有172人被认定为从犯,占61.6%。在"被组织实行犯-组织实行犯"关系中,被组织实行犯通常处于被支配的地位,从样本案件情况来看,被组织实行犯属于主犯有以下两种情形:①被组织实行犯对具体危害结果明显具有支配性作用。例如,在故意杀人、故意伤害案件中,当法官可以明确判断被组织实行犯直接导致被害人的死亡或伤害结果时,被组织实行犯会被认定为主犯。相反,即使不能

---

[1] 在存在帮助犯的共同犯罪中,如果实行犯仅为一人,该实行犯不可能为从犯,无须分析;如果实行犯为数人,则可以归入共同实行犯中,不必单独列出。

[2] 表格中"实行犯"和"从犯人数",不包括"组织实行犯"和"教唆实行犯",因为这两种共同犯罪人在样本案件中无一例外地都被认定为主犯。

明确判断谁的行为直接导致被害人的死亡或伤害结果，被组织实行犯通常也属于从犯。②聚众类犯罪的积极参加者。例如，在聚众斗殴等犯罪中，对于没有发生转化的积极参加者，法官在许多案件中不再区分主从犯。

第二，处于"被教唆实行犯-教唆并实行犯"关系中的被教唆实行犯，被认定为从犯的概率也较高，有65个被教唆实行犯中，有32人被认定为从犯，占49.2%。与被组织的实行犯相比，在故意杀人罪、故意伤害罪案件中，如果不能确定谁的行为导致被害人的死亡，被教唆的实行犯通常会被认定为主犯。

第三，处于"实行犯-组织犯"关系中的417个实行犯，有148人被认定为从犯，占35.5%。从罪名来分析，诈骗罪、盗窃罪、合同诈骗罪、非法拘禁罪的实行犯，全部被认定为从犯；抢劫罪、故意杀人罪、寻衅滋事罪的实行犯，全部被认定为主犯；故意伤害罪、绑架罪的实行犯，部分被认定为从犯。

第四，处于"实行犯-教唆犯"关系中的152个实行犯，有51人被认定为从犯，占33.6%，略低于处于"实行犯-组织犯"关系中的实行犯。抢劫罪、故意杀人罪、放火罪的实行犯全部被认定为主犯，被认定为从犯的情形包括：一起故意伤害案件中的未成年实行犯、盗窃罪中的实行犯、部分毒品犯罪的实行犯、包庇罪中的实行犯、虚开增值税专用发票罪中的实行犯以及生产、销售伪劣产品罪的实行犯。

第五，不存在组织、教唆关系的共同实行犯，被认定为从犯的概率最低。这类案件中的2535个实行犯，只有217人被认定为从犯，占8.6%。被认定为从犯的实行犯包括以下几种情形：①故意杀人、故意伤害案件中，如果有明确的致死行为人，共同实行未致死的行为人一般被认定为从犯，但积极参与刺杀、抱住被害人对结果起关键作用的除外。②强奸案件中，未成年实行人或者未成功实施强奸的人可能被认定为从犯。③抢劫案件中，未使用暴力或者未分赃款的次要实行人可能被认定为从犯。④毒品犯罪中，参与贩卖、运输毒品的数量少的实行人，可能被认定为从犯。⑤盗窃案件中，如果多起盗窃案件一并审理，那么，参与次数少的实行人可能被认定为从犯。

实行犯的主从犯区分问题可以共同犯罪人之间的关系为基础来考察，通过上述分析可以形成以下规律性认识：当组织人和教唆人同时也是实行犯时，由于参与了实行过程,对其他实行犯的控制和影响更明显,因而,其他实行犯被认定为从犯的概率更高;被组织的实行人比被教唆的实行人更有可能被认定为从犯,说明组织人比教唆人对实行人的影响更显著;处于"实行犯-教唆犯、组织犯"关系中的实行犯,仅仅涉及财产的犯罪比暴力犯罪的实行犯认定从犯的可能性更大;没有组织、教唆关系的共同实行犯,只在少数例外的情况才可能被认定为从犯。

三、小结

在犯罪未遂的认定过程中,法官并不排斥甚至倾向于援引理论作为全部或者部分裁判依据。在着手的认定过程中,法官倾向于援引"通说"来处理具体案件中的争议,但是,通说由于其本身缺乏确定性,无法为具体案件的处理提供太大的帮助,并且容易导致"着手点"过于提前,从而不当扩张未遂犯的处罚范围。实质客观说在司法实践中得到一定程度的关注。

援引犯罪既遂标准作为判决理由已成司法实践的常态。犯罪既遂一般标准的援引并不常见,原因在于其不能为司法判断提供更明确的规范性标准。援引危险犯的"危险状态说"不仅难以与犯罪成立条件相区分,无法解释未遂的构成,而且容易造成犯罪既遂的不当扩张。行为犯既遂标准的援引,存在着摇摆于"过程犯"和"举动犯"之间的问题,使司法结论具有极大的不确定性。犯罪既遂具体标准的援引是司法实践中最普遍的,最能体现理论对实践的指导作用,但仍然受制于刑事政策和法官意志。犯罪既遂标准的发展,应当在区分立法标准与司法标准的基础上,以"构成要件齐备说"为立法标准,将犯罪区分为结果犯、行为犯和举动犯,分别确定其司法标准。危险犯不宜成为一种独立的类型,而应当分别归属于行为犯或结果犯。在具体既遂标准上应当注重以审判实践为基础、采用经验归纳的方法进行解释性研究,同时注意理论援引的例外案件为理论发展提供的经验性知识。

在判断自动性时,法官一般都援引主观说作为法律条文之外的裁判理由。客观说的理论逻辑在"客观上不存在物理性阻碍,行为人面临巨大心理压力下放弃犯罪"的案件中得到体现。犯罪中止自动性理论的发展方向,应当在放弃客观说的基础上,先根据主观说进行事实判断,再以刑罚目的为导向对自动性的成立进行规范上的限制。其中,规范限制应当以对行为人的特殊预防必要性为基础。

裁判文书基本上遵循整体认定的理论思路来确定共同犯罪的成立范围。将责任能力视为共同犯罪的成立条件，有时会导致裁判结论不合理，法官不得不通过另外的途径来寻求合适的解决方案。共同故意的整体认定一方面容易不当地缩小了目的犯的共同犯罪成立范围；另一方面，共同故意的整体认定方式更有可能不当地扩张共同犯罪的惩罚范围，主要表现在将商量时在场的所有人都作为一个整体认定具有共同故意。在实行过限问题上区分了行为过限与结果过限。对于行为过限的判断，法官基本上采用了"可预见性"的主观标准，但是，对于结果是否过限，即未过限行为人是否应当对过限行为造成的结果负责，法官没有说明具体的标准，从结论上来看，明显符合部分犯罪共同说的理论逻辑。共同犯罪的整体认定方式，使得法官在具体案件中往往不区分实行行为、教唆行为、组织行为和帮助行为，而是从整体上认定共同行为的存在，容易将仅仅"同行""在场"的情形认定为"共同的犯罪行为"。因此，共同犯罪的整体认定方式确实存在一些值得反思的地方，思考的方向有两个：一是在共同犯罪的成立条件中考虑取消责任能力的要求；二是在共同犯罪的认定中，应当区分不同形式的故意与行为，建立以因果性为中心的共同犯罪认定模式。

在主从犯的区分问题上，法官们往往借助形式上的分工标准及参与类型来确定共同犯罪人的主从关系。组织犯和教唆犯一般都是主犯，实行犯、帮助犯的类型对于主从犯的确定不具有决定性意义。帮助犯认定为主犯应当以参与实行前预谋为前提，并且其帮助行为对于实行行为来说不可或缺，或者在财产犯罪后支配赃物、多分赃物或均分赃物。当组织人和教唆人同时也是实行犯时，其他实行犯被认定为从犯的概率更高；被组织的实行人比被教唆的实行人更有可能被认定为从犯；处于"实行犯-教唆犯、组织犯"关系中的实行犯，仅仅涉及财产的犯罪比暴力犯罪的实行犯认定从犯的可能性更大；没有组织、教唆关系的共同实行犯，只在未成年等少数例外的情况才可能被认定为从犯。

结 语
Conclusion

通过对样本 4376 个案件的考察，可以发现，在犯罪构成的整体框架上，不同的法官主要采用了四要件的犯罪构成理论。但是，在犯罪构成的许多具体问题上，即使是同一个法官，也可能援引不同的、甚至对立的理论进行裁判。

当某个具体问题的判断有多种可选择的理论观点时，法官可以不受限制地选择任何一种观点来支持自己的裁判结论，在所有理论观点都与自己预想的结论不相符时，法官甚至可以拒绝所有的理论直接作出裁判。因此，法官并不会完全不考虑理论研究成果而决定裁判方案，但是，理论的选择标准是结果的可行性，实践工作者可以从中找到足以支持其期待的结论的根据。法官对理论的"挑选"完全不受限制，理论的运用仅仅体现在裁判文书对理论的"记载"。

实现刑法理论与实践之间良性的互动，需要理论界与实务界的共同努力。理论界应当反思学术观点是否为司法判断提供更加具体、明确的规范性标准。刑法学者应当从实践中寻找理论发展的方向和源泉。实践界应当反思对理论的选择是否坚持了立场的一致性，更重要的是，判决说理应当包含对理论选择理由的说明，只有这样才能实现理论对实践（非强制性的）约束和限制，司法实践也能为理论研究提供经验性基础。

主要参考文献
References

一、中文著作

1. 陈兴良:《陈兴良刑法教科书之规范刑法学》,中国政法大学出版社 2003 年版。
2. 陈兴良:《共同犯罪论》(第 2 版),中国人民大学出版社 2006 年版。
3. 陈兴良:《判例刑法学》(上卷),中国人民大学出版社 2009 年版。
4. 陈兴良、周光权:《刑法学的现代展开》,中国人民大学出版社 2006 年版。
5. 陈忠林:《意大利刑法纲要》,中国人民大学出版社 1999 年版。
6. 储槐植:《刑事一体化论要》,北京大学出版社 2007 年版。
7. 付立庆:《犯罪构成理论:比较研究与路径选择》,法律出版社 2010 年版。
8. 甘雨沛主编:《刑法学专论》,北京大学出版社 1989 年版。
9. 高格:《定罪与量刑》,中国方正出版社 1999 年版。
10. 高铭暄主编:《新中国刑法学研究综述(1949—1985)》,河南人民出版社 1986 年版。
11. 高铭暄主编:《中国刑法学》,中国人民大学出版社 1989 年版。
12. 高铭暄:《中华人民共和国刑法的孕育诞生和发展完善》,北京大学出版社 2012 年版。
13. 高铭暄、马克昌主编:《刑法学》(第 5 版),北京大学出版社、高等教育出版社 2011 年版。
14. 何秉松主编:《刑法教科书》(上卷),中国法制出版社 2000 年版。
15. 何秉松、[俄]科米萨罗夫、[俄]科罗别耶夫主编:《中国与俄罗斯犯罪构成理论比较研究》(中文版),庞冬梅、丛凤玲译,法律出版社 2008 年版。
16. 黄荣坚:《基础刑法学》(上)(第 3 版),中国人民大学出版社 2009 年版。
17. 黄祥青:《刑法适用要点解析》,人民法院出版社 2011 年版。
18. 姜伟:《犯罪形态通论》,法律出版社 1994 年版。
19. 柯耀程:《变动中的刑法思想》,中国政法大学出版社 2003 年版。
20. 黎宏:《刑法总论问题思考》,中国人民大学出版社 2007 年版。
21. 梁根林:《刑事政策:立场与范畴》,法律出版社 2005 年版。

22. 刘明祥：《刑法中错误论》，中国检察出版社 2004 年版。
23. 刘宪权主编：《刑法学》，上海人民出版社 2005 年版。
24. 刘明祥：《财产罪比较研究》，中国政法大学出版社 2001 年版。
25. 刘之雄：《犯罪既遂论》，中国人民公安大学出版社 2003 年版。
26. 马克昌主编：《犯罪通论》（第 3 版），武汉大学出版社 1999 年版。
27. 彭卫东：《正当防卫论》，武汉大学出版社 2001 年版。
28. 阮齐林主编：《刑法学》（第 3 版），中国政法大学出版社 2011 年版。
29. 苏惠渔主编：《刑法学》（修订本），中国政法大学出版社 1999 年版。
30. 王世洲：《现代刑法学（总论）》，北京大学出版社 2011 年版。
31. 王政勋：《正当行为论》，法律出版社 2000 年版。
32. 王志祥：《犯罪既遂新论》，北京师范大学出版社 2010 年版。
33. 王作富：《中国刑法研究》，中国人民大学出版社 1988 年版。
34. 王作富主编：《刑法》（第 5 版），中国人民大学出版社 2011 年版。
35. 肖中华：《犯罪构成及其关系论》，中国人民大学出版社 2000 年版。
36. 杨春洗等主编：《中国刑法论》（第 5 版），北京大学出版社 2011 年版。
37. 于志刚：《毒品犯罪及相关犯罪认定处理》，中国方正出版社 1999 年版。
38. 曾宪信等：《犯罪构成论》，武汉大学出版社 1988 年版。
39. 张明楷：《未遂犯论》，中国法律出版社、日本成文堂 1997 年版。
40. 张明楷：《刑法的基本立场》，中国法制出版社 2002 年版。
41. 张明楷：《犯罪构成体系与构成要件要素》，北京大学出版社 2010 年版。
42. 张明楷：《刑法学》（第 4 版），法律出版社 2011 年版。
43. 张永红：《我国刑法第 13 条但书研究》，法律出版社 2004 年版。
44. 赵秉志主编：《刑法总论》，中国人民大学出版社 2007 年版。
45. 赵秉志：《犯罪未遂形态研究》（第 2 版），中国人民大学出版社 2008 年版。
46. 郑健才：《刑法总则》，三民书局 1982 年版。
47. 周光权：《犯罪论体系的改造》，中国法制出版社 2009 年版。
48. 周光权：《刑法总论》（第 2 版），中国人民大学出版社 2011 年版。

二、中文论文

1. 白建军：《司法潜见对定罪过程的影响》，载《中国社会科学》2013 年第 1 期。
2. 白建军：《论具体犯罪概念的经验概括》，载《中国法学》2013 年第 6 期。
3. 白建军：《大数据对法学研究的些许影响》，载《中外法学》2015 年第 1 期。
4. 陈璇：《侵害人视角下的正当防卫论》，载《法学研究》2015 年第 3 期。

5. 陈兴良:《目的犯的法理探究》,载《法学研究》2004 年第 3 期。
6. 陈兴良:《四要件犯罪构成的结构性缺失及其颠覆——从正当行为切入的学术史考察》,载《现代法学》2009 年第 6 期。
7. 陈兴良:《犯罪论体系的位阶性研究》,载《法学研究》2010 年第 4 期。
8. 陈兴良:《互殴与防卫的界限》,载《法学》2015 年第 6 期。
9. 陈忠林、徐文转:《犯罪客观要件中"行为"的实质及认定》,载《现代法学》2013 年第 5 期。
10. 储槐植、高维俭:《犯罪构成理论结构比较论略》,载《现代法学》2009 年第 6 期。
11. 储槐植、汪永乐:《再论我国刑法中犯罪概念的定量因素》,载《法学研究》2000 年第 2 期。
12. 储槐植、张永红:《善待社会危害性观念——从我国刑法第 13 条但书说起》,载《法学研究》2002 年第 3 期。
13. 冯亚东:《我国犯罪构成体系的完善性分析》,载《现代法学》2009 年第 4 期。
14. 冯亚东:《犯罪构成与诸特殊形态之关系辨析》,载《法学研究》2009 年第 5 期。
15. 付立庆:《论绑架罪的修正构成的解释与适用——兼评修正案对绑架罪的修改》,载《法学家》2009 年第 3 期。
16. 高艳东:《诈骗罪与集资诈骗罪的规范超越:吴英案的罪与罚》,载《中外法学》2012 年第 2 期。
17. 何庆仁:《归责视野下共同犯罪的区分制与单一制》,载《法学研究》2016 年第 3 期。
18. 侯国云:《对传统犯罪既遂定义的异议》,载《法律科学》1997 年第 3 期。
19. 贾宇、怯帅卫:《论法定犯罪目的的实质——兼论犯罪目的与犯罪故意的关系》,载《法律科学》2010 年第 4 期。
20. 劳东燕:《"不知法不免责"准则的历史考察》,载《政法论坛》2007 年第 4 期。
21. 劳东燕:《刑事推定中的合理联系标准——以美国联邦最高法院的判例为视角》,载《清华法学》2014 年第 4 期。
22. 金光旭:《日本刑法中的实行行为》,载《中外法学》2008 年第 2 期。
23. 李昌盛:《积极抗辩事由的证明责任:误解与澄清》,载《法学研究》2016 年第 2 期。
24. 李洁:《中日共犯问题比较研究概说》,载《现代法学》2005 年第 3 期。
25. 黎宏:《我国犯罪构成体系不必重构》,载《法学研究》2006 年第 1 期。
26. 梁根林:《预备犯普遍处罚原则的困境与突围——刑法第 22 条的解读与重构》,载《中国法学》2011 年第 2 期。
27. 梁根林:《但书、罪量与扒窃入刑》,载《法学研究》2013 年第 2 期。
28. 梁彦军、何荣功:《贩卖毒品罪认定中的几个争议问题》,载《武汉大学学报(哲学社会科学版)》2013 年第 5 期。

29. 刘明祥:《论危险犯的既遂、未遂与中止》,载《中国法学》2005 年第 6 期。
30. 刘明祥:《论中国特色的犯罪参与体系》,载《中国法学》2013 年第 6 期。
31. 刘宪权:《故意犯罪停止形态相关理论辨正》,载《中国法学》2010 年第 1 期。
32. 刘艳红:《共谋共同正犯论》,载《中国法学》2012 年第 6 期。
33. 彭文华:《犯罪客体:曲解、质疑与理性解读——兼论正当事由的体系性定位》,载《法律科学》2014 年第 1 期。
34. 彭文华:《中止犯自动性的目的限缩》,载《法学家》2014 年第 5 期。
35. 钱叶六:《双层区分制下正犯与共犯的区分》,载《法学研究》2012 年第 1 期。
36. 钱叶六:《我国犯罪构成体系的阶层化及共同犯罪的认定》,载《法商研究》2015 年第 2 期。
37. 阮齐林:《绑架罪的法定刑对绑架罪认定的制约》,载《法学研究》2002 年第 2 期。
38. 阮齐林:《应然犯罪之构成与法定犯罪之构成——兼论犯罪构成理论风格的多元发展》,载《法学研究》2003 年第 1 期。
39. 王华伟:《中国刑法第 13 条但书实证研究——基于 120 份判决书的理论反思》,载《法学家》2015 年第 6 期。
40. 王世洲:《刑法信条学中的若干基本概念及其理论位置》,载《政法论坛》2011 年第 1 期。
41. 王莹:《情节犯之情节的犯罪论体系性定位》,载《法学研究》2012 年第 3 期。
42. 杨兴培:《犯罪构成的反思与重构》(下),载《政法论坛》1999 年第 2 期。
43. 张建、俞小海:《贩卖毒品罪未遂标准的正本清源》,载《法学》2011 年第 3 期。
44. 张明楷:《犯罪之间的界限与竞合》,载《中国法学》2008 年第 4 期。
45. 张明楷:《违法阻却事由与犯罪构成体系》,载《法学家》2010 年第 1 期。
46. 张明楷:《故意伤害罪司法现状的刑法学分析》,载《清华法学》2013 年第 1 期。
47. 张明楷:《共同犯罪的认定方法》,载《法学研究》2014 年第 3 期。
48. 张明楷:《刑法学研究的五个关系》,载《法学家》2014 年第 6 期。
49. 周光权:《"被教唆的人没有犯被教唆的罪"之理解——兼与刘明祥教授商榷》,载《法学研究》2013 年第 4 期。
50. 周光权:《论中止自动性的规范主观说》,载《法学家》2015 年第 5 期。
51. 庄劲:《犯罪中止自动性之判断——基于积极一般预防的规范性标准》,载《政法论坛》2015 年第 4 期。

三、中文译著

1. [德] 安塞尔姆·里特尔·冯·费尔巴哈:《德国刑法教科书》(第 14 版),徐久生译,中国方正出版社 2010 年版。

2. [德] 恩施特·贝林:《构成要件理论》,王安异译,中国人民公安大学出版社 2006 年版。

3. [德] 弗兰茨·冯·李斯特、埃贝哈德·施密特:《德国刑法教科书》,徐久生译,法律出版社 2000 年版。

4. [德] 汉斯·海因里希·耶赛克、托马斯·魏根特:《德国刑法教科书(总论)》,徐久生译,中国法制出版社 2001 年版。

5. [德] 克劳斯·罗克辛:《德国刑法学总论》(第 1 卷·犯罪原理的基础构造),王世洲译,法律出版社 2005 年版。

6. [德] 克劳斯·罗克辛:《德国刑法学总论》(第 2 卷·犯罪行为的特别表现形式),王世洲主译与校订,王锴等译,法律出版社 2013 年版。

7. [德] 克劳斯·罗克辛:《德国最高法院判例·刑法总论》,何庆仁、蔡桂生译,中国人民大学出版社 2012 年版。

8. [德] 克劳思·罗科信:《刑事诉讼法》(第 21 版),吴丽琪译,法律出版社 2003 年版。

9. [德] 冈特·施特腾韦特、洛塔尔·库伦:《刑法总论 I——犯罪论》,杨萌译,法律出版社 2006 年版。

10. [美] 乔治·P. 弗莱彻:《刑法的基本概念》,王世洲主译与校对,郑爱惠等译,中国政法大学出版社 2004 年版。

11. [美] 乔治·弗莱彻:《反思刑法》,邓子滨译,华夏出版社 2008 年版。

12. [苏联] A. H. 特拉伊宁:《犯罪构成的一般学说》,薛秉忠等译,中国人民大学出版社 1958 年版。

13. [苏联] 苏联司法部全苏法学研究所主编:《苏联刑法总论》(下册),彭仲文译,大东书局 1950 年版。

14. [俄] Н. Ф. 库兹涅佐娃、И. M. 佳日科娃:《俄罗斯刑法教程(总论)》(上卷·犯罪论),黄道秀译,中国法制出版社 2001 年版。

15. [日] 小野清一郎:《犯罪构成要件理论》,王泰译,中国人民公安大学出版社 2004 年版。

16. [日] 泷川幸辰:《犯罪论序说》,王泰译,法律出版社 2005 年版。

17. [日] 西原春夫主编:《日本刑事法的形成与特色》,李海东等译,中国法律出版社、日本成文堂联合出版 1997 年版。

18. [日] 大冢仁:《犯罪论的基本问题》,冯军译,中国政法大学出版社 1993 年版。

19. [日] 大冢仁:《刑法概说(总论)》(第 3 版),冯军译,中国人民大学出版社 2003 年版。

20. ［日］西田典之:《日本刑法总论》,刘明祥、王昭武译,中国人民大学出版社2007年版。
21. ［日］大谷实:《刑法总论》,黎宏译,法律出版社2003年版。
22. ［日］山口厚:《刑法总论》(第2版),付立庆译,中国人民大学出版社2011年版。
23. ［日］野村稔:《刑法总论》,全理其、何力译,邓又天审校,法律出版社2001年版。
24. ［日］川端博:《刑法总论二十五讲》,甘添贵监译,余振华译,中国政法大学出版社2003年版。
25. ［法］卡斯东·斯特法尼等:《法国刑法总论精义》,罗结珍译,中国政法大学出版社1998年版。
26. ［意］杜里奥·帕多瓦尼:《意大利刑法学原理》,陈忠林译,法律出版社1998年版。
27. ［韩］金日秀、徐辅鹤:《韩国刑法总论》(第11版),郑军男译,武汉大学出版社2008年版。

四、英文论著

1. Andrew Ashworth, *Principles of Criminal Law*, 4th edition, Oxford University Press, 2003.
2. George P. Fletch, Two Kinds of Legal Rules: A Comparative Study of Burden-of-Persuasion Practices in Criminal Law, *Yale Law Journal* 77, 1968.
3. J. A. Andrews and M. Hirst, *Andrew & Hirst on Criminal Evidence*, 3rd ed., Sweet & Maxwell, 1997.
4. John Kaplan. Robert Weisberg and Guyora Binder, *Criminal Law (Cases and Materials)*, 7th ed., Wolters Kluwer Law &Business, 2012.
5. Meir Dan-Cohen, Decision Rules and Conduct Rules: On Acoustic Separation in Criminal Law, *Harvard Law Review* 97, 1984.
6. Paul H. Robinson, A Theory of Justification: Societal Harm as a Prerequisite for Criminal Law, *UCLA Law Review* 23, 1975.
7. Paul H. Robinson, Criminal Law Defense: A Systematic Analysis, *Columbia Law Review* 82, 1982.
8. Sanford H. Kadish, Stephen J. Schulhofer, Carol S. Steiker, and Rachel E. Barkow, *Criminal Law and Its Processes*, 9th ed., Wolters Kluwer Law & Business, 2012.
9. The American Law Institute, *Model Penal Code and Commentaries (Official Draft and Revised Comments)*, 1985.
10. Wayne R. LaFave, Criminal Law, 5th ed., *West Publishing Company*, 2010.